rororo computer

HERAUSGEGEBEN VON LUDWIG MOOS UND MANFRED WAFFENDER

Die Computer-Generation ist da. Und mit ihr der Mythos einer neuen Subkultur. Die Computerfreaks, von den Medien als Mittelding zwischen Monster und Genie gehandelt, spielen mit Werkzeugen, die ursprünglich einmal als Herrschaftsinstrumente konzipiert waren. Sind die jugendlichen Enthusiasten nur die Opfer einer stupiden, elektronisch kontrollierten Zukunft, oder sind sie die Mäuse, die an den Drähten einer verkabelten Welt knabbern?

Matthias Horx – selbst vom Computer-Fieber infiziert – hat sich im Dschungel der Bits 'n' Bytes-Szene umgesehen und ihren Kaputtheiten wie ihren subversiven Ansätzen nachgespürt. Er untersucht die Lust am Computer aus der Perspektive der sozialen Bewegungen und alternativen Emanzipationsansprüche. Und er beschreibt Ansätze einer zukünftigen Computerkultur, in der Kreativität, Kommunikation und soziale Verantwortung nicht an der Tastatur abgegeben werden.

CHIP GENERATION

MATTHIAS HORX

EIN TRIP DURCH DIE COMPUTERSZENE

ROWOHLT
rororo

Originalausgabe
Umschlagentwurf Thomas Henning
Layout und Computergraphik
Regina Henze, Bad Homburg,
in Zusammenarbeit mit CCS Creative
Computer Service, Mannheim
Veröffentlicht im Rowohlt Taschenbuch Verlag GmbH,
Reinbek bei Hamburg, Dezember 1984

Satz Times (Linotron 202)
Gesamtherstellung Clausen & Bosse, Leck
Printed in Germany
1280-ISBN 3 499 18118 5

PROGRAMMÜBERSICHT

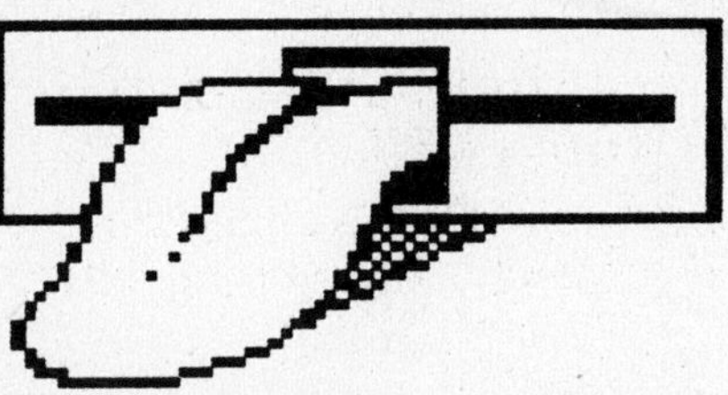

01 rem Ausgangsvariablen

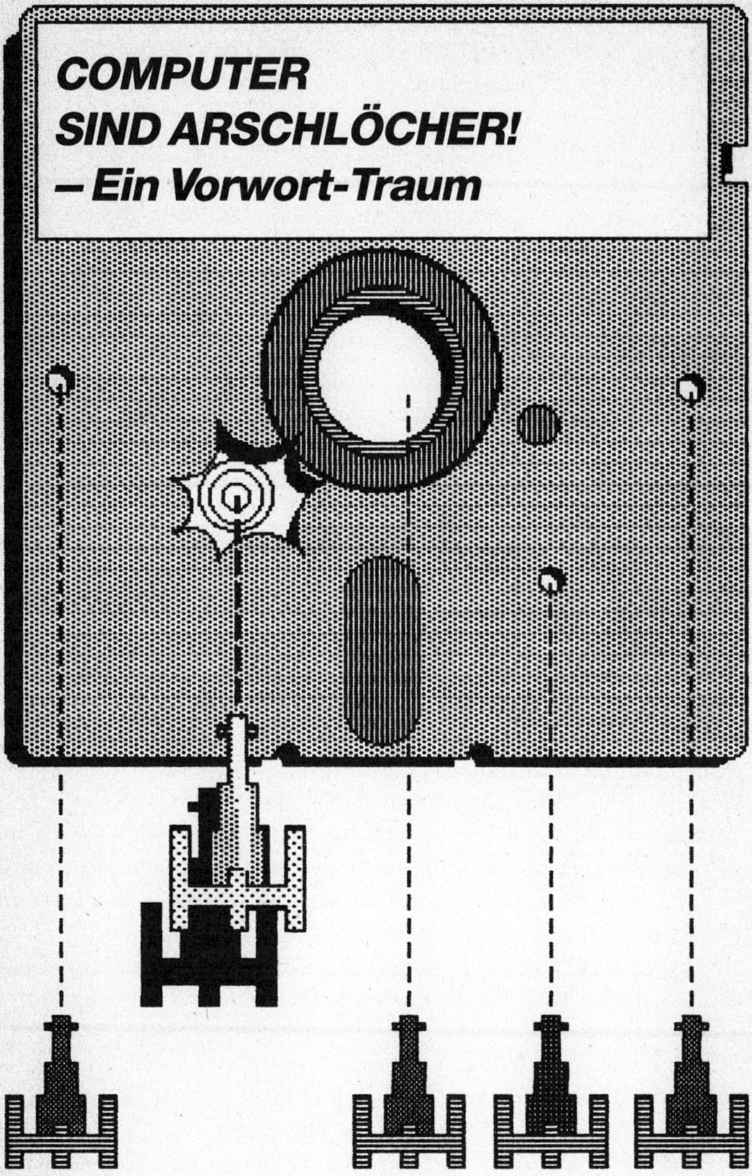

Natürlich hasse ich Computer. Es ist schon fast müßig, das zu begründen. Computer sind ein Symbol: Sie stehen für den endgültigen Siegeszug kalter Rationalität über die Gefühle, die Körper, die Träume, das Menschliche eben. Und sind sie nicht im Namen der Menschheitsvernichtung überhaupt erst entwickelt worden? Gäbe es nicht die Atombombe und all diese wahnwitzig zielgenauen Raketen, die eine Briefmarke aus dem Weltraum heraus treffen können, gäbe es wohl auch keine Computer – zumindest nicht so leistungsfähige. Wäre nicht der Profit die ultima ratio der Wirtschaft, steckte die Mikrotechnologie wahrscheinlich noch in den Kinderschuhen. Klar, daß solche Bestimmungszwecke – Profit und Bombe – auf das Werkzeug selbst abfärben. Sie ist mit schlimmen Motiven verseucht, diese Technologie. Und ist sie nicht auch ein ideales Werkzeug für jeden Diktator, jeden Profiteur, jeden Kriegstreiber, jeden gefühllosen Dummkopf?

Solche Sätze gehen wie Butter in die Tastatur. Mein Computer, auf dem ich diesen Text (über ein Textverarbeitungsprogramm) schreibe, widerspricht mir nicht. Er schreibt kein dickes «ERROR!» auf den Schirm, sein Chip fängt nicht an, verrücktzuspielen, er schaltet auch nicht plötzlich auf mysteriöse Weise ab. Ich kann ihn mit den übelsten Schimpfworten belegen – er speichert das alles, sortiert es nach Wortlängen (wenn ich will), tabuliert, listet, läßt mich Wörter und noch schlimmere Beleidigungen ein- und ausfügen, Sätze umbauen oder löschen und gibt den Text schließlich – mit Randausgleich und automatisch seitennumeriert – auf den Drucker. Während der rattert, gehe ich eine Weile in den Garten und kümmere mich um Kompost und Gemüse. Wenn mir beim Hacken etwas Neues über die Bösartigkeit von Computern einfällt, kann ich es nachträglich einfügen, ohne alles neu tippen zu müssen. Ich gebe zu, diese Fähigkeiten korrumpieren mich. Aber ist dieser kleine Luxus die Risiken wert? Hätte ich nicht weiter auf meiner alten (und schönen) 50er-Jahre-Schreibmaschine hacken können? Wiegt der Gebrauchswert dieser Technologie ihre sozialen und menschlichen Gefahren, ihre Unkontrollierbarkeit auf? Und schließlich: Habe ich, haben wir da überhaupt noch ein Wörtchen mitzureden? Oder ist der digitale Zug der Zeit nicht schon längst abgefahren, Richtung Untergang, versteht sich?

Das sind furchtbar rationale Fragen. Die irrationalen Aspekte sind nicht weniger wichtig: Warum will irgend etwas in mir immer noch davon ausgehen, daß ich einem Ding gegenübersitze, das sich von anderen nützlichen Maschinen – etwa einer Waschmaschine oder einem Büchsenöffner – grundlegend unterscheidet, das ein Eigenleben führt – obwohl Erfahrung und Erkenntnis das Gegenteil beweisen?

Irgend etwas am Computer produziert ständig Mythen, Ängste, Projektionen. Erst dadurch, so scheint es mir, werden diese Dinger wirklich gefährlich, entziehen sich gesellschaftlicher Kontrolle. Denn Mythen sind ideale Herrschaftsinstrumente. Wo Berührungsängste und mystische Bilder überhandnehmen, bleibt das Terrain kampflos in den Händen der Technokraten.

Aber ich will von vorne anfangen. Ich weiß noch, wie es anfing mit mir und den Computern. Es muß 1983 gewesen sein, in einem ziemlich heißen Sommer. Ich saß im stickigen West-Berlin auf dem Ku'damm in einem Straßencafé und trank Campari mit Orangensaft. Das Café war voll mit ziemlich bärtigen, ziemlich gewerkschaftlich organisierten Lehrern und ihren (ebenfalls ziemlich) festen Beziehungen, dazwischen ein paar Hippie-Relikte, die ununterbrochen aus Tabakkrümeln dünne Zigaretten drehten. Aus einer Seitenstraße drang der verhallte Sound einer Häuserkampf-Nachweh-Demo anläßlich des fünfundneunzigsten von der Polizei geräumten Hauses. Die dazugehörigen «Wannen» fuhren in einer langen Schlange Richtung Gedächtniskirche, voll mit gelangweilten, entsetzlich jungen Polizisten. Auf dem Trottoir schlappte eine Gruppe Punks vorbei, sie sahen eher aus wie dumpfe Säufer, die sich mit Farbe bekleckert hatten, denn wie bunte Rebellionsvögel. In diesem Moment blieb plötzlich die Zeit stehen. Sie fror einfach ein.

Ich war damals – das muß ich zugeben – ein bißchen orientierungslos. Mein Weltbild war durcheinandergeraten. Frieden, alternatives Leben, Ökologie – all diese Selbstverständlichkeiten und Inhalte der diversen «Bewegungen», die über Jahre hinweg meine Identität geprägt hatten, verloren zunehmend an Sinn, wurden zunehmend zu Sprach- und Kulturhülsen, zu hilflosen Gesten, liefen irgendwie aus dem Ruder. Im alternativen Ambiente Berlins (und nicht nur da) wurde im wesentlichen nur noch gejammert, was die Kneipen hergaben. Die Welt schien sich in einen Kummerkasten verwandelt zu haben, in dem man nur noch Niederlagen zelebrieren und eine einzige Identitätsform kultivieren konnte: die des Opfers. An den gehäuften Abwaschproblemen in der Wohngemeinschaft, dem Beziehungsknatsch, dem Nervchaos im Alternativprojekt und der Niederlage der Befreiungsbewegungen in der Dritten Welt war immer nur einer Schuld: das System, respektive die Schweine und Technokraten. Peter Glotz schien mit seinem arroganten Malmot vom «alternativen Psychodrom» recht zu behalten: Die Alternativbewegung, unter dem Anspruch «Aneignung der Realität», Emanzipation und Abenteuer angetreten, schien zunehmend zu erstarren und wie der Spatz auf die Schlange Zukunft zu starren. Irgendwie erinnerten mich alle aus der Szene (einschließlich mir selbst) zunehmend an meine Eltern. Die nämlich redeten inzwischen, nach langen Jahren ungebrochener Fortschrittsgläubigkeit, nur noch apokalyptisch-düster von allem, was noch auf uns zukommen sollte. Waldsterben, Krise, Rationalisierung – wie soll das alles enden? Zumindest was das Apokalypsegruseln anbelangte, hatte die Bewegung längst den kulturellen Durchbruch geschafft, war von der kleinen, radikalen Minderheit zur Kulturströmungs-Mehrheit geworden. Mit der Untergangsangst ist das ja so eine Sache: Sie mag zwar durchaus realistisch sein, aber sie hat auch den Effekt der «sich selbst erfüllenden Prophezeiung». Je mehr Leute an den Untergang glauben, um so weniger wird dagegen unternommen – und um so wahrscheinlicher wird er. Die Züge schienen tatsächlich überall schon abgefahren, Richtung Atomkrieg oder großer Bruder oder allmählicher Zerfall – und was es sonst noch für Horrorutopien gab. Ich hatte eigentlich keine Lust, mein Leben auf einem leeren Bahnhof zu verbringen.

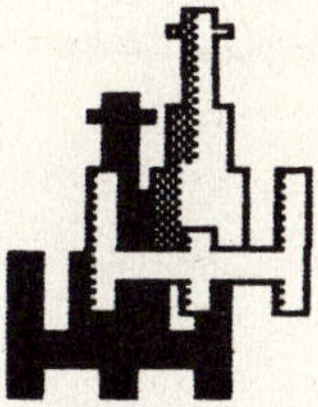

Die Zeit war also stehengeblieben, und inmitten dieses wie in Gießharz konservierten Ku'damm-Bildes im Nachbewegungs-Berlin nahm ich eine Bewegung wahr, die ich in anderer Verfassung bestimmt nicht bemerkt hätte. Es war ein Männchen, ja, ein kleines buntes Comic-Männchen, das auf einem Bildschirm, der im Schaufenster eines Computergeschäftes stand, hin und her lief und Farben und Worte malte. Es lief und lief und pinselte und pinselte, WAS es pinselte, konnte ich auf die Distanz nicht erkennen, nur, daß sich das Ganze alle fünf Minuten wiederholte. Dann kam die Tür des Ladens ins Bild. Sie öffnete sich gerade. Ein Junge kam heraus, blieb zögernd im Eingang stehen und blickte die Straße hinunter, vorsichtig nach rechts und nach links. Einen Moment war mir, als hätte er bemerkt, daß ich ihn quer über die Straße hinweg anstarrte und mir ein irgendwo zwischen cooler Arroganz und Freundlichkeit angesiedeltes Lächeln herüber-

NAME : Schuh
JOB # : 000000
OPER/ID
*** DEFAULT ***
ODS # : 0546

schickte. Er trug eine Brille und – bei dem heißen Wetter ungewöhnlich – eine gefütterte olivgrüne Bomberjacke, unter der sein Körper vollständig verborgen blieb – er konnte dick oder dünn sein, ich konnte es nicht erkennen. Sein Gesicht war entschieden zu bleich für einen sonnenreichen Sommer, die Haare militärisch kurz, wie es damals wieder Mode wurde. In der Hand hielt er etwas, was wie ein Stapel kleiner schwarzer Single-Schallplatten aussah. Langsam ging er Richtung Olivaer Platz den Ku'damm hinunter. Ich legte hastig sechs Mark fünfzig auf den Tisch und stand auf, ohne recht zu wissen, warum. Ich wand mich durch die Autos, die gerade vor einer roten Ampel hielten, voll mit verschwitzten Hemden und Krawatten und roten Bürogesichtern. Von hinten wirkte der Junge mit der Bomberjacke klein und schmächtig, sein Gang hatte etwas Schlaksiges und Unbeholfenes, wie das bei vielen pubertierenden Jugendlichen so ist. Ich versuchte, ihm auf den Fersen zu bleiben.

Die Demo schien sich aufgelöst zu haben, und der Ku'damm bevölkerte sich zunehmend mit Demonstranten, die mir und dem Jungen entgegenströmten. Manche hatten rote Augen vom Tränengas, die meisten waren naß. Ich hörte Gesprächsfetzen wie «... und dann haben sie mir an der Eckc Kottbusser doch noch eins draufgegeben» – «Ehrlich? Sauerei!» und «Gehn wir ins Spekki nachher?» – «Nee, keinen Bock, erst mal pennen». Bald mußte ich gegen den Strom ankämpfen, Slalom um kleine Gruppen schlagen. Der Junge vor mir schien auf mysteriöse Art und Weise geradeaus zu gehen, als wären die Demonstranten Luft für ihn, bald sah ich nur noch hin und wieder einen Zipfel von ihm, vor allem die Hand mit dem Stapel schwarzer Scheiben und die weißen Turnschuhe. Ich fing an zu schwitzen. Ein Typ mit struppig-spärlichen orangenen Haaren fluchte, als ich ihn anrempelte, weiter hinten klirrte eine Scheibe, ein unverständlicher Sprechchor kam kurz auf und vermurmelte. Vor mir, in einem Engpaß zwischen parkenden Autos und einer Schaufenstervitrine, lagen sich plötzlich drei Frauen in den Armen, sie begrüßten sich lachend und schlugen sich gegenseitig auf die Lederjacken. Ich kam nicht durch, sie beachteten mich nicht und waren vollständig auf ihr langwieriges Begrüßungszeremoniell konzentriert. Als ich mich schließlich etwas energisch durchquetschte, brüllte eine von ihnen «EHH, Macker» und erwischte mich mit der Stiefelhacke am Unterschenkel. Es tat höllisch weh. Ich murmelte etwas wie «Entschuldigung» und hastete weiter, den weißen Turnschuhen nach.

Irgendwann, an einer roten Ampel, an der der Feierabendverkehr ohne Lücke quer über den Ku'damm rauschte, holte ich ihn dann doch noch ein. Er stand in einer Gruppe von Gleichaltrigen, die er zu kennen schien. Aus der Nähe hatte er ein paar Pickel und eine runde Nickelbrille mit ziemlich starken Gläsern. Er verteilte seine kleinen schwarzen Scheiben an die anderen, aber unter dem vorgehaltenen Parka, so wie einer mit Rauschgift dealen würde. «Eh geil!» sagte einer von den anderen, «Pac Man und Frogger. Wieviel?»

«Fünf», sagte der Junge mit der Nickelbrille. Der andere ließ unauffällig ein Geldstück in die Tasche der Bomberjacke gleiten. Der Junge nickte. Ich wischte mir den Schweiß von der Stirn, trat entschlossen an die Gruppe heran und sagte:

«Hört mal, ich bin ... ähh ... Journalist, ich würde gerne mal mit euch reden, wegen Computern und so ...»

Ungefähr sechs Augenpaare sahen mich an. Um einige Hälse baumelten Taucherbrillen und Palästinensertücher. Keiner war über 17.

«Hee», sagte einer von ihnen spöttisch, «schon wieder so 'n Wessischreiber.»

Der Junge, den ich verfolgt hatte, sagte gar nichts. Er sah unbeteiligt in den Autostrom und steckte die restlichen schwarzen Scheiben in die Tasche.

«Nee, kein Bock heute», sagte einer der anderen, «schick uns deine Fragen schriftlich. Und 'nen Blauen dazu.»

«Und 'n geiles Programm, wenn's geht. Unter ‹Fort Apokalypse› machen wir's nicht.»

Die Kids kicherten. Ich wollte gerade fragen, was das für ein Fort sei, da bremsten die Autos. Und schon waren sie weg.

1000 rem Adreßbereichsdefinition

DER DIGITALE MYTHOS – Ein subjektives Kampfspiel

«Die Dinger machen dich manchmal total fertig. Dann weißte erst, daß du ein Mensch bist, mit Fleisch und Blut und lauter komischen Sachen im Kopf. Geil!» (Jörn, 16)

Einige Monate nachdem die Zeit stehengeblieben war, kaufte ich mir einen Homecomputer. Keinen richtig teuren, aber auch nicht gerade den billigsten. Als ich in den Laden ging und den Gegenwert für meine Italienreise auf den Tisch blätterte, mit der ich mich jeden Herbst dem Unbill der Realität zu entziehen versuche, kam ich mir vor wie damals, als ich mein erstes Stückchen Haschisch erstand. Der Verkäufer wunderte sich, weil ich keine dummen Fragen stellte – Computerhändler erwarten so etwas immer (nicht gerade zu Unrecht) von ihrer Kundschaft. Aber da ich im Grunde keine Ahnung hatte, was ich mit dem Ding eigentlich machen wollte, fielen mir auch keine Fragen ein. Es wäre sicher interessant gewesen, dem Computerdealer zu sagen: «Ich möchte ein Duell zwischen Mensch und Maschine austragen» – und sein Gesicht dabei zu beobachten. So aber schlich ich aus dem Laden, den Karton unter den Arm geklemmt, als hätte ich soeben ein Maschinengewehr für eine Guerillaaktion geklaut.

Zu Hause entpuppte sich das Ding in den Styroporverschalungen als wulstige Schreibmaschinentastatur aus Plastik. Es kam mir ziemlich mickrig vor, einfach billig wie Taiwan-Spielzeug. Lediglich diese komischen Zeichen auf der Vorderseite der Tasten zeigten, daß es sich um etwas Kompliziertes handeln mußte. Ich fummelte umständlich das Verbindungskabel an meinen Fernseher und suchte lange nach dem richtigen Kanal. Dann flippte ich fast aus wie ein Vierjähriger in der Bonbonfabrik, als auf einer dunkelblauen Fläche ein hellblauer Punkt blinkte und das nette Wort «ready» darunter stand. Das Ding schien freundlich zu sein. Es hatte offensichtlich das Bedürfnis, mit mir zu kommunizieren.

Die folgenden Wochen kämpfte ich mit dem Ding. Und schon bald stellte sich heraus, daß die Freundlichkeit nur oberflächliche Tarnung war. Die häufigste Botschaft dieser Kiste bestand aus dem Wort «error» – und dahinter etwas Unverständlich-Englisches. Ich ging kaum noch in Kneipen oder zu Freunden, die allesamt fanden, daß ich mich «irgendwie verändert» hatte. Die ständigen Gespräche um die heilige Viereinigkeit – Politik, Beziehung, Arbeit, Wohngemeinschaft – schienen mir völlig absurd angesichts teuflischer Schleifenprobleme oder plötzlicher Programmzusammenbrüche.

Nein, ich habe mich – trotz einer kurzen Abhängigkeitsphase – nicht zu einem Computersüchtigen entwickelt. Ich bin auch kein leidenschaftlicher Hacker und Datensaboteur geworden. Meine Karriere als Digitalo ohne Interessen an den Niederungen der menschlichen Welt war nur kurz. Aber dieser Kampf, so scheint es mir im nachhinein, war nicht umsonst – obwohl wenig «Brauchbares» im materiellen Sinne herauskam. Es war eine Art psychologischer Showdown zwischen mir als Mensch und der Maschine als Mythos – also eigentlich mit mir selbst, mit meinen Projektionen. Ich durchlief dabei mehrere Phasen, die sich teilweise überschnitten und wiederholten. Ich will versuchen, sie zu schildern.

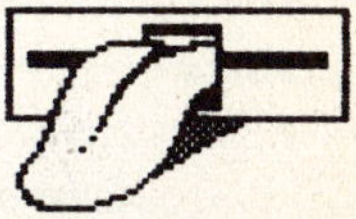

1. Phase: Naiver Triumph

Schon am zweiten Tag, nach zähem Studium des «manuals» (ein Handbuch, das so geschrieben ist, als wolle es einem Maulwurf das Drachenfliegen vermitteln), schaffte ich meine erste «for»-«next»-Schleife. Alles, was zwischen «for» und «next» steht, wiederholt der Computer so oft, wie man es bei «for» definiert. Ganz einfach. Schreibt man zum Beispiel nur PRINT «SCHEISSE», dann schreibt der Computer (wenn man «Return» drückt, die «Ausführungstaste», die jeder Computer hat) einmal «Scheisse» auf den Bildschirm. Da das oft entschieden zuwenig ist, muß man sich die Mühe machen, die Aufgabe in ein Winzprogramm zu stecken. Das sieht dann so aus:

```
10 FOR X = 1 TO 2000
20 PRINT «SCHEISSE»
30 NEXT X
```

Jetzt läßt der Computer, wenn man mit «run» die tollwütigen Elektronen in Bewegung setzt, rasendschnell zweitausendmal «Scheisse» über den Bildschirm huschen. Das war mein erstes Programm und mein erster naiver Triumph. Ich weiß natürlich, daß das komplett albern war, aber es begeisterte (und verunsicherte) mich zuerst, daß das Ding so oft «Scheisse» schrieb, wie ich wollte, ohne mit dem Bildschirm zu zucken – ich war wie ein Zwölfjähriger, der im Sandkasten schmutzige Worte kratzt und insgeheim darauf wartet, daß die unbarmherzige Mami kommt und es endlich Ärger gibt. Ich war autoritätsgläubig, anscheinend sogar geradezu sehnsüchtig nach Autorität. Aber ich hatte das Ding gezwungen, etwas Blödsinniges und Sinnloses anzustellen – etwas, was jenseits der Rationalität und Zweckgebundenheit lag, die man dem Computer als einziges zutraut. Damit sank seine Macht gewaltig.

2. Phase: Erste Ernüchterung

Ich hatte nicht nur Autoritätsprojektionen auf die Kiste, sondern auch völlig überzogene Erwartungen, was das Ausmaß ihrer Fähigkeiten betraf. Mein Computer machte im Grunde gar nichts, wenn ich ihm nicht jeden Schritt haarklein erklärte, erst in Gleichungen und Variablen aufdröselte und hintereinander stupide aufzählte, was er wie zu rechnen hatte. Irgend etwas in mir war davon ausgegangen, daß Computer zwar nicht direkt intelligent, zumindest aber perfide sind – daß sie ein selbständiges Eigenleben haben. Davon stimmte nichts. Das Ding war einfach hohl. Der Maßstab des Umgangs mit Computern ist ein Höchstmaß an mathematischer Stupidität. Ich war enttäuscht, ja sogar regelrecht beleidigt: Wozu die ganze Aufregung über große Brüder und die Verselbständigung von Maschinen, wenn das Ding nicht mehr Intelligenz besaß als eine Zahnbürste?

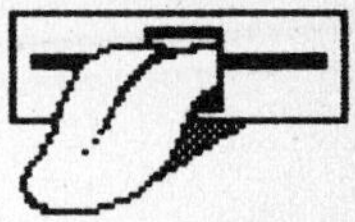

3. Phase: Erste Demütigung

Computer eignen sich schlecht als Aggressionsobjekte. Noch nicht einmal eine Tasse kochendheißer Kaffee, mit irrem Kichern in die Tastatur gekippt, verspricht echte Aggressionsabfuhr. Das Ding wehrt sich nicht, es hört einfach auf zu funktionieren, es zischt noch nicht einmal, weil es mit Niederspannung arbeitet. Es ist weder beleidigt noch überlegt es sich, ob es nicht vielleicht zuwenig nett mit mir umgegangen ist. Die Kiste entzog sich jeder psychologischen Interaktion, sie verweigerte jedes Schuldbewußtsein, jeden Konflikt – und das wiederum beleidigte meine Psyche. Wenn ich kämpfe, brauche ich einen ernstzunehmenden Gegner. Bei den ersten Programmierfehlschlägen ging ich stets davon aus, daß der Computer kaputt sei – ich begann hinten am Kabel herumzufummeln und fing irgendwann an, nervös nach meiner Garantiekarte zu suchen. Dann drückte ich probehalber irgendwelche Tasten, mit dem Erfolg, daß das Programm endgültig «ausstieg» – da half nur ausschalten und neu eintippen.

Was mich so wütend machte: Immer war ICH am Ende der Dumme – und nie der Computer. Die Fehler lagen stets bei mir, bei meiner Unfähigkeit, mich in den Sphären mathematischer Logik verständlich auszudrücken, in meiner Neigung, Ungenauigkeiten zu produzieren. Der Computer schafft klare Verhältnisse, wer der Verantwortliche ist. Trotzdem erweckt er dauernd den Eindruck, er führe einen Dialog. Ständig erzählt er etwas auf dem Bildschirm, macht einem Vorwürfe, weil man schon wieder einen «error» verbrochen hat. Aber gegen diese Vorwürfe kann man nicht WIRKSAM REVOLTIEREN. Eine Art double-bind ohne Adressat. So etwas soll Leute schon ins Irrenhaus gebracht haben.

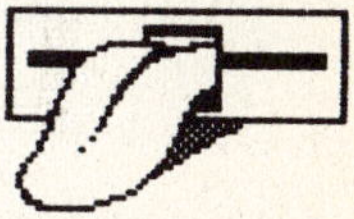

4. Phase: Erste Welle des Stolzes

Nachts um halb drei hatte ich den Fehler gefunden. Nun sprang ein Ball endlich diagonal über den Bildschirm, wechselte brav an jeder Wand die Richtung und Farbe und spielte eine kleine Melodie, sobald er auf einen grünen Balken traf, den ich durch eine «random»-Anweisung (Zufallszahl) in unregelmäßigen Abständen auf dem Schirm erscheinen ließ. Ich saß vielleicht eine Stunde vor dem Ball und sah ihm auf seinem endlosen Weg zu. Es muß so etwas wie mathematisches Glück gewesen sein, was ich empfand, DAS GLÜCK DES FUNKTIONIERENS. Idiotisch? Vielleicht liegt es daran: Der Computer zwingt einen dazu, auf einer bestimmten logischen Ebene vollständig bewußt zu sein, jede Irritation und Unschärfe zu beseitigen. Dieses «logische Glücksgefühl» mag blutleer, ja unmenschlich sein – aber es existiert, seine Wirkung ist die eines Rausches. Vielleicht kann dieser «abstrakte Kopfrausch» sogar reinigende Wirkung haben – er ähnelt irgendwie meditativen Zuständen. Krank machen kann er sicherlich auch. Er ist die Zwillingsschwester von Phase 5.

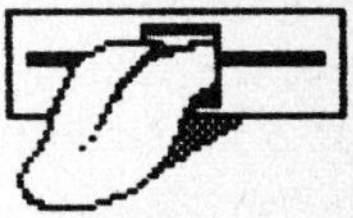

5. Phase: Völlig ausgebrannt

Nachts um halb fünf lief das Programm immer noch nicht. Stattdessen verhakten sich die Variablen irgendwo mit sich selbst und liefen zu unsinnigen, gigantischen Werten auf. Ich wollte nicht aufgeben. Eine Woche schon hing ich an diesem Unsinn (eine dreidimensionale Statistik mit hübschen bunten Balken). Tagsüber war ich fahrig, nervös, kommunikationsunfähig, meine Freundin hatte zunehmend weniger Lust, mich zu sehen. Was immer ich tat – ständig liefen in meinem Kopf Programmschritte. Beim Autofahren verarbeitete ich «Straßenvariablen», wenn ich versuchte, ein Buch zu lesen, zogen die Wörter wie Unterroutinen in mein Hirn ein – und gaben keinen Sinn. Nachts träumte ich in Schleifen, Wiederholungen, Inputs, Programmabbrüchen ...

6. Phase: Endgültige Ernüchterung

BASIC ist keineswegs eine magische Zaubersprache, sondern nichts als eine Aneinanderreihung von stupiden Wiederholungen. Und was fängt man eigentlich mit einem Homecomputer an? Antwort: Man arbeitet sich daran ab und verkauft ihn wieder. Haushaltsführung, Steuerabrechnung, Speicherung der Briefmarkensammlung – all die praktischen Anwendungsgebiete, von denen die Computerhersteller schwärmen, erledigt man in der Praxis besser und leichter mit Papier und Bleistift. Digitale Verwaltung von Rezepten, Katalogisierung der Tiefkühltruhe – das sind Zeitvertreibe für Neurotiker, die ihr Leben sowieso schon gestalten wie ein Maschinenprogramm. Die Kiste ist nichts anderes als ein Addierwerk – ein bißchen verzweigt zwar, aber im Wesen nicht anders. Vollständig unnütz, jedenfalls für den privaten Gebrauch. Einzig die Telespiele sind noch einigermaßen amüsant. Aber das steht in einem anderen Kapitel.

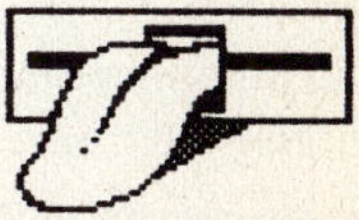

7. Phase und Schluß: Rückgewinnung des menschlichen Stolzes
Ein Computer kann tausend Rechenoperationen in der Sekunde ausführen und auf den Bildschirm rotzen, und wenn man strukturlogisch ein wenig fit ist, kann man aus diesen Banalitäten ein Programm zusammensetzen, das für den Beobachter entsetzlich komplex wirkt – es ist alles reiner Bluff. Es mag Großrechner geben, die hunderttausendmal schneller rechnen können, die mehr Speicherzellen besitzen als ein menschlicher Kopf Gehirnzellen. Aber wie viele Träume, Bilder, Erinnerungen hat jeder von uns in seinem Kopf, welche Welten sind in uns blitzschnell verfügbar?

Da saß ich also vor einem toten Schaltkasten, einem etwas kompliziert geratenen Addiergerät. Ich war um eine Illusion, einen Mythos, eine Bedrohung der Menschheit ärmer. Aber um ein Stück menschliches Selbstbewußtsein gegenüber der Maschine reicher.

Das darf doch nicht wahr sein, dachte ich. Wovor fürchten wir uns da bloß? Vor einem Haufen Drähte?

Und welche Chancen verpassen wir, indem wir zulassen, daß die unbestreitbaren Fähigkeiten des Rechners – das Rechnen, und zwar schnell – nur für Ballistikkurven von Raketen oder Rasterfahndungen des BKA mißbraucht werden? Anstatt künstlerische und kommunikative Möglichkeiten zu fördern, die Drecksarbeit zu reduzieren, wird mit dem Computer noch mehr Leistungsdruck und Stupidität durchgesetzt. Dabei sind sie ideal für Jobs, bei denen sich Hunderttausende schon zu Tode gelangweilt haben!

Wir lassen das zu. Wir, die wir von einem anderen Leben immer noch träumen, nach gesellschaftlichen Alternativen suchen, wo immer es geht, lassen ein solch wundervolles Gerät in den falschen Händen verkommen. Wir sind konsequent dagegen. Andere setzen es konsequent für ihre Zwecke ein. Aber da wir so konsequent dagegen sind, lassen wir sie gewähren (allenfalls schimpfen wir ein bißchen). Einen anderen Umgang mit Computern wollen wir nicht einmal denken, geschweige denn praktizieren.

Sind wir nicht die Häschen, die in der Grube sitzen und schlafen?

Subroutine 1

Es muß in der Pufferzone zwischen «Endgültiger Ernüchterung» und «Rückgewinnung des menschlichen Stolzes» gewesen sein, als mich Johnny besuchen kam. Johnny ist ein alter Freund und so etwas wie ein Monument der alternativen Szene. Er lebt seit rekordverdächtigen fünfzehn Jahren in einer Wohngemeinschaft, hatte immer noch keine Beziehung, die länger als zwei Jahre hielt (beziehungsweise über diesen Zeitraum hinaus die einzige blieb), arbeitet immer noch für wenig Geld in einem handwerklichen Alternativprojekt und ist auf eine milde, aber hochmoralische Art und Weise zynisch.

Als Johnnys Blick auf den Computer fiel (nein – er fragte mich nicht, was das denn für eine komische impotente Schreibmaschine sei), verzog er keine Miene. Er machte auch nicht eine der üblichen verächtlichen Bemerkungen, die ich von anderen schon gewohnt war, à la «was soll das denn jetzt wieder für ein Trip sein?!» Er brach aber auch nicht in Begeisterungs- oder Faszinationsstürme aus, so wie manche Bekannten, die meine Kiste mit einem ehrfürchtigen Glänzen in den Augen betrachteten und lauter «Ohs» und «Ahs» hervorbrachten, selbst wenn ich ihnen nur ein lächerliches «Scheisse»-Programm zeigte.

Es kam nur ein undefinierbares «Sieh einer an». Klar, daß mich das reizte. «Der An-Schalter ist rechts hinten», sagte ich.

«Nein danke», antwortete er, «ich habe davon keine Ahnung, und das wird auch so bleiben. Da bin ich reichlich sicher.»

«Gratuliere», gab ich etwas bissig zurück. «Immer brav dagegen sein. Man könnte sich ja die Finger verbrennen.»

Er sagte gar nichts, sondern grinste nur mit einem zarten Ansatz von Verachtung.

Mit Johnny und mir ist das so: Wir können eigentlich kein vernünftiges Gespräch miteinander führen. Mit «vernünftig» meine ich jene Normalkommunikation, bei der man sich wechselseitig von seinen akuten Problemen erzählt und seine diversen Frustrationen durch mehr oder minder starkes Klagen zu mindern sucht. Dabei tut man stets und krampfhaft so, als seien die Geschichten des Gegenübers genauso interessant wie die eigenen. Das ist natürlich meistens ein Trick. Man läßt das Gegenüber zu Wort kommen, damit man möglichst bald wieder von sich selbst erzählen kann. Diese narzißtische Kommunikation ist im Grunde sehr entspannend, finde ich. Man muß sich nicht mit Haufen von überzogenen Ansprüchen herumschlagen. Sie befriedigt, werden die unausgesprochenen Regeln eingehalten, beide Seiten. Diese Art des Umgangs ist einfach menschlich und entspannend, vor allem hat sie einen unmittelbaren Nutzwert: Man hat das Gefühl, verstanden zu werden.

Anders bei Johnny und mir. Uns geriet jedes Gespräch, egal, wo wir anfingen, zum anstrengenden und anspruchsbelasteten Weltanschauungsdisput, zu einer Art ideologischer Sinnschlacht. Mit Positionswechseln waren wir dabei nicht zimperlich: Vertrat Johnny den bevorstehenden Weltuntergang, warf ich sämtliche Hoffnungsargumente in die Debatte. Sah ich den endgültigen Überwachungsstaat auf uns zukommen oder die Insekten als zukünftige Alleinbewohner des Planeten, focht Johnny prompt für die Macht der Subversivität und die Stärke der Basisbewegungen. Ein unbeteiligter Beobachter, der diesem «Diskurs» zugehört hätte, wäre vielleicht zu dem Schluß gekommen, hier fände eine Schlammschlacht statt, bei der die Streitenden beliebige Meinungen vertraten. Aber die Dinge haben nun mal furchtbar viele Aspekte und Widersprüche.

Diesmal allerdings waren die Fronten klar und eindeutig.

«Ich hab letzte Woche ein paarmal angerufen», fing er jetzt an. «Du hast dich stets verleugnen lassen. Aber im Hintergrund piepste es ziemlich wild. Videospiele, vermute ich. Das nenne ich ‹Aneignung von Technologie›.»

Ich ließ mir ziemlich viel Zeit zum Antworten.

«Auch das gehört dazu», sagte ich dann. «Du spielst Fußball im Ostpark, rennst jede zweite Woche ins Stadion und siehst jede Sportschau.»

«Man muß alles mal gemacht haben», konterte er hämisch. «Sogar Gefängniswärter sollte man mal gewesen sein. Oder Bulle. Oder Atombomberpilot. Sonst kann man nicht richtig mitreden.»

«Du gehst offenbar immer noch davon aus, daß Computer das gesellschaftlich Böse schlechthin sind. Eine wahrhaft erregende Einfachheit», gab ich trocken zurück.

«Nein. Ich glaube nur, daß sie unter den jetzigen gesellschaftlichen Verhältnissen nicht zu zähmen sind. Und daß man sich das Gehirn mit ihnen austrocknet, ob man will oder nicht.»

«Wenn niemand endlich damit anfängt, sie zu zähmen, hast du recht», hielt ich dagegen.

«Es liegt schon in der Art dieser Technik. Chips sind nur von großen Konzernen produzierbar, und die stecken allesamt mit der Rüstungsindustrie unter einer Decke.»

Dazu fiel mir nichts ein. Es stimmte.

«Es sind doch nicht diese harmlosen Dinger wie die Kiste hier, mit der du spielst», fuhr er fort. «Es sind die Großrechner in den Konzernetagen, die die Leute auf die Straße werfen und den Rest zu Bildschirm-Idioten machen.» So ging es weiter.

«Das einzige, woran ich wirklich noch glaube», sagte ich irgendwann, «sind Aneignungsprozesse von unten. Wenn es die nicht gibt, sieht es in der Tat übel aus. Aber es gibt sie, auch in Sachen Computer, auch wenn sie sich nicht politisch oder alternativ geben. Nur nimmt unsereins das nicht wahr.»

«Wo?» fragte er kopfschüttelnd.

2000 rem Charakterdefinition

«Ich kann ihn an- und ausmachen, wann ich will. Und er macht, was ich sage. So möcht ich's später auch mal haben.» (Martin, 15)

«Am Rechner gibt's kein Blabla und keine Probleme und Psycho, sondern nur errors. Da kann man wenigstens was dran machen.» (Carsten, 16)

«Da draußen ist alles so komisch. Hier den Computer versteh ich aber.» (Hans, 12)

Es ist nicht leicht, Martin zu beschreiben. Das liegt daran, daß es so wenig Außergewöhnliches an ihm gibt, daß er fast extrem dem Bild entspricht, das man sich von einem heutigen fünfzehnjährigen Jugendlichen macht. Er hat mittellange Haare, trägt Jeans und Micky-Maus-Sweatshirt, hat einen Cockerspaniel, eine Hammondorgel, steht auf Udo Lindenberg und Breakdance und hat nur eine Drei in Mathe. Er wohnt mit seinen Eltern in einem durchschnittlichen Reihenhaus mit kleinem Garten in einem nördlichen Frankfurter Vorort. Die Gegend mit ihren Garagen, Golfs und Geranien wirkt wie eine Art Konzentrat der Bundesrepublik. Martin ist ein Einzelkind, etwas still, etwas schüchtern bis ein wenig verklemmt, nett, höflich, die Nachbarn mögen ihn.

In einem kleinen Souterrain-Raum des Reihenhauses, zwischen Stapeln von Donald-Heftchen, inmitten eines mittelmäßigen Durcheinanders, wie es fürsorgende Mütter gerade noch zulassen (bevor sie mit ihrem unheilvollen Aufräumwerk beginnen), steht sein Computer – Zentraleinheit, Farbmonitor, Drucker und Diskettenstation, zusammen ein Wert von etwa 4500 Mark, viermal Weihnachten und Geburtstag zusammen, plus Zuschuß von der Oma. Er sitzt ziemlich viel an seinem Gerät, «so eigentlich den ganzen Tag nach der Schule, bis manchmal meine Mutter nachts runterkommt und mir droht, die Sicherung rauszudrehen. Hat sie aber noch nie gemacht. Die wüßte, daß ich ziemlich sauer wäre, wenn ich grad an 'nem halbfertigen Programm bin. Und da sie das nicht am Bildschirm erkennen kann, stellt sie auch nicht den Strom ab», sagt er und lächelt charmant.

Martin ist tatsächlich bleicher als andere Jungen in seinem Alter – das kommt von seiner engen Beziehung zum Bildschirm. Trotzdem wirkt er kerngesund, auch wenn er kaum Fußball spielt, weil «das immer so brutal ist». Sport ist nicht seine Sache. Statt dessen programmiert er lieber Videospiele, «so eins am Tag», sagt er bescheiden und schiebt eine Diskette mit der Aufschrift «Labyrinthe Eigenbau» in den Schacht des Diskettenlaufwerks (disk drive), das alsbald fleißig zu schnurren beginnt. «Wenn das drive arbeitet, das ist meine Lieblingsmusik», sagt Martin todernst und wartet ungeduldig auf das «ready», das Zeichen dafür, daß das Programm vollständig im Arbeitsspeicher des Computers steckt. Auf dem Aufspannbild des ersten Spiels, «crazy factory» hat er es genannt, marschiert ein ulkiger Roboter von rechts nach links, dann ertönt eine dreistimmige pathetisch-blecherne Melodie. «Da hab ich mir die Noten von der Titelmelodie von ‹Superman› besorgt», sagt er, «das war ganz leicht auf das sound interface umzuschreiben.» So ganz nebenbei läuft der Satz «programmed by Martin Schneider, Tel. 703087» beim Melodiefinale in fetten Lettern über den Bildschirm. Das Spiel selbst hat alles, was ein ordentliches Videospiel braucht: mehrere Spielebenen, Blubbern und Piepsen, unterschiedliche Geschwindigkeitsstufen. Das Szenario scheint aus einem industriellen Alptraum entsprungen: ständig rattern und quietschen Förderbänder, fallen Hämmer und Steine herab, siedet etwas über, was Martin als «flüssiges Eisen» bezeichnet. Dazwischen muß sich die Spielfigur, die aussieht wie ein kleines grinsendes Smartie, nach oben bewegen, ohne abzustürzen, in einen Hochofen zu stürzen oder von den fallenden Gegenständen erschlagen zu werden. Martin kommt – natürlich – auf Anhieb in die dritte Ebene, während ich schon gleich am Fabriktor einem herabsausenden Hammer zum Opfer falle und damit eine trötende Trauermelodie auslöse.

Obwohl Martin in einer wohlbehüteten Kleinfamilien-Idylle aufgewachsen ist, zeugen seine Eigenbau-Spiele allesamt vom harten Kampf um die Existenz. Fast immer geht es Leitern hinauf, muß man mühsam Punkte sammeln und Eindringlinge abwehren, wird man von Fallen, Hindernissen und Monstern traktiert. Graphik und Idee ähneln den Spielen, die auf dem Markt angeboten werden und in den Spielsalons stehen. Einzig ein Labyrinth mit Namen «Schuleschwänzen» verheißt eine direkte Umsetzung von Alltagsrealität – es entpuppt sich aber als normales Labyrinth à la Pac Man, in dem die Monster Hausmeister heißen und in den höheren Ebenen gar «Eltern» und «Bürgermeister» den armen «Schwänzer» (wieder ein Smartie) durch die Schulgänge jagen. Tatsächlich liest Martin aufmerksam die diversen Videospiel- und Computer-Zeitschriften. Wenn ihm ein Bild oder eine Idee gut gefällt, baut er sie nach. Sein Eigenbau ist etwas langsamer und

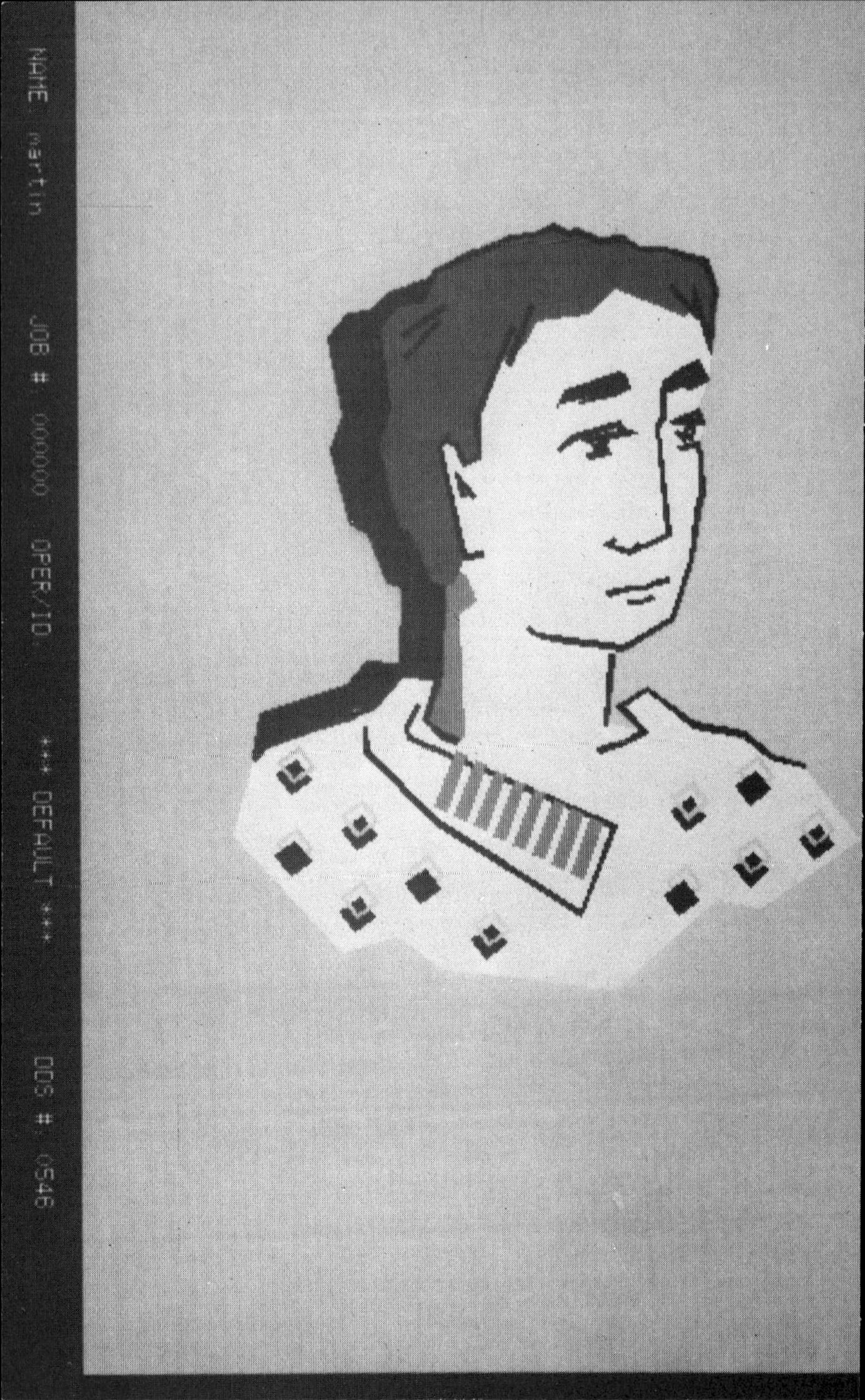
NAME martin
JOB # 0000000
OPER/ID.
*** DEFAULT ***
DOS # 0546

«zitternder» als die Profispiele vom Markt, er programmiert in Basic (nicht in der schnelleren Maschinensprache). Aber sie sind ebenso bunt und schrill.

Wie sieht Martins Weltbild aus? Neigt er eher zu konservativen Meinungen? Nein, gegen Ausländer hat er nichts, im Gegenteil, die machen gute Pizza und sollten bleiben. Ja, Geld möchte er verdienen, er hat schon volle 2000 Mark für den Abdruck eines Spielprogramms in einer Zeitung gekriegt, so viel würde ihm im Monat reichen, na ja, vielleicht nicht ganz. (Man bedenke: Er bekommt 40 Mark Taschengeld im Monat.)

Dezidierte Meinungen über Dinge, die nicht unmittelbar mit dem Computer zusammenhängen, sind nicht Martins Stärke. Meine bohrenden Fragen nach Sinn und Zweck seines Hobbys beantwortet er mit kurzem «Ja» oder «Nein» oder «Weiß net, vielleicht», begleitet von einem Achselzucken. Ich spiele ungefähr drei Stunden mit ihm, bis mir der Schädel brummt und sich allmählich eine Unterhaltung anbahnt:

Ich: Ich würde gerne mal von dir wissen, was dich am Computer eigentlich so fasziniert.

Er: (Pause) Hmm ... (Pause) Weiß net ... Vielleicht ... weil er immer macht, was ich sage.

Ist er so etwas wie dein Sklave?

Na ja ... Sklave ist zuviel gesagt. Aber er antwortet halt immer, wenn ich will.

Ist das so etwas wie ein Machtgefühl?

Macht? Na ja, das ist ja kein Mensch. Aber er macht schon, was ich will.

Aber er macht doch nicht IMMER, was du willst. Da gibt es doch auch Fehler ...

Aber die Fehler, die mache ich. Der Computer kann sich ja nicht irren.

Ist dir das nicht unheimlich?

(lacht) Nee, wieso?

Möchtest du so werden wie der Computer?

(Kurze Pause) (Lachen) NEEE!

Warum nicht?

Na, ich bin doch ein Mensch und keine Maschine!

Die Leute sagen, daß man selbst zum Computer wird, wenn man viel dran sitzt.

Da kann ich mich vor hüten. Und was die Leute immer sagen (grinst) – die wissen da nicht so gut Bescheid, glaube ich.

Aber ist es nicht stupide, immer zu programmieren, diese ganzen PEEKS und POKES, und das den ganzen Tag lang?

Nee. Langweilig ist es nur für die, die's nicht verstehen. Die keine Ahnung haben.

Wieso glaubst du eigentlich, daß Jugendliche in deinem Alter das so leicht lernen?

(grinst) Na, mit 25 oder so, da ist man halt schon festgelegt.

Und was sagen deine Eltern zu deiner Computerleidenschaft?

Na, an sich finden sie's gut, wegen dem Beruf. Aber die haben auch Angst. Daß ihnen der Computer ihren Sohn wegnimmt, glaube ich. (lacht)

Ist das nicht berechtigt, diese Angst?

Na ja, bißchen schon.

Warum?

Ich mach halt weniger mit den Eltern. Die sind halt anders als ich.

Wie anders?

Na, irgendwie von gestern. Obwohl sie sich Mühe geben.

Bist du eigentlich ein Einzelgänger-Typ?

Na ja. (Pause) Irgendwie schon. Ich mach halt lieber was für mich allein.

Was hast du denn für ein Verhältnis zu deinen Schulkameraden?

Och. Nicht so gut. Die haben halt immer ihre Gruppen.

Willst du da nicht rein?

Nee, eben nicht.

Warum nicht?

Da wird immer geredet und angegeben, wer der Stärkste ist und so.

Möchtest du nicht selbst der Stärkste sein?

Nee, keinen Bock, das ist doch hohl. Das will man doch nur, wenn man's irgendwie braucht, so Selbstbestätigung.

Willst du später mal in die Computerindustrie gehen?

Na ja, wenn es da immer einen Boss gibt, der einem Befehle gibt, dann lieber nicht. Dann mach ich lieber was Eigenes mit Computern.

Was Alternatives?

Alter ... – was?

Stell dir doch mal vor, wie das ist in zehn Jahren. Wie wirst du dann leben?

In 'nem Schloß.

So altmodisch?

Ja, in 'nem Schloß mit Garten und Computern, in jedem Zimmer einer.

Und keine anderen Menschen?

Muß nicht sein.

Nicht verheiratet und Kinder?

Uuuhh! (verdreht die Augen)

Warum denn nicht? Das macht doch jeder!

Ja, aber allein ist es auch schön.

Aber ist einsam sein nicht furchtbar?

Nee. Da muß man nicht immer soviel Rücksicht nehmen. Und hat mehr Ideen, weil man nicht so oft an die Familie denkt. Und da gibt's nicht immer so viele Probleme ...

Später lerne ich noch Martins Mutter kennen, die uns Kuchen und Cola bringt. Sie ist, wie sie gleich als erstes beteuert, eine moderne Mutter. «Ich habe immer versucht, den Martin zu verstehen und keinen Zwang auszuüben, schon als er klein war» – (Seitenblick – ein unausgesprochenes «Nicht wahr, Martin?» – keine Antwort). «Und an sich finde ich das auch gut mit dem Computer, den braucht man doch für die Zukunft, da führt ja sicher auf Dauer kein Weg dran vorbei. Aber er ist so verschlossen geworden, das muß ich schon sagen. Früher hat er uns immer soviel erzählt, wissen Sie, ich und mein Mann, wir finden das wichtig, daß die Kinder zu den Eltern mit all ihren Problemen kommen können. Wir haben nie mit ihm geschimpft, oder gar Ohrfeigen wie noch in meinem Elternhaus, das gab's für Martin nie. Jetzt kapselt er sich aber

NAME carst neu JOB # 000000 OPER/ID *** DEFAULT *** DOS # 0061

so ab, und das macht mir schon Sorgen. Er hat nur noch Sinn für den Computer, am liebsten würde er ihn sogar in Urlaub mitnehmen. Ich glaube nicht, daß das gut ist.»

Hinter diesen Formulierungen steckt, nur mühsam verborgen, mütterliche Eifersucht. Ich beobachte Martin, während seine Mutter mir pausenlos ihr Verständnis für die Jugend und ihre Vorstellungen von einer fortschrittlichen Pädagogik erzählt. Er ist weit weg in einer anderen Welt, irgendwo bei einem Variablenproblem, einer Unterroutine, einer Fehlersuche in einem Programm, jedenfalls dort, wohin ihm auch die verständnisvollste Mutter nicht folgen kann.

Etwas anders, «ideologischer» noch, liegen die Dinge bei Carsten. Er ist sechzehn Jahre alt und wohnt mit seiner Mutter, die aus linken, alternativen Kreisen kommt, in einer kleinen Wohngemeinschaft im Frankfurter Stadtteil Sachsenhausen. Sein Zimmer ist von oben bis unten schwarz angestrichen, von der Decke baumelt eine Ultraviolett-Lampe, die alles in düsteres Licht taucht und nur die hellen Flächen unwirklich reflektieren läßt. Das blaue Viereck des Computermonitors in der Ecke wirkt hier wie das Tabernakel eines okkulten Altars. Carsten selbst ist extrem dünn, auf seinem schmalen Gesicht mit den braunen, irgendwie traurig wirkenden Augen zeigen sich einige Pickel. Er ist von oben bis unten modisch-schwarz gekleidet, in seinen Haaren, die über den Ohren wegrasiert sind und in New-Wave-Art nach oben stehen, vermute ich Brisk.

Für Carsten ist der Umgang mit «der Büchse», wie er seinen Computer zärtlich nennt (andere Kids nennen ihre Geräte «Erbse», «Gurke» oder «Eimer»), viel deutlicher als bei Martin Ausdruck einer Lebenshaltung, die sich gegen die Stilformen der Erwachsenen richtet. Der Computer symbolisiert seine Abgrenzung gegen die «Müsliart» seiner Mutter und deren Bekanntenkreis. Über den sagt er: «Die reden und reden immer nur über Raketen und sauren Regen und was sie schon wieder alles falsch gemacht haben und warum und welche Probleme es schon wieder gibt mit Psycho und so. Blabla. Nee, keinen Bock.»

Schüchtern ist Carsten nicht, wenn auch still. Er hat das, was man (höflicherweise) ein gesundes Selbstbewußtsein nennen könnte – wer ihm böse wollte, könnte das als Arroganz auslegen. Man spürt, daß er von Kindheit an mehr mit Erwachsenen als mit Gleichaltrigen zusammen war. Heute spielt er in einer elektronischen Avantgardegruppe mit, die sich «Elektro-Grill» nennt und im Ruf steht, ganze kunsthungrige Säle bei ihren chaotischen, vor allem lauten Auftritten im neudeutschen Robotstil zu räumen.

Die Avantgarde beschränkt sich nicht auf Musikstile allein. Carstens Bewußtsein, etwas anderes, Besonderes zu sein, sich von der Masse der Gleichaltrigen abzuheben, zeigt sich am deutlichsten in seinen Kommentaren über seine Klassenkameraden: «Das sind für mich alles halbe Bauern. Die kommen irgendwo aus den Vororten, halb aus der Pampa, tragen Parkas und Cordhosen und reden höchstens über Motorräder und Disco. Als wir in der Schule 'nen Computerkurs gemacht haben, sind die alle gleich wieder ausgestiegen, weil sie alles, was neu ist, nicht kapieren.»

Den Computer benutzt Carsten mehr als kreatives Medium denn als Programmier-Lerninstrument für einen zukünftigen lukrativen Job. Er schreibt kleine Synthesizer-Programme darauf und untermalt sie mit abstrakter Bildschirm-Grafik. Er läßt Werbezettel für einen Auftritt seiner Combo aus dem Drucker rasseln, auf dem eine gerasterte krumme Coladose zu sehen ist, darunter ein experimentelles Gedicht. Videospiele spielt er gern (welches Computerkid tut das nicht?), aber in Maßen, denn «ich hab keine Lust, zu verdummen. Sieh dir mal die kleinen Türken in den Spielhallen an, die haben doch null Geist mehr.» Und wie findet er die GRÜNEN? «Früher gut», sagt er, «da war das was Neues. Aber die sind immer nur gegen was, jeder soll nur 'nen Garten haben, und alles Technische ist verboten. Dabei haben die nur Angst, weil sie's nicht begreifen. Immer nur nein zu allem sagen, das bringt doch nichts, ich finde es besser, sich damit zu beschäftigen und Bescheid zu wissen. Auch wenn man mit dem Computer viel Scheiße machen kann, das will ich gar nicht abstreiten. Früher, da hab ich auch dauernd demonstriert, im Wald an der Startbahn West und für den Frieden und so. Und was ist daraus geworden?

Die Startbahn ist gebaut, und diese Raketen sind doch da. Da muß man dann halt was anderes versuchen, was echt Neues, nicht immer dieses Demonstrieren und Dagegensein.»

Überhaupt der Frieden. Bei diesem Wort verzieht sich sein Mund verächtlich. «Ich kann Frieden nicht mehr hören», sagt er, «bei mir in der Schule haben sie eine Friedenskette gemacht, drei Kilometer lang war die, da haben sie Lieder gesungen und Pipapo. Das waren fast ALLE, die das gemacht haben.»

Die Kulturen von Friedens- und Alternativbewegung sind für Carsten längst Massen- und Einheitskulturen geworden, von denen er sich individuell abgrenzen muß und will. Trotzdem ist er nicht frei von den Befürchtungen, die die Friedensbewegung auf die Straßen getrieben haben, nur scheinen sie ihn nicht richtig zu berühren, es wird keine Angst daraus, keine, wie man so schön sagt, «Betroffenheit». Auch das ist ein Reizwort für Carsten. «Alle sind ständig betroffen und geschockt und entsetzt. Aber niemand ist richtig cool.»

Es ist eine Mischung aus Resignation und dem Bedürfnis nach einem Zugriff auf die Zukunft – mit einem Schuß cooler Abgeklärtheit –, die Carsten in der Mitte spaltet. Er will sich nicht mehr als Opfer der gesellschaftlichen Entwicklung begreifen, doch bedroht fühlt er sich trotzdem. «Ich glaube, daß es irgendwann einen Atomkrieg gibt», sagt er, als erzähle er mir über die Qualitäten seiner neuen Stereoanlage. «Die Amis haben echt keinen Bock auf Abrüstung, und die Russen wohl auch nicht. Aber da kann man wohl nichts machen. Da hab ich mich echt dran gewöhnt. Das bringt doch alles nix, sich davon irre machen zu lassen, das wollen die doch nur. Lieber versuche ich, mit den Computern ein Stück weit vorne zu sein, das zu kapieren.»

Ob er denn nicht mit seiner Leidenschaft für Computer eine Industrie mitunterstützt, die sich eines Tages zur totalen Kontrolle eignet? Da kann er nur müde lächeln: «Dann sollen die mal versuchen, da so ein Überwachungssystem aufzubauen. Da wird mir dann schon was einfallen. Schließlich weiß ich, wie man damit umgeht. Ich bin zwar kein echter Hacker, aber das werde ich ziemlich schnell, wenn's sein muß.»

NAME: rudolf JOB #: 000000 OPER/ID: *** DEFAULT *** DOS #: 0546

Zwar ist auch Carsten vom Typus her eher ein Einzelgänger, seine kleine Clique, die sich um die elektronische Avantgarde-Musik herum organisiert hat, ist aber relativ stabil. In ihr herrscht New-Wave-Ästhetik, deutliche Verachtung gegenüber sämtlichen «Friedensärschen» und Lust an inszenierter Kälte. Man bewegt sich eckig, stylt sich zwischen Neon und Schwarz, trifft sich grundsätzlich nur bei Mac Donald's oder in badezimmerähnlichen Cafés und Schnellimbissen und hat eine eigene Sprache kultiviert, die sich am Computer orientiert. So geht man «Essen abspeichern», abends wird «Disco gelistet», man findet, daß «dein Chip schmort», und fordert einen «Programmabbruch», wenn man meint, der andere habe jetzt genug gesagt.

Mit seinen achtzehn Jahren ist er eigentlich schon zu alt für die Kategorie «Computerkid». Trotzdem gehört Rudolf vielleicht mehr dazu als andere; er verkehrt überwiegend mit den jüngeren Bytefreaks und hat bei ihnen den Status einer geachteten, stets auskunftbereiten Autorität, die man bei jedem RAM- und DOS-Problem um Rat angehen kann. Rudolf lebt allein in einem möblierten Zimmer, das ihm seine Eltern gemietet haben – sie wohnen gleich nebenan im Nachbarhaus. Er steht kurz vor dem Abitur, das er – da ist er sicher – mit einem Notenschnitt absolvieren wird, der ihm die Türen zur besten Informatik-Fakultät öffnen wird, die es gibt.

Jeder von uns hat Rudolf schon einmal gesehen – er repräsentiert jenen Typ von Jugendlichen, die sich während der Pubertät abgekapselt haben, stets schlecht in Sport, schüchtern gegenüber Mädchen und steif in Disco oder Tanzschule waren. Manchmal sind sie extreme Streber, mal nur mittelmäßig in der Schule – und fast immer haben sie Probleme mit ihrem Aussehen. Rudolf zum Beispiel hat ein Gesicht, auf dem sich die jahrelangen Spuren einer schlimmen Akne gehalten haben. Er wirkt ungelenk, so, als stecke er in einem Körper, der zu ihm nicht paßt, der ihm «äußerlich» ist. Er trägt Rollkragenpullis und Cordhosen, und es ist nicht schwer, sich vorzustellen, daß er noch niemals etwas anderes getragen hat. Typen wie Rudolf können prima Kumpel sein, verläßliche Freunde, aber sie leiden ständig darunter, daß sie nicht begehrt sind, daß sie keinen «sozialen Marktwert» besitzen und von Cliquen allenfalls am Rande, als mehr oder minder skurrile Außenseiter, geduldet werden. Irgendwann schaffen sie sich einen Ausgleich für diese Handikaps: ein Hobby, in dem sie unglaublich gut sind.

Für Rudolf schafft der Computer eine eigene, autonome Welt, deren Gesetze die gesamte Realität beherrschen. Es gibt nichts wirklich Wichtiges außer dem Problem, einen Compiler richtig einzubauen, eine Schleife in einem arithmetischen Kurvendiskussionsprogramm «straff und kurz» hinzukriegen oder ein theoretisches Flipflop-Modell mit dem Farbdrucker sauber zu gestalten. Rudolfs Freizeitleben ist minimal. «Ins Kino geh ich schon mal», sagt er, «aber ich finde das meistens langweilig. Was soll das Geballer da, und diese Weltraumgeschichten, das hat doch keine Hand und keinen Fuß. Und Disco – da kann man nur rumstehen, unterhalten geht nicht, weil's so laut ist.»

Hand und Fuß – die klare Logik einer Programmsprache, der Aufbau eines Chips –, das ist für Rudolf abgesicherte Realität, ein Terrain, auf dem man sich bewegen kann. Er bestreitet keine Sekunde, daß ihn der Computer in seiner Persönlichkeitsstruktur verändert hat. «Ich denk da schon oft in so Relationen, Input – Output, ob etwas logischen Sinn hat oder nicht. Irgendwie möchte ich schon alles in ein Prinzip reinkriegen. Das finde ich ja auch menschlich, denn wir haben ja alle einen Kopf, warum sollten wir den nicht benutzen? Klar – ich mach das mehr als andere Leute, aber es müssen ja nicht alle Leute gleich sein. Andere Leute geben halt viel Geld für Rauchen und Trinken aus, ich halt für den Computer. Andere stehen nur auf ihr Auto, ich sitze halt an der Kiste.»

Ist das eine Art Entschuldigung? Nein, eigentlich nicht. Rudolf hat eine ziemlich klare Selbsteinschätzung. «Ich steh halt nicht auf Kommunikation und so. Ich beschäftige mich eben mit was anderem. Das ist für mich persönlich besser als rumhängen und langweilen, wie ich das früher gemacht hab.»

Die soziale Welt der Schule, der Gleichaltrigen, ist für Rudolf von völlig sinnlosen Ritualen beherrscht. «Ich weiß nicht, ob die nicht auch deshalb zusammenhängen, weil ihnen nichts anderes einfällt», sagt er diplomatisch. Ob er da nicht verdrängt, seine Wünsche nach Geselligkeit, Nähe, einer Freundin nicht einfach in die Schaltkreise steckt? Da muß er nicht lange nachdenken. «Ja», sagt er einfach. «Ich hab mal ein halbes Jahr eine Freundin gehabt, und seitdem das in die Brüche ging, hab ich kein Bedürfnis mehr. Vermissen tu ich nichts. Wenn du es Verdrängung nennen willst – kann sein. Aber keine Angst – ich mach da auch meine Eroberungen, auf meinem Gebiet bestimmt ...»

Das Telefon klingelt, seine Mutter ruft ihn zum Abendessen. Er ist gleich wieder da, sagt er, ich solle ruhig solange warten. Während er weg ist, betrachte ich sein Zimmer, die abgenutzten, orangenen Übergardinen, das Sofa aus den sechziger Jahren, den Nußbaumschreibtisch mit Stapeln von unverständlichen mathematischen Büchern, den großen Rechner mit den drei Monitoren, das Regal mit Karl May, Enid Blyton («Fünf Freunde») und Solschenizyn, das Poster mit dem schönen Mädchen im nassen T-Shirt an der Wand. Ich denke über meine Kriterien nach. Hat es nicht immer schon solche stillen Bastler gegeben, die sich auf eine Domäne zurückzogen und dort geheimnisvolle Dinge taten, die niemand anderes verstehen konnte? Und sind unsere Kriterien von Verdrängung nicht von einem arroganten «Gesundheitsbegriff» geprägt, nach dem der Norm-Mensch kommunikativ, aufgeschlossen, vielseitig, an möglichst vielen Dingen interessiert und so weiter zu sein hat? Ich erinnere mich an den Schreiner, der in meiner Kindheit, die ich eine Zeitlang auf dem Dorf verbrachte, neben uns wohnte. Wir Kinder nannten ihn immer «Holzkopp», er galt als Kauz. Er kannte nur seine Intarsien (die allerdings galten als genial) und redete mit niemandem. Mit fünfzig war er noch Junggeselle, was damals auf dem Land noch so etwas wie einen Skandal darstellte.

Sind diese einsamen Käuze, die sich nur für EINE Sache hundertprozentig interessierten, nicht immer auch interessante Menschen gewesen? Und sind sie in einer kommunikations-dominierten Welt nicht geradezu notwendig? Vielleicht merken wir, die wir

NAME
JOB # 000000
OPER/ID
*** DEFAULT ***
DGS # 0546

das Bild der «allseits entwickelten Persönlichkeit» hochhalten, gar nicht, daß es die Käuze sind, die die letzten Abenteuer leben. Sie verweigern sich – ob mit Intarsien oder binärer Logik – den Gesetzen der sozialen Welt. Nein, Helden sind es deshalb nicht. Aber kann man sie mit der Kaputtheits-Matrix bewerten?

Als Rudolf zurückkommt, reden wir noch eine Weile über Gefühle, die einer mit der Maschine erleben kann. «Das ist schon etwas ganz Besonderes», sagt er fast feierlich, «wenn du nach Tagen des Kämpfens endlich ein Programm am Laufen hast. Ich glaube, das kann niemand anderer verstehen. So stelle ich mir das vor, als die ersten Leute früher am Nordpol standen.»

Ich fordere ihn auf, das genauer zu erzählen. Er braucht ziemlich lange, um Worte zu finden. «Da ist zunächst einmal gar nichts», sagt er. «Einfach Leere im Kopf. Dann füllt sich die allmählich mit dem Problem, mit den Strukturen. Da sind dann unglaublich viele kleine Bauteile, die alle – wie soll ich sagen – herumfliegen. Ich muß sie zu fassen kriegen und sie zusammensetzen. Es ist so, als ob sie dauernd wieder auseinanderbrechen wollen, kaum hat man hier etwas zusammengesetzt, bricht es woanders wieder zusammen. Das ist ein Kampf. Irgendwann gehe ich dann in den Computer und lege erst mal meine Variablen fest, bestimme, was aus ihnen bei dem Weg durch den Rechner werden soll. Dann lehne ich mich zurück und ruhe mich auf diesem Gerüst aus.

Das ist, wie wenn man ein ungeheures Haus bauen soll, man hat aber nur feinkörnigen Sand, etwas ganz Einfaches, das man zu komplizierten Gebilden zusammenfügen muß. Und dann kommt irgendwann der Moment der Klarheit. Plötzlich bist du der Meister, dem die Dinge gehören, der mit ihnen spielen kann. In diesem Moment ist alles unwichtig, du bist DAS PROBLEM UND SEINE LÖSUNG SELBST. Du hast alles klar vor Augen, als sei in deinem Kopf ein Plan gezeichnet, ganz sauber, so wie technische Zeichnungen.

Es ist – ja, das ist schon ein Rausch, wenn du so willst, vielleicht ist es für mich das, wie wenn andere Leute Alkohol trinken oder Haschisch rauchen. Danach, wenn man das Programm im Speicher hat, fühlt man sich schlagartig leer, und bei mir ist das dann eine ziemliche Unruhe. Da sehnt man sich wieder nach diesem Gefühl.»

«Es ist ziemlich kalt am Nordpol», werfe ich ein.

«Sonst wäre es ja auch langweilig», antwortet er völlig ernst.

Hans lerne ich in der Computerabteilung von Hertie kennen. Hier treffen sich, inmitten ratloser oder mürrischer Verkäufer, die Clochards der Computerszene an den Bildschirmen – Kids, die sich keinen Computer leisten können oder denen die Eltern zu Hause den Spaß wegen «Verdummungsgefahr» verbieten. Man testet anderswo erstellte Programme, lächelt milde über die ein paar Ecken weiter an den nichtprogrammierbaren Videospielen hängenden kleinen Türken und dealt unter der Hand mit geknackten Spielen («eh – zehn Mark für Fort Apokalypse, Zeppelin und Zaxxon!»). Die «Mikro-Clochards» laufen ständig mit einem Diskettenstapel unter dem Arm herum, von Kaufhaus zu Kaufhaus, immer auf der Suche nach dem freien Schacht eines Diskettenlaufwerks und einem Cursor, der nur für sie blinkt. Wo die Verkäufer am coolsten sind, wo sie gar selbst ein paar gute geknackte Spiele unter dem Ladentisch haben, spricht sich schnell herum.

Habe ich gesagt, ich lernte Hans kennen? Im nachhinein habe ich das Gefühl, ihn nie WIRKLICH kennengelernt zu haben. Die meisten Computerkids, an die ich mich mit meinem Spruch («Ich schreibe ein Buch über Computer und möchte dich mal was fragen ...») «heranmachte», waren zwar zunächst skeptisch und reserviert, hatten aber nach kurzer Zeit Lust, über ihr Hobby zu erzählen – und solange wir beim Thema blieben, waren sie recht selbstbewußt und redegewandt.

Nicht so Hans. Als ich ihn das erste Mal sah, dachte ich, er hätte sich von der Spielwarenabteilung herüberverirrt. Er schien mir viel zu jung für Computer. Klein, blaß, unterentwickelt, mit einer fast durchsichtig scheinenden Haut, höchstens zehn Jahre alt (in Wirklichkeit ist er zwölfeinhalb).

Doch dann sah ich ihn an einem der größeren Computer sitzen, einem Business-Gerät mit Doppeldiskettenlaufwerk für über zehntausend Mark. Seine spillerigen Finger rasten im Zehnfingersystem über die Tasten. Irgend etwas an diesen Bewegungen wirkte krampfhaft und gespenstisch. Wäre er Klavierspieler, gälte er wahrscheinlich als Wunderkind. Aber dort, wo er saß, war es meistens ziemlich still. Während sich um die anderen Bildschirme ganze Trauben von Kids scharten, blieb Hans allein mit dem Computer. Ab und zu guckte ihm einer der Älteren über die Schulter, beiläufig und mit deutlicher Distanz, so, als sei er ein Aussätziger.

Hans spielte keine Videospiele wie die meisten. Er machte auch keine bunten Graphiken oder blubbernden Töne. Er schien so etwas wie Buchhaltungsprogramme zu fahren, jedenfalls liefen über den Schirm immer eine Unmenge Zahlenkolonnen, Kurven und Säulendiagramme.

Als ich ihn ansprach, sagte er erst gar nichts, sondern tippte weiter, ohne von mir Notiz zu nehmen. Ich wollte schon gehen, da fragte er mit seiner dünnen, hellen Stimme:

«Wieviel krieg ich?»

Das hatte ich noch nie erlebt. Jedenfalls nicht so offen. Die meisten Kids haben ein (höflich ausgedrückt) positives Verhältnis zum Geld und waren etwas irritiert, wenn ich für meine Interviews kein Honorar zahlte. Ich sagte: «Zwanzig Mark. Aber nur, wenn du mit mir hier rausgehst.»

«Ich muß hier noch was machen», antwortete er und hämmerte weiter auf die Tasten.

«Dann eben nicht», sagte ich.

«Okay.» Er stand auf, nahm seine zwei Disketten aus den Laufwerken, steckte sie in seinen Schulranzen. Er redete kein Wort, während wir die Kaufhausrolltreppen herunterfuhren. Ich wollte ihm eine Cola spendieren, aber er lehnte ab. «Meine Eltern sind nicht zu Hause», sagte er, «wir können zu mir gehen.»

Hans wohnt in einem Sozialbauwohnungs-Hochhaus, einem dieser häßlichen Betonkästen, die Anfang der sechziger Jahre massenhaft am Rande der Städte wie Giftpilze aus dem Boden spros-

sen, wo sie sich heute allmählich in moderne Slums verwandeln. Seine Mutter ist geschieden und arbeitet neun Stunden am Tag. Martins kleines Zimmer, das auf die regenergraute und putzbrökkelnde Betonwand des Nachbarhauses hinausgeht, ist vollgestopft mit Elektronik. Überall stehen Tastaturen herum, bei denen die Gehäuse fehlen, undefinierbare Kästen, Kabel winden sich über den Boden, dazwischen Lötkolben und Schraubenzieher, drei Monitore ohne Chassis – Hans ist nicht nur Computerkid, sondern auch Bastler.

Oben an die Jalousie am Fenster hat er einen Elektromotor gehängt, der so aussieht, als könne er jeden Moment herunterfallen. Den steuert er mit einem der Computer – morgens werden die Jalousien automatisch hochgezogen, abends heruntergelassen. Das Programm, berichtet er stolz, ist auf zwei Jahre ausgelegt. An Sonn- und Feiertagen bleiben die Jalousien unten, auch einen Schalttag hat er berücksichtigt.

Und was macht er sonst? «Ich bring da Ordnung rein», sagt er leise. Ich bohre nach. Wo hinein? «Na ja, in alles so.»

Hans versucht, die Welt in Daten aufzulösen – und dadurch Macht über sie zu gewinnen. Wo andere Rennquintette oder Fußballbilder sammeln, sammelt er Daten, Zahlen, die er in Programmen abspeichert und verarbeitet. So hat er auf einer Diskette sämtliche Bewohner seines Hochhauses «erfaßt». Da stehen die Namen von den Klingelknöpfen, daneben die Autotypen, die sie fahren, das Alter (von Hans geschätzt), die Anzahl der Kinder (teilweise nachgefragt), das Stockwerk. Vierundsechzig Parteien gibt es im Haus, neun Ford, zwölf Opel, sechs VW und sieben sonstige. Im siebten Stockwerk leben überdurchschnittlich viele Personen – 13 – und im Parterre nur fünf. All das wird vom Programm säuberlich aufgelistet. Eine ähnliche Statistik hat er über die Schüler seiner Klasse angelegt: Berufe der Väter, geschätztes Einkommen, Geschwister, sogar Notendurchschnitt. Einen Datenschützer würde angesichts solcher Intimdaten das nackte Grausen packen.

Hans macht auch die Haushaltsabrechnung seiner Mutter auf dem Computer. «Die gibt mir immer diese Zettel da, wenn sie was kauft.» Ich erfahre, per Säulendiagramm, daß die beiden im letzten

Monat 315,80 Mark für Lebensmittel, 145,20 Mark für Kleidung, 320 Mark für Miete ausgegeben haben. Und so weiter. Hans zeigt mir mit gedämpftem Stolz ein Statistikprogramm nach dem anderen. Spielen tut er nicht so gern, «das strengt doch so an». Nur ein Tricktrack- und ein Worteraten-Programm hat er selbst gemacht.

Was für Rudolf gilt, gilt für Hans noch weitaus extremer: Außer der Welt der Computer scheint für ihn nichts Reales zu existieren. Mit seinen Klassenkameraden kommt er nicht zurecht, «die sind immer so brutal. Und die Mädchen kreischen immer nur.» Nach einigen Mühen bekomme ich heraus, daß er oft gehänselt wird – wegen seiner dickglasigen Brille, und weil er in Sport sehr ungelenkig und schwach ist. Seine Mutter steht seiner Leidenschaft reserviert gegenüber – so lese ich aus seinen Andeutungen heraus –, ist aber gleichzeitig froh, daß er den ganzen Tag eine Beschäftigung hat und nebenbei noch etwas für seine Zukunft tut. Aus schlechtem Gewissen wohl gibt sie ihm ein recht üppiges Taschengeld – das spart er bis auf den letzten Pfennig und kauft sich gebrauchte Computer und Computerteile in kleinen Elektronikläden. Ja, Hans möchte später Programmierer werden. Ja, Hans möchte viel Geld verdienen, «damit ich nicht mehr auf die Schule gehen muß, da ist es so langweilig. Und bringt alles nix.»

Als ich ihn verlasse – ich möchte weg sein, bevor seine Mutter nach Hause kommt, irgendwie habe ich das Gefühl, sie würde mich als den «Mann mit den Bonbons» einordnen –, bin ich erschöpft. Es war anstrengend, Hans zu Antworten über das «Weiß nicht» und das Schulterzucken hinaus zu bringen. Ich gebe ihm seine zwanzig Mark, die er sorgfältig in ein kleines Kästchen legt. Dann lädt er ein Programm und trägt das Geld in seine elektronische Taschengeld-Bank ein. Filename: «Sonderausgaben». Sichtwort: «Journalist».

Beim Hinausgehen sehe ich auf dem Küchentisch Computerausdrucke. Hans hat nur wenige Freunde, es scheinen exakt drei zu sein. Lieber Gerhard, lieber Sven, lieber Karlheinz, heißt es da, ich möchte dich zu meinem Geburtstag am 29. April herzlich einladen. Hans. Immer gleichlautend. Mit Randausgleich, versteht sich.

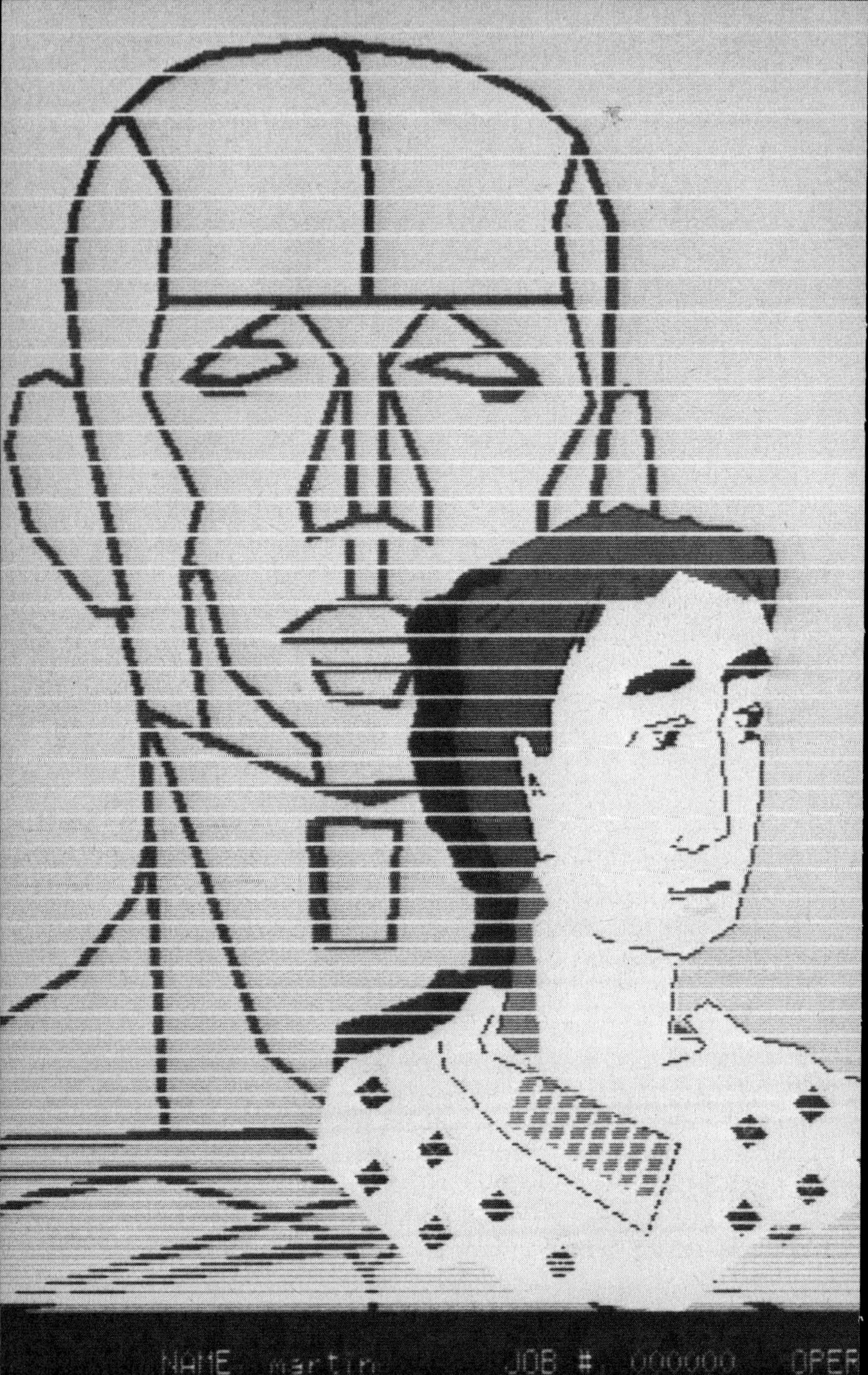
NAME martin
JOB # 000000
OPER

*** DEFAULT ***
ODS #. 0546

Subroutine 2

«Das sollen Emanzipationsprozesse sein?» höhnte Johnny. «Lauter kleine Kaputtnicks?»

«Junkies wie Hans sind die Ausnahme», sagte ich. «Schließlich kann alles zur Sucht führen, ob Fußball oder Disco oder irgendeine Sammelleidenschaft. Sogar der Frieden und das alternative Leben.»

«Trotzdem sind Computer etwas anderes», beharrte er, «sie verblöden von vornherein. Hast du dir mal überlegt, daß diese Kids in ein paar Jahren ganz oben in der Industrie sitzen?»

«Ich bin mir nicht so sicher. Du hast es ja bei Martin gehört. Er vertritt die Mehrheit der Computerkids und hat durchaus eigene Freiheitsansprüche und moralische Kriterien. Und er lernt ‹Basic› wie andere Leute eine Fremdsprache, kann also auch zwischen Realität und Computerwelt unterscheiden. Und hat keineswegs eine pure Katzbuckel-Mentalität. Daß er sich für andere Dinge wenig interessiert, hat andere Gründe.»

«Welche denn?»

«Erstens: Es gibt überall schon Cliquen, die sich schon für das entschieden haben, für was man sich vielleicht interessieren KÖNNTE – der Computer dagegen ist etwas NEUES. Zweitens: Die Protestbewegungen sind zur Masse geworden und gescheitert.»

«Mag sein. Aber trotzdem verblödet dieses Zeug», beharrte er. Ich wurde allmählich wütend.

«Wußtest du übrigens, daß Auto- und Eisenbahnfahren die Gehirnsubstanz aufweicht, zu Debilität und Impotenz führt?»

«Was soll denn der Blödsinn?»

«Du sagst es. Blödsinn. Das steht in einem Buch, das im Jahre 1903 im damaligen Kaiserreich eine Auflage von fast hunderttausend erreichte. Da heißt es unter anderem: ‹Eine Fortbewegung, die mit mehr als 45 Cilometer per Stunde einen menschlichen Leib transportieret, muß unweigerlich zu einer völligen Auflösung der Gedärme führen.› Titel: ‹Von den Auswirkungen der modernen Technik auf den gesunden Leib›. So etwas sollte deine Stammlektüre werden.» Diesmal fiel ihm nichts mehr ein. Vorerst.

EINE STILLE REVOLTE?

«Meine Alten sind Schnarchsäcke. Die Linken und diese ... wie heißen die doch gleich? ... Alternativen – das sind die Oberschnarchsäcke.» (Jörn, 17)

Ich könnte noch von Roland erzählen, der ein fanatischer Computerfeind ist und trotzdem wie ein Besessener Computersprachen lernt – er ist überzeugt davon, daß man den Weltuntergang nur verhindern kann, indem man sich als Computerexperte in den militärischen Apparat einschleicht – und im entscheidenden Moment das ganze System lahmlegt. Auch Ralf gäbe einiges her: Er ist mit 18 Jahren bereits Unternehmer, beschäftigt drei Angestellte und ist «voll drin im Softwaremarkt». Seine kernigen Sprüche über die Segnungen der freien Wirtschaft, die Philosophie des Porschefahrens und die Dummheit aller Linken würden die Vorurteile, diejenigen, die sich auf Computer einlassen, seien grundsätzlich reaktionär und karrieristisch, zu sehr bestätigen. Und die Geschichte von der zweiundsechzigjährigen Frau Jansen aus Lauterbach, die seit einem halben Jahr einen Kurs in BASIC macht («Isch will doch net, daß mir die Enkel was vormache könne, gell!»), hebe ich mir für ein andermal auf. Es geht ja hier um die Kids. Was verbindet all die unterschiedlichen Charaktere wie Hans, Martin, Rudolf und Carsten? Wie ist das Phänomen «Computermania» jenseits der gängigen Schubladen (Verblödung, Verdrängung, Abstumpfung, «die armen Kinder») kulturell einzuordnen?

Stell dir vor, du bist heute dreizehn oder vierzehn Jahre alt.

Stell dir vor, du suchst nach einer eigenen Ausdrucksform, nach einem Stil, der dich von deinen Alten und den Gleichaltrigen abgrenzen kann, der aus dir etwas Besonderes macht.

Stell dir vor, wieviel Terrain da bereits besetzt ist: Für den Frieden kämpfen heute Hinz und Kunz, sogar der Papi ist voll und ganz dafür. Die Revolution ist schon längst vorbei. Und jeder zweite in deiner Altersklasse hat schon einmal gekifft oder «es» trotz Elternverbot getrieben. Motorräder erregen auch kein allzu großes Ärgernis mehr. Die meisten treiben irgendeinen Sport. Und fast alle haben ihre festen Cliquen, in die man als außenstehender Einzelgänger nicht hineinkommt, wenn man sich nicht bestimmten Gesten und Normen anpaßt.

Stell dir vor: Du hast Eltern, die sich selbst für «anders» halten, die aus der linken oder alternativen Szene kommen (was immer das heißt). Du bist ständig konfrontiert mit lauten oder leisen Klagen darüber, wie ungerecht und zukunftslos die Welt ist – und daß man Widerstand gegen alles mögliche leisten sollte – eigentlich. Doch mit dem Widerstand ist es nicht weit her. Psychische Probleme (alles ist ziemlich kompliziert, vor allem die «Beziehungen») und verlorengegangene Hoffnungen («Wir ziehen eh immer den kürzeren») beherrschen das Terrain.

Gut, du kannst natürlich Neonazi werden, da würden die Alten unter Garantie ins Rotieren kommen. Aber wenn du so hohl nicht bist, daß du dich nach Uniformen und gebrüllten Kommandos, nach Fahnenschwingen und Ausländerhetze sehnst, wäre der Computer für dich ein ideales Provokationsmittel: Man wird dich ziemlich bald als obskures kleines Techno-Monster betrachten, als angepaßten Karrieristen, der sich bereitwillig jedem Diktator zur Verfügung stellen würde, zumindest aber als Süchtigen. Natürlich wird man sich bemühen, Verständnis zu produzieren. Schließlich haben deine Alten früher auch gegen IHRE Alten revoltiert und für sie unverständliche Sachen gemacht. Nur: Muß es gleich so dick kommen, so extrem? So unkritisch gegenüber den Gefahren von großer Bruder, Rationalisierung und Rüstungsindustrie?

Ein Teil der Computerkids revoltiert auf diese Art und Weise sicherlich gegen die Hinterlassenschaften der 68er-Generation. Aber Charaktere wie Carsten, der den Computer mit New-Wave-Ästhetik und Technik-Coolheit (einer Gegenkultur gegen die Alternativ-Gegenkultur) verbindet, sind in der Minderheit. So ideologisch zugespitzt sind die Fronten selten.

Das ist auch gar nicht nötig: Moralische Grundeinstellungen, nach denen die Zukunft (und die Computer sind ja die Zugvögel der Zukunft) gefährlich und verdorben ist, finden sich inzwischen weit gestreut – die Ablehnung neuen Technologien gegenüber ist weit in den Mittelstand hinein verbreitet. Kein Wunder, fühlt sich doch fast jeder Vater von der Rationalisierung bedroht.

Nicht nur Weltuntergangsgefühle und Technikskepsis, auch das pädagogisch-psychologische Vokabular, das sich im Zuge der diversen Emanzipationsbewegungen entwickelte, hat in abgewandelter Form längst die bürgerlichen Reihenhäuser erreicht.

Ständige Kommunikation ist zu einem wichtigen Grundwert geworden. Das Credo lautet: Sei ständig offen («Du kannst uns alles sagen, hörst du?!»), rede über deine Probleme, kompensiere nicht, flüchte nicht in Scheinwelten – sonst bist du womöglich krank.

Diese Pädagogisierung der Erziehung hat zwar die alten, auf sturer Macht aufgebauten Autoritäten weitgehend abgebaut – heutzutage wird weniger geschlagen und befohlen als früher, was das Jugendlichendasein real erleichtern dürfte. Gleichzeitig aber wurde ein stetiger Kommunikationszwang geschaffen, der sehr leicht in subtile Kontrolle umkippt, in eine Art «Vertrauenszwang», gegen den man sich schwer wehren kann. Er macht das jugendliche «Aufmucken», das gegen knallharte Autoritäten zwar riskant ist (und oft zu schlimmen Niederlagen führte), aber auch eigene Identität schafft, viel schwieriger.

Im Namen dieses Trends, des allzeit lauernden Verständnisses für pubertäre Sorgen und Nöte jeder Art (als wenn man GERADE SO ETWAS den Eltern erzählen wollte!), sind die jugendlichen Bastionen, die verschlossenen, «autonomen» Bereiche der Kindheit ständig gefährdet.

Der Computer ist gegen diesen Zwang zur Offenbarung, in dem die störrische Einsamkeit und Abkapselung der Pubertät keinen Platz hat, eine ideale Festung. Er bietet eine eigene, autarke Welt mit Gesetzen, die kein Außenstehender kennt (zumindest, solange die Computerkids noch eine deutliche Minorität sind). In der Welt der Bits und Bytes gibt es eine eigene Sprache, die sich dem Zugriff der Erwachsenen und ihrer Interpretation entzieht. Diese Welt wirkt abstoßend auf die «Alten» – und gerade das macht sie so besonders lukrativ für jugendliche Trips. In ihrer «Unheimlichkeit» und Bedrohlichkeit für die Gemüter der Alten ist sie den Drogentrips der frühen Hippie-Ära durchaus vergleichbar.

Ideale Voraussetzungen für eine Subkultur, könnte man meinen. Die Jugendszenen von Rock 'n' Roll bis Sponti hatten auch immer ihre jeweiligen Sprachen, Kürzel und Codes, ihre abgezirkelten Wertsysteme, die für den Außenstehenden nicht dechiffrierbar waren. Aber die Szene der Computerkids ist keine Subkultur, zumindest nicht mehr im klassischen Sinne. Ihr fehlt ein entscheidender Aspekt früherer Subkultur-Strukturen: Sie zielt nicht auf «soziale Dichte» ab – auf Geborgenheit und Geschlossenheit in einer Gruppe, auf soziale Bestätigung des einzelnen durch die Gemeinschaft, auf die «Wärmegrade» einer gemeinsamen Sache, eines kollektiven Stils.

Computerwelten eignen sich besser für das Gegenteil: zur Erringung und Verteidigung eines Terrains, auf dem man UNGESTÖRT EINSAM sein kann.

Es stimmt ja: Es sind in erster Linie die einsamen und eher schüchternen Jugendlichen, die den harten Kern der Computerkid-Szene bilden. Und der Computer selbst konserviert die Einsamkeit: Mit ihm ist man ständig allein, er fordert sämtliche Aufmerksamkeit, er ist «asozial».

Man lasse sich das Wort «asozial» auf der Zunge zergehen: Das negative Bild, das von den Kids in der Öffentlichkeit herrscht, ist davon geprägt. Das Wort galt früher anderen Randgruppen. Kommunikatives Verhalten hat sich anscheinend zu einem gesellschaftlichen Standard entwickelt. Die Abkapselung, das Sich-Verkriechen, gilt inzwischen als krankhaft. Es ist aber vielleicht gerade das, was die Computerkids suchen.

Stabile Computerkid-Cliquen, die ein komplexes und vielschichtiges soziales Leben entwickeln, sind deshalb selten. Zumeist ist der Zusammenhang flüchtig, «am Objekt» orientiert. Man redet über Bits und Bytes, über Gerätetypen und Tricks, über Programme und Spiele – kaum über die Probleme mit den Eltern oder die erste Liebe. Das Clubwesen, anfangs von den Computerfirmen gefördert, hat sich kaum durchgesetzt. Computerkids sind und bleiben Einzelgänger, auch wenn sie sich ihre Treffpunkte, wie etwa die Computerecken der Kaufhäuser, organisieren.

Vielleicht haben wir es bereits mit einer «Anti-Subkultur-Subkultur» zu tun, mit einer Gegenwehr gegen die Welt der Cliquen und deren Dominanz. Ihre Protagonisten können UND wollen mit den vielen Subkulturen – seien es Friedensfreunde oder Kiffer,

Rockfans oder Motorradbastler, Neonazis oder Punks – nichts mehr anfangen. Der Computer bietet eine garantierte Nische, in der man in Ruhe gelassen wird, sich den Kriterien der Cliquen – Beredsamkeit, gutes Aussehen, körperliche Fitness oder ein bestimmtes Outfit – nicht stellen muß.

Dazu kommt, daß die Computerszene eine reine Jungen-Domäne ist: Mädchen kommen kaum vor. Das mag daran liegen, daß Mädchen sich nicht gern auf sture mathematische Logik festlegen lassen (dazu gehört wohl eine immer noch geschlechtsspezifische Konzentrationsfähigkeit auf sture Abstraktionen oder mathematische Kaputtheit – je nachdem). Computerwelten sind geschlechtslos, sie sind nicht nur eine Bastion gegen die Erwachsenen, sondern auch gegen die Irritationen der Pubertät.

Neben diesen sozialen Eigenschaften haben Computer für Jugendliche noch andere, eher klassische Vorzüge:

– Sie eignen sich vorzüglich zur Regression. Ein Programm schreiben ist wie ein riesengroßes Puzzle. Und im Unterschied zum Briefmarkensammeln kommt dabei am Ende etwas heraus: ein Programm, das LÄUFT.
– Man kommt relativ leicht an sie heran. Bei fast jedem um die Zukunft seines Sohnes besorgten Vater zieht das Argument der Industrie, mit dem Homecomputer hätte der Filius später bessere Berufschancen.
– Man kann in den Sphären digitaler Logik erstklassig kompensieren. Die Kisten sind immer für einen da. Sie beschweren sich nie. Sie reden mit einem – zumindest scheint es so, als ob sie antworten. Von welchen anderen Menschen kann man eine so verläßliche Freundschaft schon erhoffen?
– Computer sind eine idyllische Oase in einer komplizierten Welt. Hat man die Weihen digitaler Logik erst einmal empfangen, erschließt sich eine Welt, in der die Dinge klar und einfach sind – aus lauter glasklaren Logik-Bausteinen zusammengesetzt.

Zugegeben: Viele dieser Argumente könnten auch für andere Hobbys gelten – auch die Welt des Briefmarkensammelns oder

Tischtennisspielens hat ihre «Bastionsaspekte», ihre Verdrängungsmöglichkeiten. Was das Computern letztlich von allen anderen Beschäftigungen unterscheidet, die Jugendliche aus Langeweile oder Leidenschaft entdecken, ist der Machtfaktor.

Die Dinger drehen die Verhältnisse um, in denen die Erwachsenen das Monopol über Wissen und Weisheit haben. Kaum ein Computerkid weiß nicht über den «Schauder-Effekt» Bescheid, über jenes unterschwellige Gruseln der Erwachsenen, die ihren computernden Kindern über die Schulter schauen. Und kaum ein Kid genießt nicht insgeheim diesen Effekt: Während man gerade an einem total «billigen» Programm arbeitet, das «selbst jedes Baby verstehen würde», sind die Alten zutiefst beeindruckt. Wenn sie sich aber mit ein paar Peeks und Pokes dermaßen beeindrucken lassen, kann es mit ihrer Macht und Autorität nicht weit hersein. Man kann verächtlich auf sie hinabsehen.

Nein, mit Revolte im klassischen Sinn hat das wenig zu tun – die meisten Computerkids haben ein relativ konservatives Weltbild, in dem Ziele wie Karriere, Reichtum und Familienleben außer Zweifel stehen. Es geht um Selbstbewußtsein. Und Selbstbewußtsein ist eine kostbare Ware. Als Computerkid wird man vom Opfer zum Täter. Die meisten Kids spüren sehr wohl die Hilflosigkeit, mit der ihre Eltern auf die gesellschaftlichen Prozesse reagieren. Sie selbst haben dagegen das unbedingte Gefühl, «es schaffen zu können». Schließlich sind sie vorne dran.

Eine glänzende Mischung, der Computer. Er eignet sich als Distanzwaffe zur Elternwelt, steht aber angepaßten Träumen vom großen Geld nicht im Wege. Er ist beides in einem: subversiv und konform.

«IST DOCH SUPER, IMMER EIN PROBLEM ZU HABEN»

Eindrücke im Computercamp

Das Klack-Klack von den nahe gelegenen Tennisplätzen dringt ganz von ferne in das leise Klicken der Tastaturen. Draußen, zwischen der sieben Stockwerke hohen, 150 Meter breiten Fassade des Hotels und den Postkartenwiesen mit braungescheckten Kühen, die sich bis zum hohen Tann hinziehen, recken sich weiße Bäuche auf Liegestühlen in die milchige Augustsonne. Der Kegelklub aus Erle-Oerkenschwick, inklusive Ehefrauen für 14 Tage Vollpension angereist, tut etwas für die biergeplagten Körper. Schwere Vorhänge trennen den Bereich der Körperkultur von den zwei, nein drei Reihen Ataris «800XL», Monitoren, Diskettenlaufwerken und Druckern. Der nette, etwas schlecht rasierte Papi, der seinem begeistert joystickfingernden Sohnemann gönnerhaft die Hand auf die Schulter gelegt hat, verschwimmt im Dämmerlicht. Er ist sowieso nur Kulisse, genauer gesagt: eine Pappreklame von Atari, Teil von ausrangierten Messeständen voller Werbung für die «aufregende Welt der Computer», die die Kids an den Tastaturen von allen Seiten umlagern.

Die Kids? Mehr als die Hälfte des vierzehntägigen Anfängerkurses im Hotel «Sauerland-Stern» rekrutiert sich tatsächlich aus jenen schmalen, stillen Elf- bis Fünfzehnjährigen, die als die typischen Computerkids gelten. Doch da, in der hintersten Ecke, mümmelt ein Herr im fortgeschrittenen Alter etwas hilflos auf der Tastatur herum. «Och», sagt er leise zu seinem Nachbarn, einem Dreizehnjährigen, «was ist denn jetzt schon wieder los. Was soll denn das da heißen – EEE-rrrooor sinnn-taks?» Doch der Dreizehnjährige bleibt stumm. Er läßt gerade achtzehnstellige Zahlenkolonnen über den Bildschirm flitzen. Das macht Spaß.

In der entgegengesetzten Ecke ist man ebenfalls schon über die Altersgrenze hinaus, in der man die Dinger mit den Bits und Bytes schlicht «geile Kisten» nennen würde. Ein Ehepaar, so Mitte Vierzig, blättert etwas verzweifelt im Atari-Handbuch, bevor es von Stefan, der neunzehnjährigen Lehrkraft, freundlich darauf hingewiesen wird, daß es wieder einmal simultan ein Semikolon statt eines Doppelpunkts zwischen zwei Basic-Befehle getippt hat. Das Paar nimmt es geduldig hin, läßt das korrigierte Programm – es multipliziert lediglich zwei Zahlen miteinander, was jeder Taschenrechner kann, aber schließlich ist das die erste Kursstunde – laufen und wartet ergeben auf neue Instruktionen.

Zwei Plätze weiter jedoch dringt schon ein wiederholtes, nur mühsam unterdrücktes Seufzen durch das Geklapper der Tastaturen. Frau Dr. Wackernagel, etwa fünfundvierzig, unverheiratet, kämpft mehr mit ihren maschinellen Barrieren, ihrer scheinbar tiefsitzenden Angst vor diesem «komischen Ding», als mit dem Objekt selbst. Jedesmal wenn auf Tastendruck ein Zeichen auf dem Bildschirm erscheint, zuckt sie zusammen. Auch bei ihr hat Stefan den kleinen Fehler, der zur Error-Verweigerung des Computers führte, schnell gefunden. Wenn Frau Wackernagel nicht so höfliche Umgangsformen und noch viel mehr Angst vor Peinlichkeiten aller Art als vor dem Computer hätte, würde sie jetzt wohl in Weinkrämpfe ausbrechen, denn «schon wieder bin ich so dumm gewesen». So wird sie nur leicht rötlich im Gesicht und löscht, zur Selbststrafe quasi, das komplette, mühsam eingetippte Programm mit dem New-Befehl. Verbissen fängt sie noch einmal ganz von vorne an, und das alles wegen eines falsch gesetzten Kommas.

Vier Erwachsene also in einem Kurs von achtzehn Kids. Doch bis auf Frau Wackernagel, die ihr Patenkind begleitet, hat niemand Erziehungsberechtigung. Die Kids sind ohne Eltern hier, und das finden sie nicht gerade traurig. Obendrein finde ich endlich, was ich schon fast für unmöglich gehalten hätte: Gleich drei

Mädchen verteilen sich im Raum. Eine sieht aus wie ein Junge und war schon letztes Jahr hier, sie kennt das alles schon und bastelt einstweilen an ihrer Programm-Version von «Master Mind». Eine sieht mit ihren fünfzehn Jahren aus wie ein zukünftiges Fotomodell und ist furchtbar hippelig. Die dritte trägt eine dicke Brille und kämpft mit den Tücken der Variablenlogik, als hätte sie schon längst aufgegeben.

Mittendrin in diesem heterogenen Haufen übt sich Stefan in verschiedenen Formen von Computerpädagogik. Jetzt, zu Beginn des Kurses, wirkt er wie ein überbeschäftigter Kellner, der ständig den Reklamationen nachgehen muß: «He, Stefan, das Ding macht schon wieder einen Fehler.» Leise weist er dann darauf hin, daß nicht der Computer den Fehler verursacht hat. Solches Unverständnis gegenüber den banalsten Selbstverständlichkeiten nervt ihn, aber er hält sich eisern zurück. «Am Anfang», sagt er, «habe ich alle einfach machen lassen und gewartet, bis die Ideen kamen. Das gab bei manchen Kursen ein höllisches Durcheinander. So begeistert die am Anfang dabei sind, so schnell verlieren die meisten die Lust, wenn es ein bißchen systematischer wird. Das, was da in der Presse steht, daß die alle völlig selbständig arbeiten, das stimmt überhaupt nicht. Und jetzt mach ich's eben ziemlich autoritär.» Doch Stefans Autorität beschränkt sich auf geduldiges Erklären: «Ihr müßt euch den Computer als eine Kiste mit lauter kleinen Kästchen vorstellen. Die Kästchen haben alle Namen, in die ich Variablen hineinstecken kann. Den Variablen gebe ich beliebige Namen, a oder b oder zz oder wie ich eben will. Im Programmablauf verändern sich dann diese Variablen.» In den Gesichtern der Kids, vor allem aber der Erwachsenen spiegelt sich, trotz Geduld, beharrliches Nichtverstehen. Zu abstrakt, unkonkret ist das alles, obwohl Stefan Bilder wählt, wo immer es möglich ist. Er erzählt dasselbe zwei-, dreimal, malt die Kästchen auf große Papierbögen, an seinem Tonfall merkt man, daß er alles schon hundertmal erklärt hat und nicht verstehen kann, wieso irgend jemand so etwas nicht auf Anhieb kapiert.

Kein Wunder. Seit geschlagenen sechs Wochen wohnt Stefan im Hotel, jede Woche zieht er zwei Kurse durch, jeweils drei Stunden am Tag, ein Ferienjob zwischen Abitur und dem obligatorischen Informatik-Studium, für das er einen Platz ab Herbst in Hamburg hat. «Ich verstehe nicht, wie die Leute hier Urlaub machen können», sagt er. «Das ist doch alles irgendwie ... zuviel.»

Stefan ist höflich. Er will es sich mit der Hotelleitung, die ihn in Kooperation mit Atari und einer Hamburger Computerschule engagiert hat, nicht verderben. Der «Sauerland-Stern» ist nicht nur ein ziemlich großes Hotel in Willingen/Hochsauerland, er ist gleichzeitig, wie das jung-dynamische Hotelmanager-Team ständig versichert, «eine Idee». Und was für eine. Mit seinen 1800 Betten, den Schwimmbädern, Saunen und Discos, den Bierhallen, Restaurants und Ladenpassagen, der Eissporthalle und den Tenniscourts ist das sternförmig in die Landschaft geklotzte Bauwerk, dessen Innenarchitektur bisweilen an eine enorm moderne Justizvollzugsanstalt erinnert, die größte Freizeitidee der Bundesrepublik. Man könnte auch sagen: Freizeitmaschine. Inmitten der ständig von Speisesälen zum sportlichen Vergnügen (und wieder zurück) strömenden Massen – vom Discopopper bis zur Rentnercombo, von holländischen Familien bis zur lauten Dänen-Männerriege, die den billigen deutschen Schnaps auskostet – kann man sich ziemlich schnell einsam fühlen. Nach sechs Wochen schon gar.

Stefan ist das, was man einen «Freak» nennt. Nein, Freak bezeichnet längst nicht mehr den langhaarigen Hippietypen von einst – Stefan ist im Gegenteil ein lieber, netter Junge von heute, mit halblangen, ordentlichen Haaren, aufgeweckt und kein bißchen freakig. Im Zusammenhang mit Computern wurde der Begriff rehabilitiert. Freaks, das benennt heute die Kaste der Eingeweihten, diejenigen, die einen Computer nicht nur benutzen, sondern ihn durch und durch verstehen – und von denen man weiß, daß sie «dranbleiben», selbst wenn die Bundeswehr oder eine Heirat dazwischenkäme. Die Freaks – das ist das Rekrutierungspotential der Informatik-Institute und der Industrie. «Klar will ich da mal einen guten Angestelltenjob haben», sagt Stefan, «aber eigentlich möchte ich wirklich gut werden. Natürlich träumt jeder Programmierer vom großen Programm, wie vielleicht jeder Schlagersänger vom Hit träumt.»

Wie alle «echten» Computerfreaks hat Stefan ein gesundes Selbstbewußtsein, das der Überanpassung an den künftigen Beruf entgegenwirkt. An den Ferienjob gekommen ist er «so eigentlich logisch». Er war ein Aktiver in der «aufregenden Welt der Atari-Computerclubs» (Firmenwerbung). Im westfälischen Holzminden, der tiefsten Computerprovinz also («und sonst ist da erst recht nichts los»), zog er einen Atari-Club auf. Vor dem Abitur bewarb er sich auf eine Kleinanzeige in der bundesweiten Clubzeitschrift, in der «Freaks» als Lehrpersonal für Computercamps gesucht wurden. Er bekam den Job. 250 Mark die Woche bei voller Verpflegung sind ihm eigentlich ein bißchen zu wenig, und außerdem «wollen die mich von der Computerschule schon ein bißchen linken und erzählen mir dauernd was von Mischkalkulation».

Stefan weiß, was er wert ist – schließlich ist er so etwas wie die Schnittstelle zwischen dem Business und den Kids: Zu beiden Welten gehört er nur halb und kann deshalb zwischen beiden vermitteln. Etwas belustigt erzählt er vom Atari-Clubtreffen im selben Hotel: «Da ist dann einer aus der Zentrale aufgetreten und hat eine Riesenpredigt gehalten, ‹Atari ist eine Softwarefirma, und wer ständig schwarz kopiert, macht Atari kaputt›, und sie hätten ‹jetzt eine schwarze Liste, in die jeder reinkommt, der auf dem Schwarzmarkt auffällt›. Unter der Hand hat er natürlich angedeutet, daß man innerhalb der Clubs tauschen darf – die Ataris sind ja keine Unmenschen. Und nach dieser Predigt ist einer von uns aufgestanden und hat gesagt: Wer hier noch nie ein geklautes Programm in den Fingern gehabt hat, der soll aufstehen. Da haben alle gelacht und sind natürlich sitzen geblieben, bei dem Typen war danach die Luft raus.»

Stefan weiß auch, daß ein echter Profi mehr Schwierigkeiten mit der Pädagogik hätte als er – schließlich liegt für ihn die Pionierphase, «in der du dich über jedes funktionierende Winzprogramm gefreut hast und wie ein Blöder Programme aus den Zeitschriften abgeschrieben hast», noch nicht allzu lange zurück. Er kann diese Anfangseuphorie noch nachvollziehen, aber dennoch mischen sich immer wieder Spuren von Herablassung in die Erzählungen über seine Arbeit. Den Mythos von den engagierten und ungeheuer schnell kapierenden Kids kann er nicht bestätigen. «Klar kriegst du die manchmal nicht von den Tastaturen los. Aber manchmal hokken die auch vor dem Monitor und starren einfach, oder sie hauen ständig irgendwelche Spiele in den Diskettenschacht, die sie dann während des Unterrichts spielen. Und wenn du nicht aufpaßt, machen die ständig Krach. Wer wirklich auf Computer abfährt, der braucht eigentlich nicht hierherzukommen. Der bringt sich das zu Hause bei. So habe ich das schließlich auch gemacht.»

Hinter solchen Sätzen verbirgt sich ein Schuß elitären Bewußtseins, aber auch eine gehörige Portion Einsicht in die Realität. Schließlich bekommt Stefan es am meisten zu spüren, wenn Eltern ihre Kinder im Computercamp zwecks «Zukunftsvorsorge» abliefern, die elfjährigen Kids aber höchstens mal Lust zum Videospielen haben. «Da läuft schon einiges schief manchmal», sagt er nachdenklich. «Wenn es nach mir ginge, müßte man die Altersgrenze klar auf fünfzehn Jahre setzen. Vorher, glaube ich, kapiert man das nicht wirklich. Das ist ... irgendwie unnatürlich.»

Unnatürlich? Ich lade Robin, einen der Zwölfjährigen, der mir durch sein angenehm freches Mundwerk aufgefallen ist, zu einer Cola ein. Robin, strohblond, körperlich topfit und kein bißchen bleich, ist in den Kursen stets ganz vornedran. Während sich die anderen noch mühsam mit den Kommafehlern abplagen, hat er schon längst eine nette kleine Abfrage gebastelt, bei der der Computer «Welchen Wert soll Variable x haben, Robin?» auf den Bildschirm schreibt. Auch sonst ist er einer der Engagiertesten im Kurs, ständig verarscht er «den Computeropa» (ohne wirklich beleidigend zu werden) und stellt die schlauesten Zwischenfragen. Für Stefan, den Kursleiter, ist Robin ein Leckerbissen. Ebenso für einen Journalisten, der Computerkinder ausquetschen muß.

Robin redet mit seiner piepsigen Stimme wie ein zwanzigjähriger Abiturient, ohne daß man viele Fragen stellen müßte. «Das Ding» an dem Computer ist, «daß man da immer ein Problem lösen muß. Nicht so wie beim Briefmarkensammeln, wo man nur sammelt und sammelt – bääh. Nee, immer an einem Problem rumbasteln, das ist doch eigentlich super, das wird nie langweilig.» Natürlich seien Computer nützlich, er habe da in einer Zeitung was über Behinderte gelesen, die mit Computern umgehen lernen, und natürlich seien Computer auch Scheiße, wenn man damit «Krieg macht». Nee, süchtig ist er nicht. «So besonders gut ist das nicht für die Augen, und das geht in den Kopf, huuh, und wie. Nee, ich mach das nicht so oft, drei Stunden am Tag sind genug, vor allem im Winter, wenn man nicht Fußballspielen oder so was machen kann. Und die Videospiele? «Na ja, das Geballer, da kann man schon mal seine Aggressionen (!!!) rauslassen, aber so richtig kann man sich das nicht vorstellen, da im Weltall zu ballern, das ist ja keine Realität, das ist ja gut so, daß das nicht wirklich ist.» Ja doch, Programmierer wäre ein schöner Beruf, aber «in jedem Beruf gibt's Probleme, das ist doch klar». Und die Erwachsenen? «Die finden das natürlich doof, daß die's nicht können. Aber daß der Computeropa das macht, das finde ich echt Spitze, ehrlich. Wenn alle Älteren sich das beibringen würden und so 'nen Mut hätten, dann würd ich sagen: Hut ab!»

Noch mal: Robin ist zwölf Jahre. Er ist mit seiner Schwester im Camp (dem angehenden Fotomodell). Steht Robin unter dem Einfluß pädagogisch genialer Eltern, die ihm schon ein vielschichtiges Problembewußtsein eingeimpft haben? Und woher stammt sein erstaunliches Selbstbewußtsein, das sich so deutlich von der Schüchternheit der anderen Kids unterscheidet? Es ist ein Selbstbewußtsein, das fast unheimlich wirkt. Ein auf erwachsen gedrilltes Kind? Ein kleines Intelligenzmonster?

Eine moderne Mutation des gehobenen Mittelstandes, könnte man sagen. Robin und seine ebenso frühreife Schwester Jennifer sind ein eingespieltes Team, das völlig autonom von den Eltern funktionieren kann. «Wir streiten uns, so wie das zwischen Geschwistern üblich ist», sagt Jennifer, «aber dadurch, daß wir immer zusammen waren, haben wir da so ein Gleichgewicht drin. Manchmal versucht der freche Kleine, mich zu bevormunden, und manchmal spiele ich die Mutter, weil er's nötig hat.»

Robin und Jennifer entstammen einer progressiven Upperclass-Familie, der der Versuch, das familiäre Leben von Grund auf zu reformieren, gelungen zu sein scheint. Daß es beide Kinder zum Computer zieht – aber eben nicht aus Sucht- oder Verdrängungsmotiven, sondern aus einer Art entspanntem Interesse, Bejahung der Zukunft –, ist im Kontext eines solchen anscheinend gelungenen Reformprojekts fast schon logisch. Die beiden wohnen im vornehmen Kronberg, einer Villenidylle am Taunusrand unweit von Frankfurt, in der die Hausangestellte nach wie vor (oder wieder?) zum guten Ton gehört. Der Vater ist Verkaufsmanager einer großen Zigarettenfirma und ständig unterwegs, die Mutter halbtags Sekretärin. «Die hat einen Vereinstick», sagt Robin trocken. «So ziemlich überall ist die ab mittags unterwegs. Naturschutzverein, Wanderverein, Gemeinde, was weiß ich noch.»

Sind Robin und Jennifer Schlüsselkinder, die unter der Vernachlässigung durch das karrieristische Elternhaus leiden und auf

Gedeih und Verderb gezwungen worden sind, zu frühzeitigen Erwachsenen zu werden? Ja und nein. Beide beteuern spontan, das Verhältnis zu den Eltern sei prima – das scheint aus dem Herzen zu kommen. Zumindest scheint deren häufige Abwesenheit sie nicht allzusehr zu bekümmern, im Gegenteil: Sie entwickeln ihren eigenen Stil. Wohl weil in den Möglichkeiten des Luxus auch reale Freiheiten stecken, Unabhängigkeit nicht nur erzwungen wurde, sondern auch praktizierbar ist – durch jede Menge Freizeit und Hobbys. Die beiden waren schon zweimal zusammen ohne Eltern in Urlaub, einmal in England zu einem Sprachkurs, einmal in Frankreich zum Reiten. Der moderne «Luxustyp» der Familie beugt der Entfremdung durch Distanz vor. Er vermeidet familiäre Krisen, die aus der Fixierung aufeinander entstehen, durch vielfältiges Engagement. Robins Mutter, so vermute ich, beugt Ehekrisen durch ihre konsequente Abkehr vom Nur-Hausfrauen-Dasein vor. So bleibt die Midlife-crisis vor der Tür, der Manager-Lebensstil ihres Mannes verdammt sie nicht zu passivem Warten – und die Kinder erlangen früh eine Unabhängigkeit, die den pubertären Konfrontationen und Generationskonflikten vorbeugt.

Aus völlig anderen Familienverhältnissen stammt der fünfzehnjährige Markus, ein stämmiger Junge, dem man beim Tischfußball ansieht, daß er Muskeln hat und sie, wenn nötig, auch einsetzen kann. Vor dem Computer wirkt er mit seiner Tätowierung am Oberarm, seinem Hard-Rock-Totenkopf-T-Shirt seltsam fehl am Platz, als müßte er das Gerät im nächsten Moment zerbrechen – und dabei ist er einer der fleißigsten. Markus' Vater ist Vertreter «für irgendwas, aber das läuft nicht so gut». Seine Mutter ist «ein bißchen frustriert». Markus stammt aus Gelsenkirchen, dem Kern des Ruhrgebiets. Sein Vater war lange arbeitslos. «Ich möcht ja später nicht arm sein, und deshalb beschäftige ich mich mit dem Computer. Früher hab ich Fußball gespielt und schon mal einen über den Durst getrunken und in der Clique rumgehangen. Aber jetzt hab ich so ’n Ding.» Markus hat sich über den Computer von seiner alten Clique sozial isoliert, gleichzeitig ist «die Kiste» ein Transportmittel für einen Traum vom sozialen Aufstieg.

Markus ist, wie Robin und Jennifer, eine Ausnahme, was den sozialen Stand betrifft. Das Gros der Kids besteht aus jenem typischen Mittelschicht-Einzelkind, das entweder enorm schüchtern ist oder sich ständig langweilt. Auch die Leidenschaft Computer kann das ständige Gähnen der Wohlstandskinder nicht immer aufhalten. Max, siebzehn Jahre alt (er ähnelt tatsächlich jenem Max von Max und Moritz, ist aber fast zwei Meter groß), antwortet auf die Frage, was außer Computer noch sein Hobby ist, kurz und knapp: «Schlafen.» Das tut er auch bereits in der zweiten Computerkurs-Stunde. Völlig abgeschlafft hängt sein großer Körper im Stuhl, zum millionstenmal läßt er das «Hallo, ich bin der Computer» über den Bildschirm laufen – die anderen Kids sind bereits längst bei kleinen Programmen. Ob ihn seine Eltern hierhergeschickt haben? – Nööö. – Warum er dann da sei? – Na ja, vielleicht Bock, mal ’n paar geile Spiele zu programmieren. – Warum er sich dann nicht mehr ins Zeug legt? Da grinst er und sagt: «Ich hab die Programme, die die da machen, doch eh alle.» Zum Beweis lädt er ein Programm – ein kleines Spielprogramm, an dem die anderen gerade mühsam basteln – aus dem Diskettenlaufwerk. Er hat es Stefan, den er den «Boss» nennt, heimlich abkopiert. Es ist wie in einer Schulklasse, allerdings in einer überdurchschnittlich motivierten. Zwei Drittel der Kids sind mit Feuereifer dabei, der Rest pennt, macht Unsinn oder läßt zum hundertstenmal den Drucker mit «Hallo, du Arschloch» endlos rattern, weil’s so schön ist.

Und die Mädchen? Kommen sie sich nicht komisch vor in der technischen Welt – unter all den Jungen? Fühlen sie sich da nicht fehl am Platze? Da zucken sie alle drei die Achseln. Wieso? Ob sie sich schon mal Gedanken darüber gemacht haben, warum Mädchen im Computercamp immer noch eine Seltenheit sind? «Das war mal so», sagt Jennifer, die Selbstbewußte. «Aber die Frauen kommen damit genausogut zurecht. Das liegt noch viel an der Erziehung, aber es geht vorbei. Für mich jedenfalls ist das ganz logisch, auch wenn ich nicht den ganzen Tag am Computer hocken wollte.» Ihre Freundinnen, erzählt sie, werden inzwischen ganz neugierig, obwohl sie immer ganz ablehnend gewesen seien, wenn es um Computer ging. Und Sigrid, die Schüchterne mit der dicken Brille, erzählt, daß ihr Vater sie angemeldet hat, und «na ja, eigentlich wollte ich schon». Und eigentlich wollte sie immer Friseuse werden, «aber das machen ja alle». Jetzt möchte sie doch lieber Programmiererin sein – aber ob sie das jemals lernen wird? Sigrid, das spürt man, steht unter Druck. Sie wirkt durch und durch traurig, die Worte kommen, wenn überhaupt, überhastet und gepreßt, am liebsten würde sie schweigen. Anders Silke, die mit dem «Master Mind»-Programm. Daß sie Programmiererin wird, daran hat sie keine Zweifel. Das Problem zwischen Mädchen und Jungen steht für sie noch weniger zur Debatte als für die beiden anderen – sie hat sich in der Computerwelt behauptet und läßt es jeden von den «kleinen Heppern, die noch nicht mal poken können», spüren.

Um ein Uhr mittags, nach drei Stunden Unterricht, hat Stefan tatsächlich einige Schwierigkeiten, die Kinder von den Tastaturen loszueisen. Die eben noch halbwegs konzentrierte Truppe verwandelt sich auf dem Weg zum riesigen Speisesaal in einen lärmenden Haufen. «Eigentlich sind die Computerkinder lauter als die anderen und so komisch hektisch», sagt Dörte, die dänische Freizeitbetreuerin der Gruppe, die hier einen ähnlichen Sommerjob macht wie Stefan. «Da kommt die ganze Hektik raus, weil die ja soviel sitzen müssen. Und dann ist es viel schwieriger, mit denen mal schwimmen zu gehen. Die sagen oft: ‹Sport ist Mord› oder so was.» Dörte kann es nicht verstehen, wie «so Kinderchen» sich «andauernd an diese Fernsehen» setzen. «Aber so ganz ohne Eltern», fährt sie in ihrer dänischen Sprachfärbung fort, «da möchte ich auch mal Urlaub machen, so jung. Und in so eine Hotel!»

In der Tat bewegen sich die Kids in den endlosen Hallen des Sauerland-Sterns, in diesem Labyrinth eines «lockeren Komforts» (das Management), schon am zweiten Tag so, als wären sie hier zu Hause, flippen zwischen Schwimmbad und Videospielhalle, zwischen der vollautomatischen Bowlingbahn und der Disco hin und her, vertilgen massenweise Cola und Hamburger – zusätzlich zur Vollpension – und finden die Gigantomanie der Freizeitmaschine alles andere als erschlagend. Das Hotelmanagement weist zwar gerne darauf hin, «daß wir hier auch Kinder ohne Begleitung der Eltern in den Betrieb integrieren können», aber manchmal nehmen es die Kids mit den «unbegrenzten Angeboten des Vergnügens und der körperlichen Fitness» (Hotelkatalog) etwas zu ernst. Da jeder Gast auf seinem «Hotelbon» – so etwas wie ein Bordpaß im Flugzeug – alle Unkosten, die er im Getriebe des Vergnügens abwirft, verbuchen lassen kann, ohne bar zu zahlen, sind die Versuchungen groß. Da kann es schon einmal vorkommen, daß die etwas Älteren eines Computerkurses bis zum letzten Abend fast tausend Mark in der Disco lassen. Nur «Pinball-flash»-Cocktails, vom Feinsten.

Aber ansonsten herrscht im Management des Hotels eitel Freude über den regen Zulauf zu den Kursen. Vom Einbruch, den die Anbieter der Freizeit-Computerlehrgänge 1984 erlebten – die meisten sind nach dem Boom von 1983 gleich wieder von der Bildfläche verschwunden, fast alle bekamen ihre Kurse nicht voll –, will man hier nichts gemerkt haben. «Das Kursding läuft», meint Herr Schache, der «die Hotelidee hier mit aufgezogen hat wie ein Baby». «Wir wissen natürlich, daß wir mit den Kursen selbst kein Geld verdienen. Aber wir machen eben gerne etwas unkonventionelle Experimente und liegen im Trend. Wir haben schließlich auch Aerobic als erste in Deutschland breitflächig angeboten.»

Natürlich muß ein Riesenhotel, das auf die steigende Flut der Freizeitkonsumenten setzt – der Sauerland-Stern ist durch seine knapp kalkulierten Preise (erkauft durch Personalmangel und Improvisation) in diesem Rennen ganz vorne –, ständig neue Attraktionen schaffen, und sei es nur aus Imagegründen. Aerobic jedoch war eine Mode, die aufkam und verschwand. Wird es den Computerkursen ähnlich ergehen? Vorerst setzen die Teammanager noch auf Ausweitung «in Richtung Erwachsene. Denn die wollen ja auch einmal wissen, was ihre Kids da treiben.»

Wollen sie das? Herr Kestler, der siebzigjährige «Computeropa» des Kurses, verfolgt jedenfalls etwas andere Ziele. Mit den Kids beschäftigt er sich höchstens, wenn er gar nicht mehr weiter weiß und Junglehrer Stefan gerade nicht in Sichtweite ist. («He, du da, was hab ich denn da falsch gemacht?») «Er geht um acht ins Bett und sitzt um sieben schon beim Frühstück», sagt Frau Wakkernagel. «Einen Tag redet er kein Wort mit uns, den nächsten ist er dann wieder ganz umgänglich.» Aber pünktlich zu Kursbeginn packt Herr Kestler seine alte, lederne Aktentasche aus, setzt sich die Brille auf und sieht erwartungsvoll auf den Bildschirm. Von dem erwartet er die Lösung ganz praktischer Probleme. «Vielleicht ein bißchen Vermögensverwaltung», deutet er an, «aber mehr Fragen brauchen sie doch wohl nicht, oder?» Herr Kestler war sein Leben lang Angestellter bei einer Bank. Vor acht Jahren, vor der Computerisierung also, ist er in Rente gegangen. Als seine Frau starb, hat er sich dem Schrebergarten gewidmet und mit der Zeit dank seiner Sparsamkeit und seiner Kenntnis der Geldregeln ein kleines Vermögen angespart. «Da muß ja mal Systematik rein», sagt er, «sonst verliert man die Übersicht, nicht wahr.» Und dann brummelt er: «Die Jugend, die kauft doch immerzu, ohne zu wissen, was sie kauft. Fahrräder und Musikapparate und Kleidung und dann Autos. Ich will mir das erst mal anschauen, bevor ich kaufe. Deshalb bin ich hier.»

Mit den anderen drei Erwachsenen – Herr Kestler ist heute bereits um sieben ins Bett – treffe ich mich abends in der «Bierstube Maximilian», direkt neben der Disco («Heiße Scheiben und kühle Drinks ziehen jeden in ihren Bann» – Hotelkatalog). Wie denkt das kinderlose Ehepaar Hansen aus Leverkusen über die Computer? Er ist Ausbildungsleiter bei Hertie, sie Einkäuferin bei einem Grossisten. «Erst mal bin ich hier, weil mein Mann es wollte», sagt Frau Hansen. «Und dann kann man das ja vielleicht später mal gebrauchen. Ich will jedenfalls nicht zum alten Eisen gehören.» Ähnlich ihr Gatte: «Man kann ja nie wissen, wozu man das braucht. Auch wenn das im Ausbildungssektor so schnell nicht kommt, will man doch auf dem Stand der Zeit bleiben.»

Der Stand der Zeit. Frau Doktor Wackernagel wirkt wie aus der wilhelminischen Epoche hierhertransportiert, eine schüchterne Jungfer mit Gemüt, einsam und sensibel bis auf den tiefsten Grund ihrer Seele, aber stets darum bemüht, den irritierenden Dingen der Gegenwart zu folgen. In ihrem spitzen Gesicht mit den überwachen Augen lauert hartnäckig ein schüchternes Lächeln, so, als wäre ihr das Erröten schon zur Hautfarbe geworden. Sie arbeitet als Logopädin in einer Kinderklinik und wollte ihrem Patenkind, einem der ganz stillen, ganz dürren und ganz bleichen Kids in der Gruppe, einen Gefallen tun. «Der hat dann natürlich gesagt: Warum machst du nicht mit beim Computerkurs. Huch, hab ich gedacht. Das kann doch nicht sein. Das ist doch unmöglich. Aber dann: Warum nicht. Mir ist das ja etwas völlig, völlig, völlig Fremdes. Ich weiß noch nicht einmal, was ein Computer ist, soweit ist es doch schon gekommen, daß man noch nicht einmal weiß, was solche Dinger überhaupt sind. Wo leben wir denn?»

Das schnelle Verständnis der Kids findet Herr Hansen «einfach enorm», während es Frau Wackernagel «recht unheimlich, so völlig merkwürdig» ist. Einig sind sich die drei Erwachsenen in einer inzwischen obligatorischen Kulturklage, die mit dem Instrument

Computer unauflöslich verbunden ist: «Unsere Welt wird doch immer unpersönlicher», sagt Herr Hansen. «Früher hat man wenigstens noch miteinander geredet.» Und Frau Doktor Wackernagel gibt kopfschüttelnd Geschichten von der kommenden Datenidiotie zum besten, die sie in Zeitschriften gelesen hat. «Da sitzen wir dann eines Tages nur noch zu Hause und bestellen alles über den Computer, sehen fern und reden nicht mehr. Früher hat man wenigstens beim Einkaufen noch Menschen gesehen, mal gegrüßt wenigstens. Das wird doch eine seelenlose Welt – eine noch seelenlosere, als sie es heute schon ist.»

Und warum sie dann hierhergekommen seien, wenn sie mit dem Computer so negative Gefühle verbinden? Wäre es dann nicht besser, diese Technologie zu bekämpfen, wo immer es geht? Schweigen. «Natürlich kann man auch viele nützliche Dinge mit dem Computer machen, etwa in der Medizin», sagt Frau Hansen etwas hilflos. Und man einigt sich auf die unverbindliche Formel: Man muß sich eben auch informieren, wenn man nicht völlig ins Abseits geraten will. Aber beeinflussen? Beeinflussen kann man diese Technologie nicht. Nicht einmal mit ihr mithalten, jedenfalls nicht richtig. «Was wir hier lernen, ist ja sowieso schon überholt.»

Eine wahrhafte No-future-Generation geht da, trotz «Informationsinteresse», ihren Weg. Daß Frau Wackernagel und das Ehepaar Hansen ein Computercamp besuchen, ist eine Ausnahme. Ihre Zivilisationsklage jedoch ist weit verbreitet. Darin mischt sich verständliche Angst vor Rationalisierung und kulturellen Entwicklungen, denen nur noch die Jungen folgen können. «Der Bruch zwischen den Generationen wird ja immer größer», räsoniert Herr Hansen. «Diese Kinder da – ich finde das ja gut, wie die das machen, und die gehen auch ordentlich mit uns um, ich glaube, die akzeptieren, daß wir uns auch für Computer interessieren. Aber auf der anderen Seite sind sie ja ein völlig anderer Menschenschlag. Die wachsen ja mit diesen Dingern geradezu auf.»

Ein wenig schwingt da Trauerarbeit am toten Traum vom Fortschritt mit. Die wiederentdeckte Sehnsucht nach dem Überschaubaren ist jedenfalls unüberhörbar, und ein wenig Reue meint man hinter den Worten zu erkennen. In einem solchen Hotel wollen die drei nie noch einmal Urlaub machen. «Das ist ja viel zu anonym. Und das Frühstück ist wie in einer Jugendherberge – tausend Menschen in einem Saal! Nein – Freizeit und Sport in allen Ehren, aber das ist ja viel zu groß.» Herr Hansen wirkt so, als hätte er vor zehn Jahren solche Freizeitgigantomanie noch in vollen Zügen ausgekostet, als hätte aber seine Sportlichkeit unter den Zwängen des Berufs gelitten. Man redet über Freundschaft, die früher noch etwas galt, aber heute, «da läuft das doch alles nur über Geschäftspartnerschaft. Wer hat denn noch richtige Freunde, auf die man sich verlassen kann? Die gibt's doch nirgends mehr.» Das Gefühl von Verlorenheit zieht durch die heimelige Bierstube («Hier können sie sich in rustikaler Gemütlichkeit verwöhnen lassen.»).

Die drei gehören zu jenem alternden Mittelstand, der heute auf dem Scherbenhaufen seines Wirtschaftswundertraumes steht. Der Traum vom Wohlstand, von der Sicherheit – er ist realisiert, gibt aber keinen rechten Sinn mehr. Zu vieles wurde seiner Realisierung geopfert. Sie wirkt einsam, diese Generation, die auch, in einem indirekten Sinne, eine Chip-Generation ist. Als hätte sie sich jahrzehntelang in die Sicherheiten des privaten Raumes zurückgezogen, sich voreinander isoliert und dem stetigen Aufbau des materiellen Glücks zugewandt – um hinterher mit leeren Händen dazustehen, ohne wirkliche soziale Kontakte, ohne Sicherheiten jenseits der materiellen. Die Computer sind eine Erklärung für diese Einsamkeit. Sie sind, auch hier, ideale Werkzeuge der Projektion. Sie absorbieren Verantwortung wie ein Schwamm. Sie sind dankbare Schuldobjekte.

Die Hansens und Frau Wackernagel gehen Punkt zwölf ins Bett.

Am nächsten Morgen um Punkt neun werden sie wieder erwartungsvoll vor der Tür des Computerraumes warten, inmitten all der plappernden Kids. Nebenan blubbern und krachen noch die Videospielgeräte (und natürlich sind einige der Kids noch dabei), durch den Gang wummern die ewig gleichen Rhythmen der Disco, die holländischen Familien mit ihren nervigen Kindern beherrschen immer noch die ständig rollende Bowlingbahn. Die Freizeitmaschine spielt ihr mitternächtliches Lied, als wäre sie ein Theaterstück unter dem Titel «Der Zustand unserer Gesellschaft». Und die überarbeitete Kellnerin fragt mich beim Gläserabräumen: «Sagen Sie, sind Sie etwa auch einer von diesen Computerleuten? Die von Nixdorf, oder wie die heißen? Die da oben ihre Vertretertagung machen?» Und als ich verneine: «Na Gott sei dank. Die unterhalten sich immer nur über Computer, sogar wenn sie hier völlig besoffen an der Bar sitzen. Bei ausgeflippten oder besoffenen Gästen kann man wenigstens abhauen. Beim Computer muß man anscheinend immer ein Problem lösen. Von früh bis abends. So stelle ich mir das Irrenhaus vor.»

Subroutine 3

Es war das erste Mal, daß Johnny nicht auf mir herumhackte. Er hat schließlich immer viel Verständnis für Revolten aller Art gehabt. Und er ist tolerant genug, seine Kriterien dafür, was Revolte ist und was nicht, zu relativieren. Nur einen entscheidenden Einwand hatte er: «Ich glaube, du mogelst. Du hast nur die Computerkids herausgepickt, die sich AKTIV mit den Dingern auseinandersetzen. Und was ist mit den unzähligen Videojunkies? Den kleinen Ballermännern am Steuerknüppel, die elektronisch für den dritten Weltkrieg trainieren und ihr ganzes Taschengeld für stupide Reflexe ausgeben?» Ich verwies ihn auf das nächste Kapitel. Und das übernächste. Und überhaupt: Warum sollen immer nur die Kids spielen und verblöden?

GANZ ENTSPANNT AM FREUDENSTOCK

«Klar ist das sinnlos, da tagelang an so 'nem Spiel rumzuhängen, bis einem die Birne quadratisch wird. Aber die Zen-Meister haben ja auch lauter sinnlose Sachen gemacht – und sind ganz schön weit gekommen, in ziemlich vielen Ebenen.» (Frank)

Hast du schon einmal in der Hölle von Fort Apokalypse um dein Leben gekämpft? Nein? Ich weiß nicht, ob ich dich beglückwünschen oder bedauern soll. Du hast eine existentielle Erfahrung bislang verpaßt, obendrein die Chance, zu den ganz wenigen Auserwählten auf dem Erdball zu gehören, die den Zentralreaktor in die Luft sprengten und damit der Herrschaft der gemeinen Arkoniden ein Ende setzten. Auch wenn du den Reaktor nur zu Gesicht bekämst, wärst du schon ein halbes Genie.

Du meinst jetzt sicher, ich will Schabernack mit dir treiben oder gehöre zur Riege jener Unverbesserlichen, die den bevorstehen-

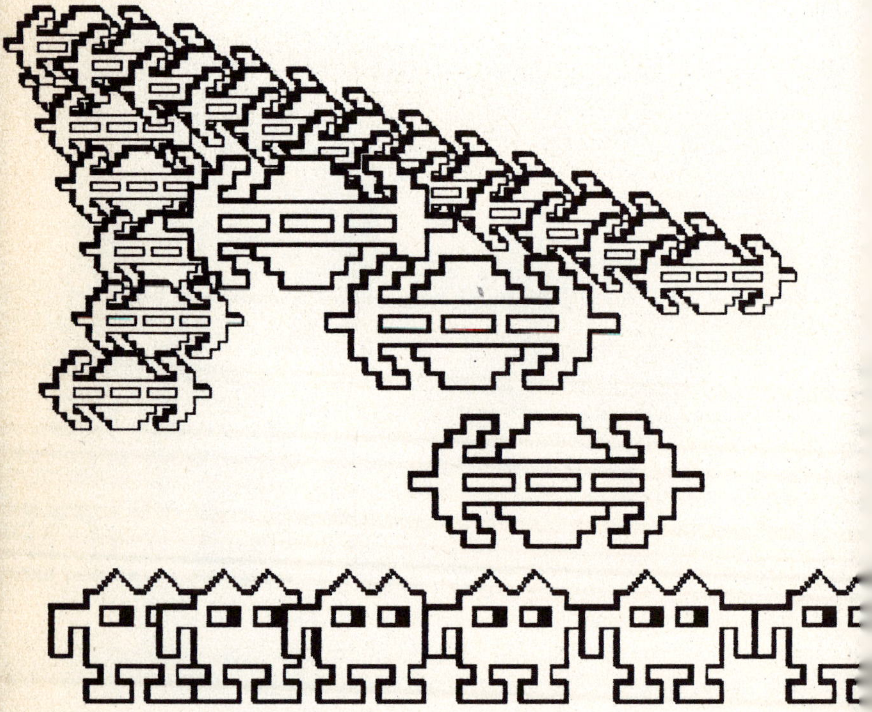

den Weltuntergang für einen schalen Witz halten. Schließlich gibt es während und nach der Apokalypse kein Überleben. Mag sein. Im gleichnamigen FORT kann man es dennoch im Prinzip schaffen. Im Prinzip. Immerhin hast du sieben Hubschrauber-Leben zur Verfügung – und nicht nur eines. Also: Umfasse den Joystick (ich möchte hier die wörtliche deutsche Übersetzung «Freudenstock» vermeiden) mit der rechten Hand. Halte ihn um Himmels willen locker, sonst holst du dir einen Krampf und wirst ein leichtes Opfer der Arkonidischen Abwehrmaschinerie! Der Bildschirm fragt zunächst, ob der *player ready* ist, kurz darauf kriegst du deinen ersten Hubschrauber. Jetzt mußt du auf der Landeplattform erst einmal tanken. (Vorsicht! Nicht zu hart in der Tankbucht aufsetzen, sonst explodiert die Kiste, bevor es überhaupt losgeht!) Hast du 2000 Liter *fuel* im Tank, steige auf halbe Bildschirmhöhe und fliege nach links. Du mußt dich am Radar oben auf dem Bildschirm orientieren, es zeigt dir, wo sich die Angreifer gerade befinden. Unter dir, auf der Oberfläche des Forts, fahren jetzt die Pan-

zer hin und her, teuflische Dinger mit Infrarot-Lenkraketen. Nicht zu tief gehen! Und paß auf den blauen Feindhubschrauber auf, der jederzeit vor dir in der Luft materialisieren kann! Er schießt mit Dauerfeuer.

Wenn du bis jetzt überlebt hast, mußt du jetzt einiges riskieren. Unter dir taucht – du erkennst es auf dem Radar – der Eingang des Forts auf. Da mußt du hinein, ob du willst oder nicht. Stell den Joystick auf Mittelposition, gehe langsam runter und werfe so viele Bomben, wie der Feuerknopf hergibt. Achtung, die Panzer greifen tierisch von rechts und links an! Wenn sie eine Sekunde verschwunden sind, gehe ganz runter und halte die Kiste im Schwebeflug. Hast du den Eingang aufgebombt – er ist wie mit einem Pfropf verschlossen –, lande so schnell wie möglich auf der Plattform in der obersten Ebene des Forts! Und jetzt entspanne dich. Jetzt fängt es nämlich erst richtig an. In den Höhlen rechts und links warten stumm und gefangen die *people to rescue* – die Männchen, die du retten mußt. (Gott bewahre! Dies ist kein kriegerisches Spiel. Es geht um einen humanitären Zweck. Oder ist «retten» etwa nicht humanitär?) Das gibt massig Punkte! Rette alle, die du kriegen kannst (sie rennen ganz verzweifelt hinter dir her!). Und dann ran an die Wände, die zu den Lasergruften führen! Also: Dauerfeuer auf die Wand, warten, bis die zwei Diago-

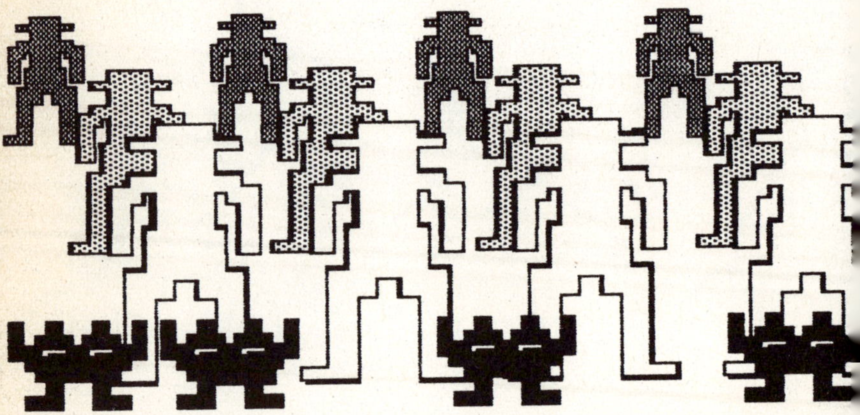

nallaser aufblitzen und in der Mitte dazwischen den Hubschrauber im Schwebeflug halten. So. Jetzt beobachte die wandernden Blöcke in Flugrichtung. Wandern sie von dir weg, kannst du in den Tunnel einfliegen. Fliege mit den Blöcken mit, es gibt nur einen kleinen Zwischenraum, und sie materialisieren direkt hinter dir wieder. Vorsicht! Nicht zu tief. Öffnet sich ein Loch im Boden? Ja? Schnell hinein! Aber dort unten sind insgesamt vier Laser nebeneinander. Sofort im toten Winkel dazwischen positionieren. Und jetzt am besten nach rechts. Die Pilot-Control-Anzeige sagt dir, wie viele *people* dort unten in den Gängen noch schmachten. Mach den Schwimmpanzer auf dem kleinen Teich nieder (er braucht DREI Schüsse!). Und dann in den engen Gang. Du hast kaum Platz. Noch ein kleiner Laser. Und die Landeplattform! Langsam Sinkflug! Zu schnell! BAMM! Der erste Hubschrauber ist dahin.

Es könnte sein, daß dir das Spiel ein wenig zu kriegerisch ist, daß du aus weltanschaulichen Gründen einen gewissen Widerwillen spürst oder das Videospielen grundsätzlich für eine stupide, verdummende Langeweile-Vertreibung, einen unmenschlichen Blödsinn hältst. Außerdem sind wir noch lange nicht am Reaktor, und es würde dich langweilen, wenn ich dir jede der folgenden Ebenen und all die Finessen und mörderischen Kleinigkeiten, die ich dir verschwiegen habe, auch noch erzählen würde. Ich bin mir aber sicher, daß ich in meiner (bescheidenen) Spielesammlung etwas für dich finden werde, was dich ein paar Stunden gebannt auf den Bildschirm glotzen lassen wird. Den Krampf kriegst du sowieso. (Ich habe mich ja EIGENTLICH entschlossen, keine Spiele mehr mit Anfängern zu machen, weil die mir reihenweise die Joysticks abbrechen. Vielleicht mache ich eine Ausnahme.)

Aber besuchen wir zunächst Frank, der als eingefleischter Videospiel-Profi mehr zu bieten hat als ich.

Frank kifft gerne und nicht gerade knapp. «Wo andere schon total zugedröhnt in der Ecke hängen, werde ich gerade munter», sagt er fröhlich. Nach der Menge zu schließen, die er in sein Pfeifchen stopft, scheint er wirklich gewaltige Dosen zu vertragen. In seinem weißen Zimmer hängt der Geruch jenes Krautes, das so wundersam glänzende Augen macht. Dennoch wirkt Frank nicht wie jemand, der ständig abwesend ist.

Frank ist technischer Zeichner, er arbeitet in einem Architekturbüro. Auf die Frage nach seiner Vergangenheit fängt er gleich an, sich zu entschuldigen: «Ich komme mir teilweise wie ein liberaler Scheißer vor, weil ich so oft hier zu Hause sitze und allmählich immer gesettelter werde. Ich bin zwar nicht supertypisch, aber doch ein Achtundsechziger. In der Schule war ich politisch, mit achtzehn Jahren war ich auf wasweißichwievielen Demos, Schah und Dutschke und so, auch sonst viel action, da habe ich zum Beispiel in der Schule mit 'ner Aktentasche ein Mikrofon in die Abiturkonferenz geschmuggelt, das gab 'nen Riesenaufstand. Aber jetzt? Ich mach halt null in den Friedensinitiativen, das muß ich zugeben. Null. Ich geh vielleicht mal ans Fenster und guck, wenn ich in der Friedberger Landstraße 'ne Demo brüllen hör. Das liegt vielleicht daran, daß ich damals ein paarmal mords eins auf die Fresse gekriegt hab auf den Demos. Später dann bin ich in diese Entwicklung gekommen, so pubertär, Ravi Shankar und Räucherstäbchen. Und heute? Na ja, irgendwo bin ich immer noch ein Linker, obwohl ich brav meine Steuern zahl. Ich bin so alt wie die Republik, und ich versteh das Grundgesetz halt genauso, wie's ursprünglich mal geschrieben wurde. Da passiert ja viel Scheiße heute, in Bonn ...»

Zur Entspannung, und weil ich bei meinem Trip durch die Computerszene niemand auf Legitimationen festnageln will, schalte ich mein Tonband ab, und wir gehen an die «Büchse». Beim Laden des ersten Programms macht das Diskettenlaufwerk klackende Geräusche, als wolle es jeden Moment den Geist aufgeben. «Zerstörte Sektoren», sagt Frank grinsend. «Ich hab das Ding selber geknackt.»

Als das Programm läuft, erscheint Franks kleines Zimmer, in

dem wir sitzen, als dreidimensionale Rißzeichnung auf dem Schirm. «Ein Architektenprogramm», kommentiert er, «ich hab da mal meine Bude eingegeben. Und jetzt paß mal auf.»

Der Kubus auf dem Bildschirm, einschließlich Schrank, Bett, Tisch (sogar der Computer ist als kleiner Kasten dargestellt), beginnt zu kippen. Langsam dreht er sich um seine waagerechte Achse, bis man das Mobiliar von unten sieht. Mit ein paar Tastaturbefehlen verschiebt er das Bett und den Schrank. Dann schaltet er in ein anderes «file» um. Das Zimmer ist plötzlich größer geworden und befindet sich mitten in einer Vier-Zimmer-Wohnung. «Meine Freundin und ich ziehen bald um», sagt er, «in diese Wohnung hier. Ich hab den Grundriß in die Kiste übertragen, und jetzt können wir am Bildschirm die Einrichtung planen. Siehst du, ich hab mehr Platz für das Bett. Im Eßzimmer fehlt ein Schrank. Ich stell mal einen hin.»

Mit dem Joystick malt er einen Kubus in die Ecke des Nachbarzimmers. «Vielleicht ein bißchen zu groß.» Er kippt den Raum, verkleinert den imaginären Schrank. «So vielleicht. Die Proportionen stimmen jetzt. Siehst du, das sind die Möglichkeiten des Computers. Du kannst fiktive Schlösser bauen. Ja, warum eigentlich keine Schlösser? Stell dir vor, eine Gruppe people, die gut drauf sind, will zusammen ein Haus bauen. Jeder von ihnen darf erst einmal seine Idealwohnung zeichnen, ob es ein Schlauch ist oder eine Kuppel oder ein Erkerzimmer mit Türmchen drauf. Dann läßt man den Rechner daraus ein Haus zusammensetzen. Da kommt vielleicht ein Würfel mit acht Kuppeln und achtzehn Türen raus, das kann man dann so nicht bauen, aber es setzt Phantasie frei. Es ist ein realitätsnahes Spiel. Man darf es allerdings nicht zu ernst nehmen, sonst verwechselt man am Ende das, was im Rechner stattfindet, mit der Realität.»

Dann packt Frank seine Spiel-Joysticks aus. Er hat eine ganze Sammlung davon – dünne, die wie abgebrochene Bleistifte in einer Kugel aussehen, dicke mit riesigen Knäufen, leichtgängige und schwergängige, ergonomisch der Hand nachgeformte «Raketenhebel» mit einem Feuerknopf obendrauf, für Links- und Rechtshänder, aus Plastik und Massivholz, mit Gummisaugern untendran oder zum Festschrauben. «Such dir einen aus, der zu dir paßt», sagt er, «der Freudenstock ist das Wichtigste am Spielen. Wenn du einen hast, der nicht zu dir paßt, wird der Spaß zum Gefummel. Dann ist alles no fun.»

Ich nehme auf seinen Rat hin einen klassischen «Wico-Control» – dick, schwergängig, aber auch «von zehn nervösen Elefanten, die noch nie ein Videospiel gespielt haben, nicht kleinzukriegen».

«Ich zeig dir erst mal, was der Rechner kann», sagt Frank. «‹Way Out› ist zwar nicht sehr lustig, aber es holt alles aus der Graphik raus, was geht.»

In der Tat. «Way Out» ist ein dreidimensionales Labyrinthspiel – der Spieler bewegt sich IM INNEREN des Labyrinths, er sieht es nicht nur (wie beim klassischen Pac Man) von oben. Wände, Mauern und Gänge erscheinen aus subjektiver Sicht. Bei jeder Bewegung des Joysticks rechnet der Computer die Fluchtlinien, die Lage der Abzweigungen, die Mauern neu aus und stellt das Ergebnis als buntes Bild dar – in Sekundenbruchteilen. So entsteht der Eindruck eines Trickfilmes. Obendrein ist das Spiel paranoid, man fühlt sich eingekerkert (das Labyrinth ist riesengroß, der Ausgang schwer zu finden). Ich torkle durch die Gänge, stoße überall gegen Wände (was jedesmal ein dumpfes Gedröhn verursacht), laufe in eine Sackgasse nach der anderen und werde ständig von einer dudelnden Drehtür verfolgt, die mir erst den Kompaß, dann die Lagekarte «klaut» – ich kann mich nicht mehr orientieren und gebe bald auf. Sehr spannend ist es auf die Dauer wirklich nicht. Es geht nur darum, eine regenbogenfarbene Tür zu finden, die irgendwo im Labyrinth versteckt ist. «Geht» man durch sie hindurch, ist das Spiel zu Ende. Wer die 45 verschiedenen Labyrinthe in der kürzesten Zeit verläßt, hat gewonnen.

«Jetzt was zum Knobeln», sagt Frank und lädt «Das kleine Gespenst». Ein lustiges Spiel mit einfacher Graphik, aber pfiffigen Ideen. Die Spielfigur ist ein kleiner Geist, der in einer Unzahl von Räumen umherirrt, in denen sich Gegenstände und Rätselsprüche befinden, etwa *«it is easier as you think»* oder *«touch it or leave it»*. In jedem Raum sind die Regeln, die zur Lösung führen, andere – mal muß der Geist die Gegenstände berühren, mal muß er auf sie schießen, mal muß man eine Antwort über die Tastatur eingeben und so fort. Nach einer halben Stunde sehe ich das kichernde Gesicht des Programmierers vor mir, wie er sich über unsere Dämlichkeit amüsiert. Wir bleiben unwiderruflich im 32. Zimmer hängen. Dort können wir das Rätsel einfach nicht lösen. Der Spruch heißt *«move your mind in pieces»*. Daneben stehen zwei Stühle, sonst nichts. Und jedesmal, wenn der Geist die Stühle berührt, ist er «tot». «Das ist ein Beispiel für ein intelligentes Spiel», sagt Frank, als wir nach zwei Stunden endlich aufgeben. «Ich finde nach wie vor die meisten Telespiele blöd, doofes Geballer, nicht mehr. Ich bin sicher, daß da mehr rauszuholen ist, mehr Interaktion zwischen den Spielern, mehr Witz, mehr Geist – es gibt auch schon einige neue und gute Versuche in der Richtung. Auf der anderen Seite hat der Computer natürlich gerade in der Einzelkommunikation – also du mit oder gegen die Maschine – seine Stärken. Sogar bei manchen Kriegsspielen ist es wirklich irre, was da inzwischen läuft.»

Während ich bei Frank ein Spiel nach dem anderen ausprobiere, vergessen wir die Zeit. «Klar geht man nicht mehr in Kneipen, wenn man ein Spielfreak wie ich ist», sagt er, «aber ich hatte auch, bevor ich mit der Computerei anfing, keinen Bock mehr drauf. Ich weiß schon, daß ich da letzten Endes auf dem Solotrip bin, so unter dem Motto ‹Mit der Büchse auf du und du›. Ich spiele gern, ich programmiere gern. Kann auch sein, daß ich da was verdränge und daß es mich verändert. Ja, ich glaube, ich sehe die Welt logischer, mehr nach Kausalitäten. Aber ich war schon immer einer, der gefragt hat: Warum? Wieso? Was folgt aus a und was kommt bei b raus. So bin ich nun mal.»

«Und du fühlst dich nie einsam?» frage ich zurück, während ich gerade einen Zylonen mit meiner Laserkanone fertigmache.

«Nein. Der Computer ist auch ein Medium. Da kommen eigentlich viel öfters Leute zu mir als früher – zum Spielen. Okay – da orientiert man sich am Bildschirm, und manchmal wird es Geli, meiner Freundin, auch zuviel. Aber es ist besser als in den Kneipen.»

«Und Angst vor dieser Technik? Zumindest Bedenken? Hast du nicht am Anfang gesagt, du fühlst dich irgendwo noch als Linker?»

Er überlegt. Der Zylone hat mich soeben atomisiert. Jetzt ist er dran. Während er sich durch den Hyperraum beamt, fährt er fort:

«Eine bestimmte Art von Angst erinnert mich an meinen Großvater, wenn 'ne Stimme aus dem Telefon rauskam. Das hab ich noch als Kind erlebt, wie unheimlich dem das war. Und heute ist das ganz normal. So wird es auch mit den Computern gehen.»

Schließlich ließen sich mit dem Telefon aber keine riesigen Datenmengen speichern.

«Aber es ist ein neues Medium, ein SPANNENDES MEDIUM. Genau DAS ist es. Der Computer vereinigt alle Medien der letzten Jahrhunderte – Fernsehen, Buchdruck, Telefon. Du kriegst nie die Qualität jedes einzelnen Mediums hin, das Ding druckt nicht so schön wie eine Druckmaschine, und es klingt nicht so gut wie ein Streichorchester. Aber du hast fast unbeschränkte Gestaltungsmöglichkeiten in der Kombination. Zum Beispiel, wenn du ein Spiel machst: Du kannst selbst die Graphik entwerfen – das hat früher ein Graphiker gemacht. Du machst die Spielsteine – dazu brauchte man früher eine Plastikfabrik. Du bestimmst das Spielgeschehen, die Spiellogik, den Spielaufbau – sämtliche Schritte in einem. Und du kannst das Zeug danach unbegrenzt kopieren und damit auch vertreiben. Du kannst ein Buch mit vielen Bildern schreiben, das auch noch sprechen kann! Warum sollte man dieses Medium nicht nutzen?»

«Wenn das so ist: Warum wird dann immer nur Krieg gespielt? Tanzen nicht selbst die harmlosen Spiele wie Pac Man nach dem alten darwinistischen Lied vom Fressen und Gefressenwerden?»

«Das ist wohl so», sagt er da trocken. «Und man kann da auch viel experimentieren. Aber der Grund, weshalb das so ist, liegt wohl tiefer. Ich glaube, Pac Man ist im Grunde genommen der Che Guevara der achtziger Jahre. Der gute alte Che hat ja auch im Dschungel heroisch gegen die Militärs gekämpft. Und Pac Man rennt in einem Labyrinth unentwegt den Monstern davon, wobei jeder weiß, daß er am Ende gefressen wird. Es geht darum, das so lange wie möglich herauszuzögern. Und dabei Punkte, Punkte und nochmals Punkte zu machen.»

Krach! Der letzte Zylone, bevor er in die nächste Ebene gekommen wäre, hat ihn erwischt.

Als das klassische Videospiel gilt – immer noch – jener Kasten, bei dem man im oberen Bildschirmteil herumtrudelnde Monster mit einem Ding abballern muß, das im unteren Teil hin und her fahren kann – und aussieht wie ein krummes Fragezeichen oder ein kleiner Pfeil. Noch immer stehen diese Automaten in den Bahnhofshallen herum – und versauen den Ruf des Videospiels.

Was die heutigen Software-Artisten von Synapse, Brotherbund, Imagination-Software oder electronic arts (letztere gelten als eine Art Alternativprojekt auf dem Spielesektor, electronic arts ist ein Zusammenschluß freier Programmierer mit einem künstlerischen Anspruch an ihre Produkte) liefern, unterscheidet sich davon wie ein Golf GTI vom Holzroller. Noch immer kämpft Gutes gegen Böses, wird man gejagt oder muß schießen. Noch immer geht es um Überleben, Sammeln, Weiterkommen. Nur: Hat jemand schon mal ein anderes Spiel gespielt, das wirklich spannend war? Auch dic klassischen Spiele wie Schach, Karten, Würfeln basieren auf Kampf und Gewinnen. Gegen die Homecomputerspiele der neuen Generation wirken sie längst wie abgestandene Langweiler.

Nicht nur die steigende Phantasie der Software-Freaks verbessert ständig die Qualität des Videovergnügens, auch die technische Entwicklung spielt dabei eine tragende Rolle. Mein «Commodore 64» zum Beispiel hat 16 Farben, vier Soundgeneratoren und 64tausend Bytes Speicherplatz. Die wirklich guten Spiele sind noch weitaus größer – sie laden Programmteile bei Bedarf von der Diskettenstation nach. So ist es möglich, Spiele mit über einhunderttausend Bytes zu spielen («100 K» in der Computersprache). Ein solches Spiel kann ohne weiteres 100 Spielebenen haben, mit immer neuer Graphik, anderen Gesetzen und schwierigeren Effekten. Mit den Soundgeneratoren kann man ganze Choräle intonieren, sogar sprechen kann das Ding – ohne das entsprechende Zusatzgerät, nur «softwaregesteuert».

Nach wie vor sind sechzig bis siebzig Prozent aller Spiele stupide Ballereien. Doch die Software-Produzenten haben dem Trend «weg vom Schießen» bereits weitgehend Tribut gezollt: Da graben sich Männlein durch die Erde, kämpft der Koch bei seiner Aufgabe, einen Hamburger zusammenzusetzen, gegen rasende Spiegeleier und fiese Hot dogs. Da mäht «Fast Freddy» den Rasen und wird vom Gutsbesitzer verfolgt, und «Johnny Woodpecker» muß Bäume und Blumen vor den hungrigen Planierraupen schützen. Man kann ein Atomkraftwerk vor dem GAU schützen (am Ende geht es dennoch regelmäßig in die Luft) oder einen Space Shuttle in «Echtzeit» auf einem Salzsee landen. Man kann den Schatz der Pharaonen im Wettstreit mit Dämonen, mystischen Elektronik-Monstern, ausgraben. Es gibt sogar phantastische Weiterentwicklungen von Schach – zum Beispiel das Spiel «Archon» (electronic arts). Die Spielfiguren sind schwarze und weiße Zauberer, Drachen, Elfen, Knappen. Will man eine Figur schlagen, schlägt man sie nicht einfach vom Feld, sondern muß vorher auf einem elektronischen Schlachtfeld gegen sie kämpfen. Der Reiz des Kampfes wird durch unterschiedliche Fähigkeiten der Figuren verstärkt – so kann der Drache zwar Feuer speien, ist aber langsam, während der Knappe mit Pfeil und Bogen den Drachen an einer bestimmten Stelle erwischen muß, dafür aber sehr schnell über den Bildschirm bewegt werden kann. Solche Spiele fordern sowohl Taktik wie auch Geschicklichkeit, sie strengen den Kopf und die Hände an. Selbst vor dem realen Leben machen die Spielemacher nicht halt – schon gibt es ausgedehnte «Adventures», in denen man, bis hin zu «Selbstwertgefühlpunkten», «Erfolgsscores» und «Neurose-Minuspunkten» seine Existenz zwischen Tod und Geburt «erspielen» kann – am Ende ziehen die einzelnen Spielszenen in einem Kurzfilm mit Orgelmusik über den Bildschirm – und dann ist man gestorben.

Nach wie vor kommen die meisten Spielideen aus den USA. Wären «europäische» Spiele anders? Und warum gibt es sowenig deutsche Softwarefreaks mit ausgefallenen Ideen?

In Wiesbaden besuche ich Dirk Beyelstein. Dirk, 26, groß und massig, korrekt angezogen wie ein Angestellter, hat es geschafft. Er übersetzt Computerhandbücher, schreibt Spielebesprechungen (immer wohlwollend) in Computerzeitschriften, hat einen eigenen Computervertrieb und macht für die Firma Atari «field research». «Ich kenne die meisten Kids, die Talente auf dem Spielemarkt werden könnten», sagt er. «Wir beobachten die, ob da was hochkommt, ab und zu kaufen wir auch mal eine Idee für ein- bis zweitausend Mark auf. Das Problem ist, daß die meisten noch in Basic programmieren, aber ein anständiges Action-Spiel ist ohne Maschinencode nicht zu haben. Man weiß ja, wie das in Deutschland mit dem Stand so ist, da hinken wir fürchterlich hinterher.»

Ob es denn neue Spielideen gibt, will ich wissen. Da ist Dirk skeptisch. «Es geht eher darum, die vorhandenen Ideen besser zu machen. Der Trend geht in Richtung Differenzierung des Spielgeschehens. Und natürlich ins Dreidimensionale.»

In der Tat orientieren sich die Innovationen auf dem Spielemarkt eher am Technischen als an der Spielidee selbst. Die allerneueste Generation der Spielhallenvideos liefert bereits vollständige Trickfilmszenen ganz ohne den «eckigen» Effekt des Computers. Bei «Dragons Lair» muß man sich durch ein Gruselschloß kämpfen – in völlig realistischen Szenen von einer Laserbildplatte. Die modernen Kabinen des Abenteuers sind mit wuchtigen Stereolautsprechern, Vibrationsgeneratoren und einem realistischen Cockpit ausgerüstet, mit dem man sein Raumschiff durch die feindlichen Linien ballern kann. Und schon wird an weiterer Komplettierung der künstlichen Wahrnehmungs-Welt gearbeitet: Geruchserzeuger, ja sogar Handschuhe, die per Elektronik generierte Tastgefühle erzeugen sollen, werden in den amerikanischen Entwicklungsfirmen getestet.

Dirk selbst arbeitet an einer anderen Variante von Spielen, die weniger im Bereich der Science-fiction liegen: Gesellschaftsspiele für den Erwachsenenmarkt, also elektronische Varianten von Monopoly. Er führt mir sein neuestes selbstgeschriebenes Produkt vor, für das er sich Chancen auf dem amerikanischen Markt ausrechnet. Es ist im Mittelalter angesiedelt, heißt «Kaiser», dauert zwei Stunden (mindestens) und kann von bis zu acht Spielern gespielt werden. Ich trete also als «Matthias von Hessen» gegen «Dirk von Bayern» an, kaufe Getreidemühlen, baue Häuser und Kathedralen, heuere Gendarmen und Soldaten an, vermehre die Staatseinnahmen durch die Steuerschraube. Nach vier Runden, in denen ich mit den eisernen Gesetzen mittelalterliche Ökonomie jongliere, verhungert mir die Hälfte meiner Bevölkerung (Bildschirmanzeige: «500 Menschen mußten wegen deiner Unfähigkeit als Regent ihr Leben lassen!»). Es kommt noch schlimmer: Dirk von Bayern, der inzwischen zum Baron gekürt wurde, erklärt mir den Krieg, bei dem mir – wegen meiner gepfändeten Mühlen und meiner mageren Miliz – die Hälfte meines Fürstentums zerschossen wird. Nach einer Stunde bereits wird Dirk – schließlich hat er das Programm geschrieben – zum teutschen Kaiser gekrönt. Eine unglaubliche Szene: Ein blondgelockter Jüngling sitzt auf einem Thron, und während sich die Krone funkelnd auf ihn heruntersenkt, ertönt die elektronische Version von Wagners Lohengrin, 3. Akt, 1. Aufzug. Es klingt, als ob vier «Karlchens» (Telefonauskunftsroboter der Post) die Pastorale singen. Die Feierlichkeiten dauern fast fünf Minuten, und oben im Bildschirm-Sternenhimmel leuchtet: «LANG LEBE DIRK VON BAYERN, KAISER DES HEILIGEN RÖMISCHEN REICHES!»

An «Kaiser» hat Dirk fast ein ganzes Jahr geschrieben, für ein ausgefeiltes Spiel eine normale Zeit. Ob man damit Geld verdienen kann? «Da gibt es ein Problem», sagt Dirk. «Eigentlich ja. Aber unter den jetzigen Verhältnissen kaum.»

Dirk ist vorsichtig, und dazu könnte er Grund haben. Leute, die ihn aus der Computerszene kennen, behaupten, er sei früher eine Koryphäe auf dem Gebiet des Programmknackens gewesen. Jetzt aber, mit seinem Aufstieg in die Computerindustrie, stünde er auf der anderen Seite der Barrikade: Nun will er selbst Programme verkaufen. Und findet «das, was die Kids da machen, gar nicht so gut».

Nach wie vor werden Homecomputer mit pädagogischen Argumenten an den Mann, genauer: den Vater, gebracht. Bessere Zukunftschancen für den Sohnemann, lernen am Gerät der Zukunft

– das sind die verbreitetsten Kaufbegründungen. Die programmierfreudigen Computerkids scheinen diesen Begründungen recht zu geben. In Wahrheit aber sind die echten Programmierfanatiker eher selten. Auf die Dauer wird der Mehrzahl der Kids das Selbstprogrammieren zu langweilig. 85 Prozent der Zeit am Computer, so lauten übereinstimmende Schätzungen von mir und der Computerindustrie, werden den Videospielen gewidmet.

Mein Besuch bei Frank hat Auswirkungen gehabt. Ich bin ein leidenschaftlicher Videospieler geworden. Man sollte nicht drum herum reden: Videospielen macht süchtig. Es IST Sucht. Man kann die Wonnen von Frogger, Pac Man und Co nicht genießen, ohne wie ein Abhängiger bis in die Nacht vor dem Bildschirm zu hocken.

Videospielen macht keinen Lungenkrebs oder Zirrhose wie andere Drogen – wenn man es nicht allzusehr übertreibt und sich im Lauf der Jahre allzu viele Röntgenstrahlen über den Fernseher einhandelt. Aber jedes Spiel wird einmal langweilig, und wenn man ein guter Spieler ist (die Kids SIND gute Videospieler), hat man das elektronische Vergnügen innerhalb einer Woche ausgespielt.

Wie aber zum Teufel soll man seiner Leidenschaft frönen, wenn ein gutes Spiel im Handel zwischen 99 und 150 DM kostet?

Ganz einfach. Wo es Süchtige gibt, gibt es auch Dealersysteme.

Subroutine 4

«Das Ding ist KAPUTT», brüllt Johnny – und zerrt an meinem Joystick, als wolle er ihn zerreißen. «ICH HAB NACH LINKS GEDRÜCKT. Aber das Ding ist EINFACH ABGESTÜRZT! SAUEREI!»

Johnny leidet am typischen Einsteiger-Syndrom. Immer wenn ihm sein Jumpman von der Leiter fällt – wir spielen seit drei Stunden dieses klassische Spiel, wo sich ein Männchen von Ebene zu Ebene und von Leiter zu Leiter vorkämpfen muß –, meint er, die Technik wolle ihn bescheißen. Dabei sind seine Reflexe einfach noch nicht trainiert, sein Gehirn schaltet zu langsam, er ist zu nervös, er drückt dauernd in die falsche Richtung. Jetzt sieht er mich mit einem glänzenden Ausdruck in den Augen an und sagt: «Laß mich noch mal. Ich bin nur in die zweite Ebene gekommen.»

«Also gut», antworte ich, «aber irgendwann will ich auch noch mal wieder drankommen. Fühlst du nicht, wie du allmählich verblödest?»

Er hat meine Frage gar nicht registriert. Er rennt schon wieder die Leitern hoch, als sei der Teufel hinter ihm her.

FRISCH GEKNACKT UND GUT GEDEALT – Der Softwareschwarzmarkt

«Was soll das sein? Unrecht? Wenn es uns Dealer nicht gäbe, blieben die doch auf ihren Kisten sitzen und könnten die auf den Mond exportieren. Die sollen doch froh sein, daß wir für die ein funktionierendes Vertriebsnetz aufgebaut haben!» (Fred, 19, Software-Dealer)

Mein Hausdealer ist ein etwas nervöser, ein wenig rundlicher Fünfzehnjähriger, der bei seinen Eltern in einem Villenviertel am Rande des Taunus wohnt. Die Gegend dort mit ihren gepflegten Gärten und vornehmen Veranden ist zur Tarnung ideal.

Ich habe mich telefonisch angemeldet, denn mein Dealer empfängt nur Stammkunden – andere Klienten bedient er per Post. Ich habe einen guten Tag erwischt, er hat gerade einen größeren Schub neuer Ware erhalten, obendrein herrscht heute sturmfreie Bude. Wir schreiten also direkt zur Handelsprobe. Der Dealer hat endlich «Pole Position» an Land gezogen, ein hübsches dreidimensionales Autorennen, bei dem Berge im Hintergrund perspektivisch «mitfahren» wie im Film. Ich mag Autorennen nicht so sehr, aber die Kulisse ist dermaßen schön, daß ich das Spiel ohne Zögern kaufe.

Als nächstes schiebt mein Dealer eine Diskette mit der krakeligen Aufschrift «Verboten!» in den Schacht. Bei «Fuckman», einem kleinen, geschmacklosen Pornotrickfilm Marke deutscher Eigenbau, ganz aus Bits and Bytes gebastelt (gezeigt werden alle möglichen Stellungen), kann er sich vor Kichern kaum einkriegen. Doch danach steht mir nicht der Sinn. Ich dränge. Ich will Action. Aber auch die nächste heiße Ware geht nicht ganz in die richtige Richtung. Das Spiel heißt «Matsch». Mit einem Auto, das hektisch über den Bildschirm huscht, muß man möglichst schnell Fußgänger überfahren. Kleine Kinder, Katzen und Omas bringen einen Extrabonus, erwischt man aus Versehen einen Polizisten, ist das Spiel aus. Bei jedem erfolgreichen Exitus gibt der Bildschirmlautsprecher ein ziemlich widerliches Geräusch von sich. Nein, ich nehme dieses Spiel nicht.

Das nächste schon, obwohl es auch nicht gerade mit Geschmack gesegnet ist. Dafür ist es einfach so extravagant, daß ich es unbedingt in meine Programmsammlung unter dem Stichpunkt «Kuriosa» einreihen muß. Es heißt «Achtung! Burg Wolfenstein!» – in deutsch, obwohl es ein typisch amerikanisches Software-Produkt ist. Durch unendlich viele verschiedene Labyrinthe – mein Dealer behauptet, es wären hundert – muß ich ein kleines, gestreiftes

Männchen steuern, das von dicken, braunen Figuren im Stechschritt – KLACKKLACK – verfolgt wird. Dazu der Aufspanntext: *«You are a prisoner, caught by the SS-stormtroopers! Try to kill the Nazi-General and beware of his sergeants! Search for the secret documents of the ‹Operation Rheingold›!»* (Ein Freund, der dieses Spiel einige Tage danach bei mir zu Hause goutierte, behauptete steif und fest, die Idee müsse ihre Wurzeln in der Angewohnheit englischer und amerikanischer Offiziere haben, während des Zweiten Weltkrieges aus den «gehobenen» Gefangenschafts-Lagern – oftmals Burgen – der Nazis abzuhauen – das hätte man damals regelrecht als Sport betrieben. Dies nur als historische Randnotiz.)

Jetzt entdecke ich auch die kleinen Hakenkreuze auf den Stechschritt-Männchen. Und verstehe mühsam die seltsamen Geräusche, die der Soundgenerator immer wieder produziert: Die Männchen brüllen originaldeutsch «SCHWEINEHUND!» und «ACHTUNK!» und «KAPUTT!» (letzteres dann, wenn sie mein Männchen erschießen). Ich verheize ziemlich viele meiner Delinquenten, bevor es mir gelingt, einen blauuniformierten SSler mit meiner Pistole zu erledigen – als er umfällt, ertönt ein grauslig gurgelndes Geräusch. Auf dem Weg durchs Labyrinth muß ich jetzt Kisten öffnen. Darin ist entweder die ersehnte kugelsichere Weste oder – sagt eine Unterzeile auf dem Bildschirm – *«Sauerkraut»*, *«Würstchen»*, *«Schnapps»* oder *«Liebfraumilch»*. Drücke ich auf der Tastatur die Taste «U» («for using content»), erscheint der schriftliche Hinweis *«it tastes awful»*.

Es wird Abend, bis ich meinen Dealer wieder verlasse. Mir brummt der Schädel. Im Kopf suche ich immer noch nach der «handgranade», mit der ich den Obernazi in die Luft sprengen muß, gleichzeitig aber bin ich ganz entspannt und erlöst. In der Jackentasche habe ich Disketten mit sieben Videospielen, mit denen ich mich jetzt zu Hause weiter amüsieren kann – auf meinem eigenen Computer. Im normalen Software-Handel hätte ich fast 800 Mark gezahlt – ich habe es ausgerechnet. Mein Dealer wollte für die gesamte Ware 45. Ich gab ihm 50.

Eine vernetzte Ökonomie, die im wesentlichen auf Tausch basiert, in der das Geld eine untergeordnete Rolle spielt – es ist schon ein Treppenwitz der Geschichte, daß solche alternativen Träume ausgerechnet in Computerkid-Kreisen Realität geworden sind. Kaum einer von ihnen steckt nicht in diesem engmaschigen Netz des Software-Schwarzmarktes, auf dem zunächst im Freundeskreis weiterkopiert oder – darüber hinaus – zu lächerlich geringen Preisen gedealt wird. Kaum einer hat jemals ein Spiel im Laden gekauft – das Verhältnis von gekauften zu schwarz erworbenen Programmen wird von Eingeweihten auf 1:10 geschätzt – und das dürfte noch eine gewaltige Untertreibung sein. «Kaufen», sagt mein Dealer, «tun nur die Anfänger. Die opfern dann ihr letztes Taschengeld. Und ein paar Wochen später, wenn sie allmählich ticken, wie man an geknackte Programme rankommt, ärgern sie sich. Die gekauften Programme nimmt ihnen ja auch keiner mehr für mehr als 10 Mark ab.»

Ich habe meinen Hausdealer auf dem üblichen Weg kennengelernt: per Kleinanzeige in einer deutschen Computerzeitschrift. Dort wird unter der Sparte «Biete Software» unverhohlen die geknackte Ware angeboten, meist diskret als (legaler) Tausch getarnt. Manche nehmen auch kein Blatt vor den Mund: *«Spitzenspiele aus den USA, das Neueste, frisch geknackt»*, heißt es da. Oder *«Affengeile Computergames zu echt hausbackenen Preisen»*. Auf Anruf oder Postkarte kommt der Angebots-Katalog ins Haus. Er reicht vom kleinen Computerausdruck mit zwanzig Spielen zu drei Mark fuffzig bis zum semiprofessionellen fünfzigseitigen Katalog mit Programmerklärungen und neuesten Tips und Trends: Da kosten die ganz großen Programme dann schon mal 30 Mark, was die oberste Grenze sein dürfte – immer noch ein Achtel vom Ladenpreis. Für meinen Computertyp wurden in einer Ausgabe der «Chip» allein in 350 Kleinanzeigen Programme angeboten. Mein Computer ist ein Modell unter vielen, und «Chip» ist nur eine von etwa zwanzig Computerzeitschriften auf dem deutschen Markt.

Der über die Kleinanzeigen sichtbare Markt ist obendrein nur die Spitze des Marktes: Der weitaus größere Fluß der Raubkopien bewegt sich völlig geldlos durch die Bekanntschaftsnetze der Kids und Computerfreaks nach der Devise: «Gibst du mir Textverarbeitung, geb ich dir ‹Frogger›.»

Anders als herkömmliche Schwarzmärkte bringt die Software-Dealszene allerdings kaum Haie hervor, die ihn kontrollieren und sich an ihm hemmungslos zu bereichern vermögen. Die Masse seiner Protagonisten besteht ja aus Kindern, deren Geldmaßstäbe sich an der Höhe ihres Taschengeldes orientieren. Erhöht ein (meist älterer) Großdealer die Preise, ziehen die jüngeren Kids, für die 5 Mark noch eine Menge Geld ist, automatisch mehr Kunden an Land. Zudem geht, wer versucht, auf dem Schwarzmarkt wirklich Geld zu machen, ein erhöhtes Risiko ein, weil er durch massive Werbung auffällig wird.

Es geht ohnehin in den seltensten Fällen um Profit. Es geht um die Finanzierung des Computerhobbys. Die Spitzenumsätze deutscher Softwaredealer dürften bei ein- bis zweitausend Mark pro Woche liegen – aber das sind bereits Ausnahmen. Normalerweise holen die Kids sich das Geld, das sie für die Geräte anlegten (oder anlegen wollen), über den Schwarzmarkt zurück. Nicht mehr und nicht weniger. Nur kommen dabei, «brutto» gerechnet, dreistellige Millionensummen heraus, die den Software-Händlern und -Herstellern entgehen. Neueste Statistiken diagnostizieren heute eine halbe Million programmierbarer Homecomputer in den bundesdeutschen Wohn- und Kinderzimmern. Rechnet man die Hälfte davon unbenutzt in den Keller, geht man davon aus, daß jeder Spielcrack nur zwanzig geknackte Spiele besitzt (was eine lächerlich geringe Schätzung, geradezu eine Beleidigung ist, ich als «milder Spielfreak» habe ja schon über fünfzig), käme man trotzdem noch bequem auf eine halbe Milliarde Mark. Damit wäre der Softwaremarkt der größte Schwarzmarkt seit Ende des Zweiten Weltkrieges – wahrscheinlich übertrifft sein Umsatz noch den der Rauschgiftmärkte.

Fast jeder zweite Insasse in den deutschen Gefängnissen atmet gesiebte Luft, weil er etwas mit Rauschgift zu tun haben soll. Die Kollegen vom Software-Dealerring jedoch laufen sämtlich frei herum. Auf diesem neuen Feld massenhafter Kleinkriminalität sind juristische Verfolgungsversuche bislang erstaunlich selten. Die spektakulären Fälle («Junger Mann soll für 23 Millionen Mark Programme verkauft haben») verlaufen ziemlich schnell im Sand der Beweisnot.

Einzig die Firma «Data Becker» in Düsseldorf ist da bislang großflächig in die Offensive gegangen: Die jungen Gebrauchtwagenhändler, die im Versand von Mikroelektronik ihre geschäftliche Zukunft witterten, betreiben gleichzeitig eine der wenigen deutschen Software-Entwicklungsfirmen. Im Zeitraum zwischen November 1983 und Februar 1984 strengte Data Becker über fünfzig sogenannte Unterlassungsklagen beim Landgericht Düsseldorf an. Probleme hatten sie damit kaum: Durch fingierte Bestellungen bei den Kleinanzeigeninserenten konnten sie beweisen, daß diese auch geknackte Data-Becker-Programme in ihren Angebotslisten führten. Das Gericht erkannte in allen fünfzig Fällen auf Vergehen gegen das Urheberrecht und verschickte amtliche Schreiben, in denen dem jeweiligen Dealer untersagt wurde, in seinem Tun fortzufahren. Zu mündlichen Verhandlungen kam es selten, wenn doch, gewann Data Becker ohne Schwierigkeiten. Der Dealer hatte dann die Gerichtskosten (im Falle einer Verhandlung zwischen 300 und 500 DM) zu bezahlen und eine «Unterwerfungserklärung» zu unterschreiben.

Dennoch: Der Streitwert einer solchen Klage – die Summe also, die zur Strafe aussteht, falls der Delinquent weiter das indizierte Programm vertreibt, oftmals auf horrende 100000 DM festgesetzt – hat in manchen Reihenhäusern für helle Aufregung gesorgt. Zum erstenmal realisierten manche Eltern durch den hübschen Zusatz am unteren Ende dieser Unterlassungsklagen («Im Falle der Nichtzahlungsfähigkeit durch Minderjährigkeit sind die Erziehungsberechtigten zahlungspflichtig»), weshalb ihr minderjähriger Sohnemann so viel Post bekam, so viele merkwürdige kleine Scheiben verschickte und manchmal mehr Kohle auf dem Konto oder im Sparschwein hatte als der Herr Papa (wo er doch immer so ruhig und artig in seinem Zimmer sitzt!). Auch mein Hausdealer blieb nicht davon verschont. «Das war echt ungeil», erzählt er grinsend. «Und dann auch noch 100 Mark Gerichtskosten löhnen. Aber was soll man machen – da nehm ich das Programm von den Beckers eben aus dem Katalog – taugte eh nichts. Hundert Hühner hab ich in einer Woche wieder drin, locker. Nur die Alten sollen aufhören zu nörgeln. Wenn das so weitergeht, verlege ich den Vertrieb zu 'nem Freund. Dann verteilen wir Data-Becker-Programme umsonst dazu.»

Zwar mögen die Unterlassungsklagen in manchen Fällen einen gewissen Einschüchterungseffekt erzielen – man fühlt sich genervt und verfolgt und hört lieber auf. Auf Dauer und in den meisten Fällen jedoch drücken sie eher den Schwarzmarkt in die Breite, als daß sie ihn wirklich behindern – und gerade die klagenden Firmen dürften Opfer kollektiver Kleindealer-Rache werden. Zudem war kaum einer der Betroffenen bislang unvorsichtig genug, Widerspruch einzulegen und eine mündliche Verhandlung zu riskieren – mit allen möglichen Folgen von Geldstrafe bis Anwaltskosten. Ob allerdings im Falle eines solchen Falles ohne gigantischen detektivischen Aufwand nachgewiesen werden könnte, wie viele Programme der Delinquent tatsächlich verkauft hat, darf man bezweifeln – beim Urheberrecht zählt alleine der nachgewiesene Grad der Bereicherung an fremdem Gut.

Der Löwenanteil der heißen Ware wird durch solche Kleckerklagen ohnehin nicht berührt: 99,9 Prozent der Spiele kommen aus den USA – und viele Programme kursieren hierzulande im Schwarzmarkt, bevor sie überhaupt importiert werden. Die US-Firmen haben sich bislang noch nicht in das Gewirr transatlantischer Urheberrechtlichkeit gewagt, deutsche Lizenzvertreiber kämpfen umgekehrt mit den Tücken der amerikanischen Urheberschaftsgesetze.

«Wenn das erst mal losgeht», sagt ein ungenannt bleiben wollender Zivilrichter, dessen Kammer für zukünftige Software-Streitfälle vorgesehen ist, «dann gibt es einen Riesenkladderadatsch. Internationales Urheberrecht ist eine juristische Hölle ohne Ende. Und dann sehe ich uns schon über Programmausdruckfahnen gebeugt, auf der Suche nach den kleinen Unterschieden – ist das denn wirklich das originäre Programm des Klägers?

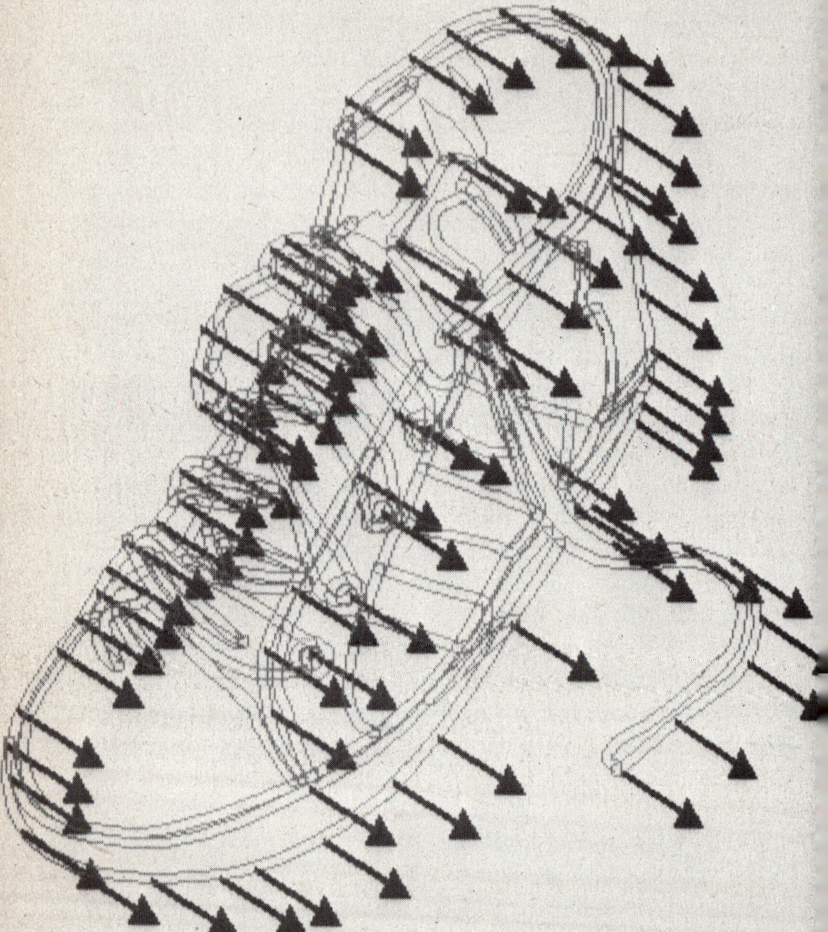

Die Knacker werden dann, mehr noch als jetzt, in den Programmen herumpfuschen – da rollt ein riesiger Wust von Sachverständigenfragen auf uns zu. Am Ende haben wir einen Computer im Gericht stehen, der analysiert, ob ein Programm mit dem anderen ursprünglich identisch war oder nicht.»

Dennoch: Nach anfänglichen Rechtsunklarheiten – noch 1981 verneinte das Darmstädter Landgericht die «urheberrechtliche Schutzwürdigkeit» von Spielprogrammen – sind die Fronten, zumindest für Unterlassungsklagen, heute geklärt. Die Computerindustrie könnte auf dem juristischen Felde mehr tun. Sie könnte klarere Lizenzverhältnisse schaffen und den Schwarzmarkt dann Stück für Stück aufrollen. Sie scheint so recht nicht zu wollen. Warum?

Um diesen Fragen nachzugehen, besuche ich die bundesdeutsche Zentrale von Atari. Die Firma residiert in einer schnuckeligen Backsteinvilla inmitten eines der gehobenen Hamburger Stadtteile. Drinnen wimmelt es von fulminant modisch gekleideten Sekretärinnen und jungen Typen mit Turnschuhen. «Wir geben keine Zahlen über den Verkauf heraus», hatte man mir als erstes am Telefon gesagt – ohne daß ich überhaupt ein solches Ansinnen stellte. Seit in der Presse wiederholt verbreitet wurde, die Computerindustrie sei existentiell in die roten Zahlen gerutscht – und besonders Atari stände das Konkurswasser bereits bis zum Hals –, sind die sonst so bilanzfreudigen Unternehmen schweigsam geworden. Gerüchte, so weiß man, machen das Geschäft: Setzt sich der Glaube durch, Atari mache demnächst Pleite, kauft sich niemand mehr einen Atari-Computer – er stünde ja, was Service, Peripheriegeräte und Software betrifft, bald im Regen damit.

Klaus Ollmann, der deutsche Generalmanager, empfängt mich persönlich – ein dynamisch-schnauzbärtiger Mittvierziger, von dem ich auf den ersten Blick annehme, daß er Pferde, dänische Kaminöfen, kleine Kinder und Spaziergänge am Meer liebt. Er kommt «aus der Platte», wie er sagt. «Und irgendwann so um die Vierzig hab ich mir gedacht: Du mußt noch mal was anderes machen im Leben als Schallplatten. Und dann habe ich Atari

Deutschland gemacht.» Mit dem Resultat, daß heute weit mehr als hunderttausend Kids den Namen «Atari» mit Videospielen schlechthin gleichsetzen. Atari IST Videospielen.

Anders als die übrigen amerikanischen Computerkonzerne, die auf dem deutschen Markt lieber «vernünftige» pädagogische und konkrete Anwendungs-Argumente (Textverarbeitung, Finanzbuchhaltung etc.) für den Kauf ihrer Computer ins Feld führen, hat Atari seine Werbung ganz auf Omi, Papa und den Söhnemann abgestellt, die im Wohnzimmer (bonbonfarben beleuchtet) vor Pac Man und Co total abheben. Das ist zwar realistisch und marktgerecht (schließlich spielen die meisten Kids überwiegend), für das Image aber eher ein Risiko. Die nach den Ergebnissen der Akzeptanzumfragen computerfeindlichen Deutschen finden zu 82 Prozent, daß «ein Spielcomputer die Kinder noch mehr Zeit vor dem Fernseher verbringen läßt, die sie für sinnvollere Tätigkeiten verwenden sollten». Dennoch: Atari-Computer haben die meisten Farben, den besten Sound und die höchstentwickelten Spielprogramme – darin sind sie der Konkurrenz weit voraus. (Um die Schleichwerbung offen zu machen: Ich würde jedem, der nur spielen will, einen Atari empfehlen.) Ataris firmeneigene Software-Abteilung, die überwiegend Spiele auf den Markt bringt, ist weitaus größer als die der anderen Konzerne.

Gleich am Anfang treibt das Gespräch unweigerlich auf die Imagefrage zu. «Wir haben schon vor ein paar Jahren eingesehen», erläutert Ollmann, «daß die reinen Ballerspiele ihre Grenzen haben. Das gab Probleme, nicht nur, weil es allmählich langweilig wurde. Niemand will ja als Kriegstreiber gelten. Wir mußten die Dinge also anders verpacken.»

Ob das denn nur ein Problem der Verpackung sei, frage ich dazwischen.

«Nun ja», antwortet Ollmann kopfschüttelnd – er ist diese Frage offenbar gewohnt –, «im Grunde sind es, seien wir mal ehrlich, doch immer Eliminierungsspiele. Das gilt doch nicht nur für die Videos, das ist doch bei jedem Brettspiel genauso. Entweder man wird gefressen oder stürzt ab oder ‹stirbt› auf irgendeine andere Weise. Das ist wohl so im Menschen drin, alles andere wäre schlicht langweilig. Können Sie sich irgendeine Art von Spiel vorstellen, die nicht auf Kampf beruht und dennoch spannend ist?»

Ich kann, ehrlich gesagt, nicht. Doch eigentlich will ich wissen, was die Industrie vom Schwarzmarkt hält. Ollmann holt tief Luft, zieht die Schultern nach oben und läßt sie mit einem hörbaren Seufzer fallen. «Wir werden da natürlich etwas unternehmen, besonders gegen ein paar größere Fische, wir haben auch schon einige Klagen angestrengt. Aber ganz verhindern kann man das nicht. Es ist ein Teufelskreislauf: Ein Spiel kostet in der Entwicklung weit über hunderttausend Mark. Da müßte man eine Menge verkaufen, um die Preise senken zu können. Solange die Kids schwarzkopieren, müssen wir teuer bleiben, und solange wir teuer bleiben, kopieren die Kids. Das ist einfach eine Frage des Unrechtsbewußtseins. Die betreiben das als eine Art Sport.»

Das klingt, als hätte Ollmann – und mit ihm die Computerindustrie – die Fahnen bereits vor dem Schwarzmarkt gestrichen. Ich zaubere meine Zahlen aus dem Hut. Kann ein Computerkonzern auf mindestens zweistellige Millionensummen verzichten? Herr Ollmann läßt meine vorsichtige Richtzahl – 1:10 gekaufte gegen schwarzerworbene Programme – unwidersprochen. «Wenn wir da einen oder zwei in die Pfanne hauen – und Sie müssen ja auch immer bedenken, daß das größtenteils Vierzehnjährige sind –, dann treiben die anderen es um so mehr – schon allein, um uns zu ärgern. Es sieht so aus, als ob wir bis zu einem gewissen Grad damit leben müssen.»

Herr Ollmann weiß, wie gefährlich eine juristische Offensive für das Bild der «coolen Ataris» werden könnte. Schließlich versucht die Firma, durch Clubleben und prompten Telefonservice bei Computerproblemen, durch Preisausschreiben und eine nette, freundlich wirkende Werbung die Kids bei der Marke zu halten. Nun ist es ein offenes Geheimnis, daß in den Atari-Clubs fröhlich schwarzgetauscht wird – aber wer möchte es denn schon mit den treuesten Kunden verderben? Ollmann erzählt von den neuen Versuchen von Atari, einen «Fuß in die Schulen reinzukriegen». Aber da hockt Commodore ziemlich dick drin, die seit Jahren schon ihre Computer zu Lehrzwecken verschenken – und deren

Image nicht so Videospiel-orientiert ist. Atari kontert mit Computer-Urlaubskursen für die ganze Familie im Club Mediterranée. «Da fliegen ein paar von unseren jungen Programmierern mit runter, machen Urlaub und bringen den Kids nebenher was bei. Wissen Sie, die Leute hier sind ja größtenteils von der Straße weg angeheuert, das sind keine Informatik-Profis, sondern alles begeisterte Computerfreaks. Das ist eine sehr lockere Atmosphäre, die kommen und gehen eigentlich, wann sie wollen, und da sitzt man schon einmal rum und spielt ein paar Spiele oder blödelt.»

Das Image ist der zentrale Punkt, auf den Ollmann immer wieder zurückkommt. Nächstes Jahr, so weiß er stolz zu berichten, bringt Atari ein «Labor-Modul» heraus. «Das kann ich an den Computer anschließen und messen, ob der Nachbar mir den Bach verschmutzt oder ob die Luft rein ist oder was auch immer. Das ist wieder ein Schritt auf dem Weg zu echter, praktischer Anwendung. Wissen Sie – wenn Sie heute hingehen und dem Verbraucher einen ECHTEN, PLAUSIBLEN Grund nennen können, weshalb er sich einen Homecomputer in die Bude stellen soll, würde Sie die Branche auf den Händen tragen – Sie wären ein gemachter Mann. Otto Normalverbraucher braucht da einfach Verifizierungsmöglichkeiten. Sehen Sie – die Krise der Computerindustrie, von der da allenthalben geredet wird, kann man doch an Atari bestens studieren. Atari baut ziemlich gute Computer, die aber einfach zu teuer geworden sind. Die Konkurrenz konnte mit billigeren, aber auch schlechter gebauten Dingern unterbieten – und wir brauchten eine Weile, um darauf zu reagieren.»

Hinter diesem Selbstlob stecken ökonomische Hardwares: Der mörderische Konkurrenzkampf unter den Computerfirmen hat zu extrem knappen Kalkulationen geführt. Die Vermarktung in der Klasse der kleinen Computer für den Hausgebrauch verlief, nachdem sich im Käuferbewußtsein allmählich ein gigantisches «Gebrauchswertloch» aufgetan hatte, nur noch entlang der Preisfront. Die Firmen verdienen an den Geräten selbst kein Geld mehr, weil sie versucht haben, im Boom durch Dumpingpreise möglichst große Marktanteile zu erobern – nach der Devise *«Who wins the first battle, wins the war»*. Sie hofften als Ausgleich auf Nachfolgeprofite durch Peripherie und – vor allem – Software.

Wahrscheinlich können sie lange hoffen. Die Kaufeuphorie der letzten zwei Jahre hat «einer gewissen Ernüchterung Platz gemacht», wie es in den Fachzeitschriften heißt. Im Klartext: Für die Generation über zwanzig und Computersysteme unter 5000 Mark – also alles, was nicht unmittelbar beruflich genutzt wird, fürs Management etwa, «ist der Markt dicht» – mangels Gebrauchswert. Das neue Wunderwerk hat sich als umständliche Ente herausgestellt, die der Konsument nicht mehr schluckt.

Ataris Management hat dieses Dilemma frühzeitig erkannt und sich dem Wettlauf in die Kaufhäuser einstweilen nicht angeschlossen – im ruinösen Kampf um das Portemonnaie von Papa Normalo blieben bislang schon einige Produzenten auf der Strecke (zum Beispiel Texas Instruments, das 1983 die Produktion ihres kleinen Heimcomputers wegen Millionenverlusten aufgeben mußte). Lieber weniger hohe Verkaufsziffern, dafür aber zufriedene Kunden, die «ihre Kiste nicht nach ein paarmal Rumprobieren in die Ecke stellen» – das ist Ollmanns Devise. «Man kann einen Riesenboom produzieren, zu Weihnachten hunderttausend Stück mit knalliger Werbung in den Markt drücken – und dann rutscht man ein paar Monate später in den Keller, weil die Leute zu Recht sauer sind. Sie sitzen zu Hause rum und wissen einfach nicht, was sie mit dem Ding anfangen sollen.»

Anstatt unseriöser Versprechen über die phantastischen Arbeitserleichterungen der Homecomputer (*«Kommen Sie nie mehr zu spät! Ihr Computer erledigt Ihren Terminkalender»*) hat Atari also gleich und ehrlich auf den Spielemarkt gesetzt. Nun sind die Väter vielleicht bereit, ihrem Sohn einen Blick in die Welten der Zukunft zu finanzieren – aber damit hat es sich dann auch. Damit aber mit dem durchschnittlichen Schüler-Taschengeld überhaupt gespielt werden kann, MUSS geknackt und gedealt werden. Die Konzerne sitzen in der Klemme: Gehen sie massiv gegen die Kleindealer vor, schneiden sie sich ins eigene Fleisch – sie ruinieren ihren guten Ruf bei den Kids und «schicken» noch mehr Geräte zum Verstauben in den Keller. In dieser Klemme hilft nur die

Moral: «Das ist doch alles eine Frage des öffentlichen Unrechtsbewußtseins», sagt Ollmann. «Daß die Kids sich da gar nichts Unrechtes bei denken – da müßte man in der öffentlichen Meinung ansetzen.»

Natürlich ließ er bei diesen Sätzen einen kleinen Seitenblick auf mich nicht aus. Nur fürchte ich, ich kann ihm nicht helfen. Selbst wenn ich es gemein fände, daß die armen Firmen um ihre wohlverdiente Rendite gebracht werden, sind die Argumente meines Dealers doch einfach erschlagend: «Ich steh nun mal auf Computer. Wenn ich nicht meine Programme tauschen und knacken könnte, würde ich das Hobby aufgeben, weil's dann einfach unbezahlbar wäre.»

Mit subversivem Bewußtsein oder «antimonopolistischer Renitenz» hat das Knacken und Dealen allerdings wenig zu tun – solch hehre Motive sind meist linke Wunsch- und Trugbilder. Auch wenn da manchmal Töne von Schadenfreude mitschwingen und wenn es Spaß macht, den Großen eins auszuwischen: Die Kids lieben ihre Firmen – und gerade deshalb organisieren sie ihre Bedürfnisse auf ihre Weise. Mein Dealer zum Beispiel stammt aus einer Generation, die mit Recht und Moral nicht allzu zimperlich ist, aber auch nichts Sensationelles oder Subversives mehr in verbotenen Dingen sieht. Er besitzt einen gesunden illegalen Pragmatismus, der mit den Kategorien antikapitalistischer Rebellion nicht mehr zu fassen ist: «Ich denke, in der Gesellschaft bescheißt doch jeder jeden, die Politiker die Leute und die Leute die Behörden. Das ist doch ganz normal. Man darf sich eben nicht erwischen lassen.»

Im Falle Computer und Videospiele ist eine solche Mentalität geradezu marktwirtschaftliche Notwendigkeit. Die Besen, die die Computerindustrie gerufen hat, wird sie nicht mehr los, weil sie auf ihnen reitet. Ohne Schwarzmärkte gäbe es keine Homecomputerschwemme, und selbst der seriöse Ollmann würde auf seinen Kisten sitzenbleiben.

Wer verbirgt sich hinter den Pseudonymen, die auf jedem im Schwarzmarkt kursierenden Spiel zu sehen sind? Ein normales

«Titelbild» – der Aufspann eines Spieles, bevor die Action beginnt – sieht beispielsweise so aus:

```
+++++++++++++++++++++++++++++++++++++++
+                                     +
+ FFFF RRR OOO GGGG GGGG EEE RRR  !!! +
+ FF   R R O O G    G    E   R R  !!! +
+ FFFF R R O O G    G    E   R R  !!! +
+ FFFF R R O O G GG G GG EEE RRR  !!! +
+ FF   RR  O O G  G G  G E   RR   !!! +
+ FF   R R O O G  G G  G E   R R      +
+ FF   R R OOO GGGG GGGG EEE R R  !!! +
+                                     +
+    programmed by Steve Morrison     +
+ Califormia, Sunnyvale 135423, 1983  +
+    ©by Imagination Software         +
+                                     +
+ Proudly  ©racked by Antischutz 1984 +
+                                     +
+    FREIHEIT FÜR ALLE PROGRAMME !    +
+                                     +
+++++++++++++++++++++++++++++++++++++++
```

Die Knackertarnnamen wiederholen sich: Da gibt es den extrem zahlreichen *Mam*, den *Antiram*, *Norbert Allgemeingut, Robin Bytewood, Knackarsch, Oleander, Unvincible brain, «friends of data becker»* – und einige andere mehr.

Es sind selten die dealenden Kids selbst, die die Programme für das unendliche Vervielfältigen «freimachen». Ein guter Programmknacker (nicht zu verwechseln mit dem «Hacker», der mit Hilfe eines Telefonmodems im Datennetz herumreist; die Knakkerszene verwendet Modems allenfalls für die schnellere Belieferung per Telefon – das Programm wird einfach überspielt) ist ein Experte, der dicht an der Computerindustrie dran-, wenn nicht gar in ihr drinsitzt. Einen Nebenverdienst durch den Schwarzmarkt hat er nicht nötig, das sture Kopieren würde ihm auch keinen Spaß machen. Es geht um liebevolles Handwerk. Knacken ist eine Leidenschaft, die ein hohes Berufsethos erfordert.

Einer von diesen Experten ist Manfred. Er war von Beruf Handelskaufmann, bevor er Mitte der siebziger Jahre «spürte, daß da was im Gange war mit den Computern. Da war das noch ganz neu. Ich hab mir das dann autodidaktisch beigebracht und bin drangeblieben, aus dem Hobby wurde also Beruf. Das ist dann so wie bei einer Ehe – da muß wieder Pfeffer rein, sonst wird es öde. Und irgendwann bin ich auf die Idee gekommen, die guten Programme aufzumachen. Das ist eine ziemliche Herausforderung. Ich mache sie auf und schenke sie den Kids, die ich kenne. Was die wiederum damit machen, ist mir egal.»

Manfred wohnt in einem luxuriösen Eigentums-Appartement im Frankfurter «Sonnenhügel» – einem terrassenförmigen Betonmonstrum, das Anfang der siebziger Jahre für den Versuch gerühmt wurde, Beton und Natur zusammenzubringen. (Der Versuch ist gelungen – auf jeder Terrasse wurden wuchtige Blumenkübel installiert.) Während er mir die große Wohnung zeigt, entschuldigt er sich: «Die ist natürlich für ein Einzelwesen zu groß. Bis vor vier Wochen hat hier noch meine Freundin gewohnt, aber wir haben uns auseinandergelebt – ich hockte ihr immer noch zuviel am Computer.»

Manfred ist also auch einer der «Computerwitwenproduzenten». Obendrein ist er einer der wenigen firmenungebundenen, freischaffenden Programmierer, die sich auf dem Markt behaupten können – das verdankt er der Tatsache, daß er von Anfang an dabei war. «Da zählen natürlich, wie überall, die connections – die hat man natürlich nach so vielen Jahren.» Im Moment entwickelt er bei Siemens Schutzvorrichtungen für ein größeres Datensystem. «Da bau ich's ein – hier bau ich's aus – eine ideale Ergänzung.»

Ich möchte den leidenschaftlichen Meister in Aktion sehen. «Nein, nein, das wird dich langweilen, es ist leider nicht sehr spannend», sagt er, ganz der Bescheidene. Aber dann läßt er sich doch dazu überreden, mir eine Kostprobe seiner Kunst vorzuführen. Zuerst lädt er «eine kleine utility» (ein Hilfsprogramm) in seinen

Atari. Dann zeigt er mir eine Diskette. «Das hier ist ein ungeknacktes Spiel. Es ist schon ein Jahr alt, ich weiß also, daß es wahrscheinlich den ‹klassischen› Schutz hat – zerstörte Sektoren, die in der Laderoutine abgefragt werden.»

Ein Programm ist nichts als eine Aneinanderreihung von Befehlen, die vom Computer nacheinander gelesen werden – liest aber der Lesekopf auf der Diskette (die mit einer Schallplatte zu vergleichen ist) eine für ihn unverständliche Stelle, schaltet er ab. Mit diesem Effekt arbeitet der «klassische Schutz»: An bestimmten Stellen der Diskette werden Abschnitte «zerhackt», die bei jedem Kopierversuch zum «Absturz» des Programms führen. Lädt man jedoch das Programm, OHNE es zu kopieren, in den Computer, «checkt» es die Fehler durch eine eingebaute Abfrage am Anfang, die dem Computer sagt: Da und dort mußt du eine unverständliche Botschaft erhalten, nur dann darfst du weitermachen.

Manfred läßt jetzt sein Hilfsprogramm, das inzwischen im Computer geladen ist, anlaufen und schiebt die vorläufig noch «verrammelte» Spieldiskette in den Schacht. «Hier hat sich die Knackergemeinde richtig Mühe gegeben», kommentiert er, «eine wirklich komfortable Knackhilfe.»

In der Tat verfügt das «Knackhilfsprogramm» über ein richtiges kleines Menu – jenes Frage- und Antwortspiel, mit dem der Computer den Benutzer nach seinen Wünschen befragt. Da steht zum Beispiel: «Wie viele Kopien?» und «Geknackte Sektoren reinbauen (ja/nein)». Und so weiter. Auf die Frage, woher das Programm denn stamme, sagt Manfred: «Geknackt. Wahrscheinlich stammt es ursprünglich von einer Softwarefirma. Die blicken manchmal selbst nicht mehr durch, wie sie ihre Programme geschützt haben, da gehen dauernd Softwarefreaks zur Konkurrenz und nehmen ihr Geheimnis mit. Also brauchen sie was, womit sie wieder rankommen. Die Knackgemeinde hat das Programm dann aufgemacht und so lange verbessert, bis auch der normale Computerfreak etwas davon hat.»

Jetzt huschen rasend schnell Zeichen über den Schirm. «Mein Hilfsprogramm liest jetzt direkt in das Spielprogramm hinein, in den Hexadezimalcode», erklärt Manfred. «Man kann zwar einiges machen, um den Computer zu verwirren und bei einem Kopierversuch zum Aufgeben zu zwingen. Aber eins kann man nicht: GAR NICHTS auf die Diskette schreiben. Dann gäbe es nämlich kein Programm. Und wenn ETWAS auf der Diskette steht, kann man es auch irgendwie lesen. Mit diesem Programm hier kann man in die Diskette ‹reingucken›, quasi den ‹Urtext› lesen ...»

In diesem Moment ertönt ein Piepser, die Worte «zerstörter Sektor lokalisiert» leuchten auf dem Bildschirm. Manfred drückt einen Knopf, die Zeichen erscheinen wieder, es piepst noch zweimal, dann ist die Diskette «ausgelesen». Nun macht er etwas, was ich nicht erwartet hätte: Er nimmt einen Schraubenzieher und schraubt die Verkleidung vom Diskettenlaufwerk.

«Goldenes Handwerk», sagt er, «jetzt greifen wir auf die Gesetze der guten alten Mechanik zurück. Hinten im Laufwerk ist ein Potentiometer, das die Umdrehungszahl des Motors, der die Diskette dreht, kontrolliert. Wenn ich die Umdrehungszahl genügend heruntersetze, liest der Computer den Sektor, auf dem sich gerade der Lesekopf befindet, als zerstört. Das speichern wir in die Kopie rein – das macht alles das Hilfsprogramm –, und dann ist der Kuchen fertig. Wir haben eine spielfähige Kopie. Das EIGENTLICHE Knacken fängt allerdings jetzt erst an: Man muß sich allmählich in das Programm vortasten, seinen Aufbau kapieren und dann die Sprung- und Fehlerstellen rausbasteln. Erst wenn das geschafft ist, kann man es unbegrenzt weiterkopieren, ohne jedesmal das Laufwerk aufschrauben zu müssen.»

Ich habe nicht alles verstanden, was Manfred mir während eines langen Nachmittags erklärt und gezeigt hat – obwohl er sich Mühe gab. Ich habe vor allem eins begriffen: Knacken ist eine Fleißarbeit, zu der man bei den komplizierteren, neuen Schutzvorrichtungen auch Intuition und eine Portion Glück braucht. Und daß es zwei verschiedene «Knackarten» gibt, die auch die unterschiedlichen Intentionen der Knacker verraten. Bei der «faulen» Methode wird mit Hilfe eines raffinierten Kopierprogramms (nicht zu verwechseln mit der gerade geschilderten Knackhilfe) das Programm MIT SCHUTZ kopiert. Es existiert dann zwar zweimal, jedoch sind beide Kopien nach wie vor nicht einfach weiterkopierbar. Diese Methode wird – so Manfred – von «Kohleziehern» angewandt. Das sind Software-Händler (oder Experten, die mit den Händlern zusammenarbeiten), die die kopierten Programme zum vollen Preis weiterverkaufen.

Dieses «Pseudoknacken» ist jedoch nicht Manfreds Sache. Er ist einer der «Echtknacker», die sorgfältig, manchmal in nächtelanger Fleißarbeit, die Schutzvorrichtungen aus dem Programm «ausbauen», bis es durch einen einfachen «SAVE»-Befehl vervielfältigt werden kann. Sie verändern also das Programm selbst, und dazu müssen sie seine Strukturen kennen, eine Sprunganweisung von einer Graphikroutine unterscheiden können. «Bei den neueren Tricks wird es etwas schwieriger. Da zerstört sich das Programm, wenn du an der falschen Stelle operierst. Oder die Software verändert den ganzen Computer, macht ein ganz neues Betriebssystem hinein. Du stehst quasi vor einer neuen Kiste. Und du mußt die ‹alte› Kiste verdammt gut kennen, wenn du da reinkommen willst.»

Manfred erzählte mir noch von seinen amerikanischen Freunden, die neu auf dem US-Markt erscheinende Spielprogramme sofort «aufmachen» und über Telefon oder Satellit durchtelefonieren. «Ich sitze dann bei Siemens rum und popele an den Passwordcodierungen für deren System. In einer Pause reserviere ich mir ein bißchen Datenzeit und lasse mir ein neues Spiel über den Teich geben. So was macht schon Spaß, das muß ich zugeben.»

Zum Abschied frage ich ihn, ob nicht am Ende die Firmen doch am längeren Hebel sitzen könnten. Ich verweise auf Gerüchte, die allenthalben in der Computerszene umherschwirren: In der nächsten Zeit sei mit einem absolut unknackbaren Schutz zu rechnen.

Da muß er ganz enorm grinsen. «Wär ja ganz gut, wenn da endlich was käme, was die Sache wieder spannend macht. Aber es ist immer das gleiche: Da tüfteln einige gute Leute – so wie ich, Entschuldigung – einen neuen raffinierten Schutz aus. Und dann sitzen hunderttausend ebenfalls gute Leute – auch wie ich, noch mal Entschuldigung – dran, das Ding wieder abzuschaffen. Außerdem gibt es in der Computerbranche eine wahnsinnige Mobilität, in Amerika wechselt der normale Programmierer andauernd seinen

Job – und nimmt seine Geheimnisse mit. Wenn er nicht gut auf seine alte Firma zu sprechen ist, wird er damit nicht hinter dem Berg halten.

Du mußt dir das vorstellen wie einen planetaren Wettbewerb zwischen «oben» und «unten», zwischen den vielen und den wenigen. Die vielen gewinnen am Ende doch. Du bist doch bestimmt Sympathisant der Grünen. Stell dir das Ganze einfach als ökologischen Kreislauf vor. Oben sitzt die Macht, da wird gedrückt und geschoben. Und unten ziehen die Leute dran, so gut sie eben können. Die Besten von den Unteren wandern natürlich nach oben, aber auf die Dauer findet DOCH eine echte Machtverschiebung zugunsten der breiten Masse statt. Die Computer würden sich ohne diesen Prozeß niemals massenhaft durchsetzen lassen. Dieser Kampf nimmt die Angst vor dieser Technik, ist ein Teil von ihrem unaufhörlichen Vormarsch – eine Art ‹Verdauungsprozeß› könnte man das nennen, ja, die Gesellschaft verdaut die Computer, indem viele einzelne illegal, außerhalb der Norm an ihnen herumbasteln.»

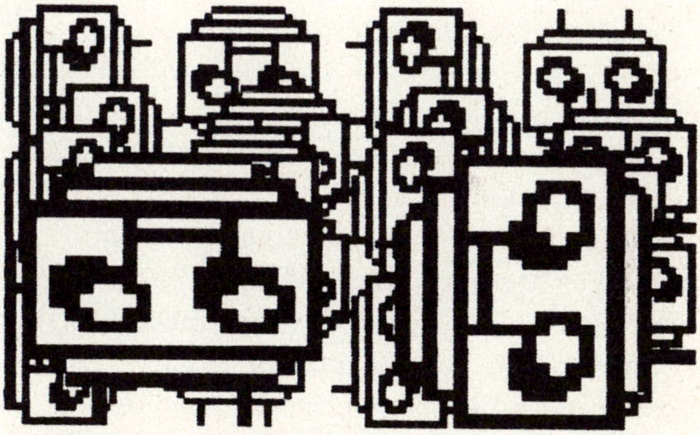

COMPUTERWITWE – Die andere Seite der Leidenschaft

«Ich weiß nicht, ob es im Grunde wirklich der Computer war. Das Ding war wohl eher ein Auslöser, der einfach in Manfreds psychische Strukturen paßte. Es hat seine Neurose, seine Realitätsuntüchtigkeit verstärkt.»

So redet Marianne, vier Monate nachdem sie sich von Manfred getrennt hat und aus der gemeinsamen Wohnung ausgezogen ist. Marianne ist 29 Jahre alt und Psychologiestudentin. «Ich mag ihn immer noch», sagt sie, «aber es ging nicht mehr. Zum Schluß kam ich mir vor wie ein lästiges Element auf seinen Schaltkreisen, wie ein Störfaktor, der ständig nur Unordnung schafft. Das fing schon vor Jahren an, als er sich auch noch einen Computer für zu Hause kaufte – damals fand ich das alles selbst noch spannend. Er wurde immer abwesender. Wenn ich mit ihm reden wollte, hörte er nicht zu. Aber das ist ja ganz normal bei Computerfreaks. Ich hätte es noch irgendwie ertragen können. Was mir wirklich auf die Nerven zu gehen begann, war seine totale Isolation. Er ging nicht mehr aus dem Haus, vernachlässigte unsere gemeinsamen Freunde. Und wenn ich jemanden mit nach Hause brachte, war er total mißtrauisch und eifersüchtig. Da gab es ständig Krach.»

Was muß, ihrer Meinung nach, Manfred für ein Mensch sein, daß er so anfällig ist für solches Computer-Suchtverhalten?

«Er ist im Grunde ein ungeheuer scheuer, introvertierter Mensch. Er hat nur mühsam gelernt, aus sich herauszugehen. Er hat immer Selbstwertschwierigkeiten gehabt, hat sie durch viel zu viele Bekannte kompensiert, und dann, als er dreißig wurde, geriet er in die Krise, weil er spürte, daß das alles dennoch oberflächlich geblieben war. Er hat immer ungeheuer viel Nähe gebraucht, weil er unfähig war, Distanz zu ertragen. Er litt ständig an sich selbst, wurde immer furchtbar philosophisch, daß der Mensch im Grunde immer ganz einsam ist und so – ich mochte gerade diese philosophischen Momente an ihm.»

«Aber ist es dann nicht geradezu absurd, daß er sich auf den Computer stürzt?»

Sie zögert ein wenig und sucht nach Worten. «Ja und nein. Es ist, als müßte er sich irgendwie zusammenhalten. Er braucht ein logisches System, in dem sein Weltschmerz nicht dauernd hochkommt, seine Depressivität. Er hat sich in dieses logische System wie ein Berserker reingestürzt, weil er das Gefühl hatte, nicht fallengelassen zu werden. Das hat natürlich irgendwas mit frühkindlichen Erlebnissen zu tun ...»

«Na, na, Marianne, jetzt wirst du aber arg psychologisierend.»

Da wird sie etwas böse. «Ich habe das doch erlebt», sagt sie. «Das war eine richtige Regression. Er saß manchmal am Computer und lutschte am Daumen, ohne es zu merken.»

«Jetzt übertreibst du aber.»

«Nein, ich übertreibe nicht. Ehrlich. So war es. Und einmal hat er mir gesagt, daß irgend etwas in ihm seinen Hormonspiegel und seinen Blutdruck und sein ‹emotionales Potential› – so hat er es genannt – mißt, wenn er mit mir schläft. So, als sei ein Rechner in ihm drin, der das alles ständig mitschreibt, in Zahlenkolonnen. Da bin ich ausgeflippt.»

«Und jetzt haßt du die Computer?»

«Nein. Sie sind es nicht. Auch ich habe manchmal Lust auf klare Logik und irgendwie geordnete Welten. Aber ich könnte nie NUR noch darin leben. Dazu muß man irgendwie kaputt sein. Ein bißchen zumindest. Manfred ist ja einfach nicht mehr zurückgekommen, das war es ja.»

«Was empfiehlst du ihm?»

Da überlegt sie lange. «Entzug», sagt sie. «Wie bei einem Drogenabhängigen. Er sollte einen Garten machen. Obwohl – wahrscheinlich würde er dauernd im Kopf ausrechnen, welche chemischen Verbindungen in den Pflanzen drin sind. Oder irgend so was. Er würde alles analysieren, bis nichts mehr da ist. Bis er nichts mehr wirklich SEHEN kann.»

Subroutine 5

Johnny war immer schon ein Fan von allem, was der Obrigkeit zu schaffen machte. Ich glaube, es war die Existenz dieses Schwarzmarktes, die ihn (neben seinem völligen «Abfahren» auf Videospiele) schließlich dazu brachte, sich einen Homecomputer anzuschaffen. Das war zu der Zeit, als mich die Spiele zu langweilen anfingen. Es gab einfach zu viele davon, man kam zu billig an sie heran.

«Paß nur auf», sagte er. «Das wird noch lustig. Wenn die ersten Freaks eigene Programme machen, die dann in Hülle und Fülle geknackt werden – dann haben wir den Salat.»

«Salat?»

«Ja. Kannst du dich nicht an die berühmte Raubdruck-Debatte erinnern? Anfang der Siebziger wurden wie wild Bücher geklaut und billig nachgedruckt. Dann gab es linke Verlage – und ZACK drohten die mit dem Kadi, wenn eines ihrer Bücher geraubdruckt wurde.»

«Bis irgend jemand aus dem alternativen Lager Programme schreibt», sagte ich, «müssen wir noch lange, lange warten.»

«Glaube ich nicht. Es gibt sogar schon Leute aus unserer Szene, die selbst Computer BAUEN.»

«Bauen? Hast du nicht mal gesagt, so was könnten nur riesige Konzerne?»

Statt einer Antwort gab er mir eine Telefonnummer.

6000 rem Koppelungsschleife

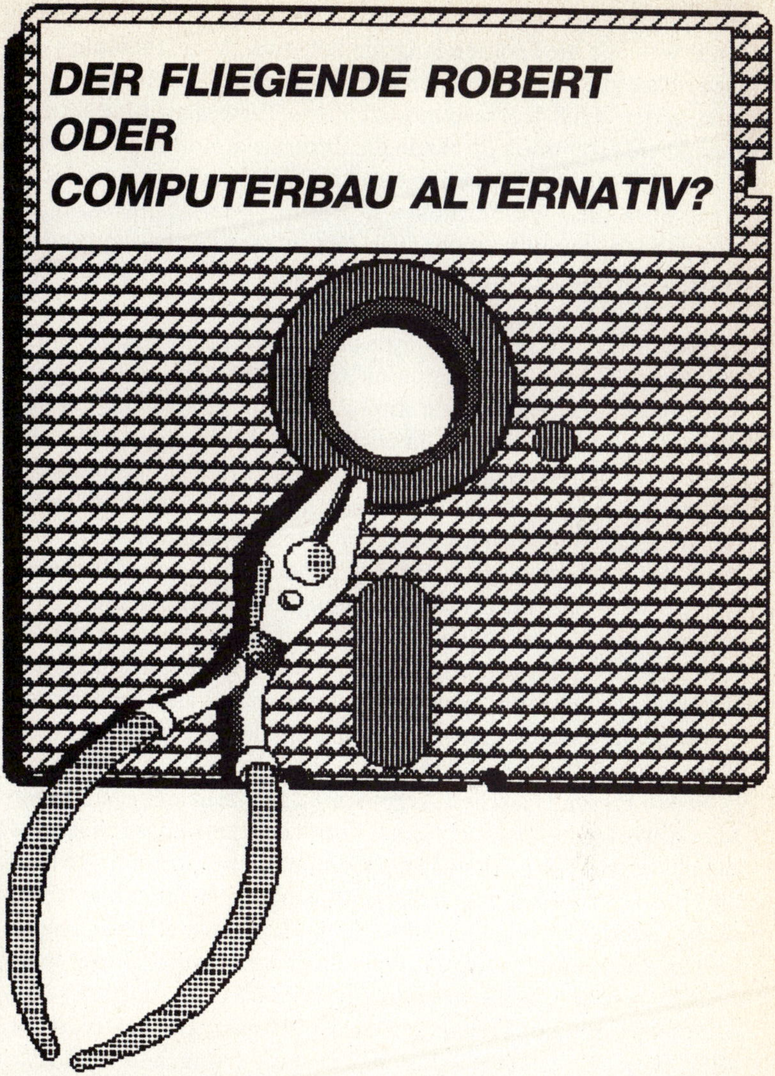

«Ich komme mir manchmal vor wie die Kids in den Fünfzigern, die in irgendwelchen Garagen an Papis Ford rumbastelten, als noch alle Welt Angst vor Autos hatte.» (Horst, 32, Softwarespezialist)

Computer und Alternativprojekte – das beißt sich immer noch. Zwar weichen die Fronten langsam auf, zwar ist die radikale TAZ inzwischen die hochtechnisierteste Tageszeitung der Bundesrepublik, geben TAZ-Korrespondenten ihre Texte über Modem und Hand-held-Computer direkt an die Zentrale in Berlin, zwar gibt es einige Kollektive, in denen mit und an Elektronik gearbeitet wird – wie etwa die «Wuseltroniks» in Berlin –, der Mainstream des alternativen Sumpfes aber verklärt weiterhin bodenständige Handarbeit und will mit Chips nichts zu tun haben.

Gerade Alternativprojekte wären dabei ein ideales Terrain für die ordnende «Hand» der Computer. Gerade die langweiligen, sich wiederholenden Tätigkeiten in der Verwaltung bewältigt er mit Bravour – und gerade auf diesem Gebiet ist die alternative Arbeitsmoral oft glattweg überfordert. So ist es meist die Buchhaltungsfraktion eines Projektes, die sich mit der Idee, einen Computer anzuschaffen, herumzuschlagen beginnt. Aber o weh: Der Rest des Kollektivs geht mit an Sicherheit grenzender Wahrscheinlichkeit auf massiven Ablehnungskurs. Argumente gibt es genug: Benutzt man Mikroelektronik, wird man abhängig von den Konzernen, entfremdet sich vom sinnlichen Bezug, preßt alles in Datenschablonen und wird früher oder später zum seelenlosen Technokraten, läuft schließlich Gefahr, alles nur noch in Input-Output-Kategorien zu sehen.

Neben diesen typischen Argumenten (die einen abgrundtiefen Minderwertigkeitskomplex gegenüber einer harmlosen Maschine signalisieren – als wenn mit dem Computer ein blindwütiger Diktator ins Haus käme, gegen den man sich nicht wehren kann) gibt es aber auch gewichtige reale Probleme: Jemand muß den Computer bedienen, und er muß das regelmäßig und sorgfältig tun, sonst schafft die neue Technologie mehr Probleme als Vorteile. Nur noch selten gilt jene Devise von der Null-Arbeitsteilung, nach der JEDER in der Gruppe mit dem Computer umgehen muß (das würde im «Ernstfall» ein heilloses Chaos produzieren). Aber zumindest VERSTEHEN möchten alle das Gerät. Daran – am Selbstvertrauen in die eigenen Fähigkeiten, einen Computer zu begreifen, und an fähigen Computermenschen im alternativen Bereich – mangelt es gewaltig. Es ist keine billige Prophetie, für die nächsten Jahre einen Boom an «Computerwissen, für Alternative leichtgemacht» zu wittern. Informatiker aus dem linken Lager dürften bald mit Stellenangeboten überhäuft werden (Standard-Kleinanzeige: «Alternativprojekt sucht fähigen Computerfreak, der nicht nur mit Daten, sondern auch mit Psycho umgehen kann und mit ziemlich wenig Geld zufrieden ist. Dringend!»).

Ist es denn PRINZIPIELL denkbar, die Wunderwelt der Bits und Bytes im «anderen Sinne» anzuwenden, kreativ mit dieser Technologie umzugehen? Ist ein alternatives Computerkollektiv eine Absurdität, ein Widerspruch in sich? Verblödet man nicht schon durch die notwendige Informatik- oder Mathematikausbildung so weit, daß einem das Erträumen von sozialen Utopien gründlich vergeht? Die Frage ist zentral, von ihrer Beantwortung hängt die Bewertung der Mikroelektronik (für mich jedenfalls) ab. Man kann sicherlich als Laie fasziniert sein und auf ein Bildschirmterminal starren, als handele es sich um die Inkarnation des Teufels oder eine Erscheinung aus einer anderen Welt. Man kann auch eine Weile zum Freak werden und – jenseits der alternativen Sozialzusammenhänge – auf Computer «abfahren». Aber gibt es darüber hinaus auch echte, ganz praktische Aneignungsmöglichkeiten im alternativen Sinn? Wäre es am Ende gar möglich, die Computerproduktion selbst zu verwalten – wie das bei Möbeln, Kleidern, Kräutern und sogar Fahrrädern schon passiert?

Johnnys Telefonnummer hat mir bei der Beantwortung dieser Frage ein ganzes Stück weitergeholfen. Dabei wußte er selbst nicht genau, worum es sich handelte. «Leute im Taunus, die irgendwas mit Computern machen, richtig geschäftlich, aber irgendwie auch alternativ» – so war seine Formulierung. An einem feuchtvernieselten Novembertag setze ich mich in die S-Bahn und fahre hinaus nach Eppstein, einem kleinen Ort im Vordertaunus voller schöner alter Taunusvillen der Frankfurter Fachärzte und Staatsanwälte. Ich erwarte Weißkittel, die in einem kleinen Labor angestrengt über Ausdruckfahnen gebeugt sind, ein bißchen progressiv-dynamisch zwar, aber im wesentlichen aufs Geschäft aus.

Das Taxi läßt mich am Ortsrand des letzten Eppsteiner Vorortes auf einem schlammigen Feldweg zurück, der in den Innenhof einer halbverfallenen alten Mühle führt. Ringsherum wächst dichter Wald auf den steilen Taunushängen. Zwei schmuddelige kleine Kinder wühlen vergnügt in feuchtem Sand, Hühner und Enten gackern umher, sonst scheint niemand zu Hause zu sein. Das Haupthaus ist intakt und renoviert, im Erdgeschoß finde ich eine Küche mit Biobrot, der TAZ auf dem rotkarierten Tischtuch und Anti-Atomkraft-Postern an der Wand. Dahinter zwei warme Stuben mit wunderschön verschnörkelten Gußeisenöfen, dunkel gebeizten Deckenbalken, indischen Tüchern an der Wand und der üblichen Bücherwand (Ende, Eco, Kursbuch) neben einem Fenster, das auf den Mühlbach und einen winterlich-struppigen Kräutergarten hinausgeht. Es riecht nach Holz, Räucherstäbchen und Kleinkindern.

Die «Weißkittel» finde ich schließlich in einem Nebentrakt, einem alten Lagerhaus. Sie sind gerade bei der Arbeit. Die Etage sieht aus wie die Werkstatt Daniel Düsentriebs: riesige Wände mit Schächtelchen bis zur Decke, Kilometer von Kabeln, die sich überall über den Boden schlängeln, kleine Geräte mit Tastaturen, die geheimnisvoll vor sich hinzischen. Und in einer Ecke fünf, sechs, acht Terminal-Bildschirme, auf denen grüne Zahlenkolonnen ihr endloses Wesen treiben.

Zweimal Horst und einmal Hermann – das ist der harte Kern des Computerprojektes «Blue Bazoobi». Der freakige Phantasiename ohne spezielle Bedeutung wird am Telefon, gegenüber den überwiegend «seriösen» Geschäftspartnern, nicht genannt. Dort heißen die Düsentriebs «Gesellschaft für Sonder-EDV-Anlagen». Auf der dezentgrauen Visitenkarte steht als Untertitel: Hardware + Software – Entwicklung/Innovation.

Was «Blue Bazoobi» macht? Ganz einfach. Das Projekt «erfindet» und baut Computer. Die kleinen tragbaren Terminals mit Tastatur und einer Flüssigkeitskristallanzeige, die mir von den Seiten eines Farbprospektes entgegenlachen und im Kabelgewirr im Dauertest Druckluftventile steuern, sind von A bis Z von den Bazoobis entworfen und per Hand hergestellt. Sie sind teuer,

20000 Mark das Stück. Es gibt sie nur in einer Auflage von 50 Stück auf der ganzen Welt. «Schließlich haben wir keine Lust, uns hier ein Fließband hinzustellen», sagt einer der Horsts.

Blue Bazoobi hat sich kleine Marktlücken im Computergeschäft erobert – Anwendungsgebiete, die für die Großen der Branche unrentabel sind, weil dort keine großen Stückzahlen abgesetzt werden können. Die Geräte der «50er-Serie» sind für einen einzigen Spezialzweck entwickelt: zur Prüfung von Mikrofiltern. Diese Filter, in medizinischen Labors auf Bakterien angesetzt, sind so teuer, daß sie regelmäßig präzise auf ihre Durchlässigkeit geprüft werden müssen – haben sie ein Loch, müssen sie sofort ausgetauscht werden, sind sie noch dicht, darf man sie auf keinen Fall wegwerfen, denn sie kosten sechsstellige Summen. Der Bazoobi-Rechner protokolliert die mittels Druckluft ermittelten Durchlässigkeits-Werte auf einem eingebauten Drucker, führt auf dem Flüssigkeitskristall-Streifen einen «Dialog» mit dem Prüfer und läßt sich bequem in einem Koffer transportieren. «Einer steht in Singapur, einer in Brasilien, zwei in China», sagt Hermann Müller nicht ohne Stolz, «wir müssen uns da schon auf internationalen Standard einlassen, sonst läuft es nicht.»

Horst Müller, mit knapp vierzig der Älteste der Crew, ist der «Manager» der Gruppe, er regelt die Außenkontakte und ist «ein bißchen geschäftstüchtig», wie er sagt. Er ist ein typischer Aussteiger: Von Haus aus Elektrotechniker, arbeitete er Jahre in einem Ingenieurbüro, bis er keine Lust mehr hatte, «ewig am Papier zu hängen». Auch der zweite Horst – er sieht eher aus wie ein linker Lehrer als wie ein Elektronikspezialist – ging zunächst den klassischen Weg einer Ausbildung bis zu Ende, bevor er nach anderen Pfaden suchte. Hermann, der Programmierspezialist im Team, blaß und mit Ringen unter den Augen, studierte Informatik, machte danach die «typischen IBM-Jobs» und schließlich eine Fahrlehrerausbildung. «Da wollte ich ganz weg von diesem Zeug.» Inzwischen ist er, wie die anderen, der Meinung, daß man «das Ding auch weiterentwickeln sollte, das man gelernt hat. Also keine Flucht irgendwohin, wo man keine Ahnung hat.»

So selbstverständlich ist eine solche Haltung nicht, schließlich

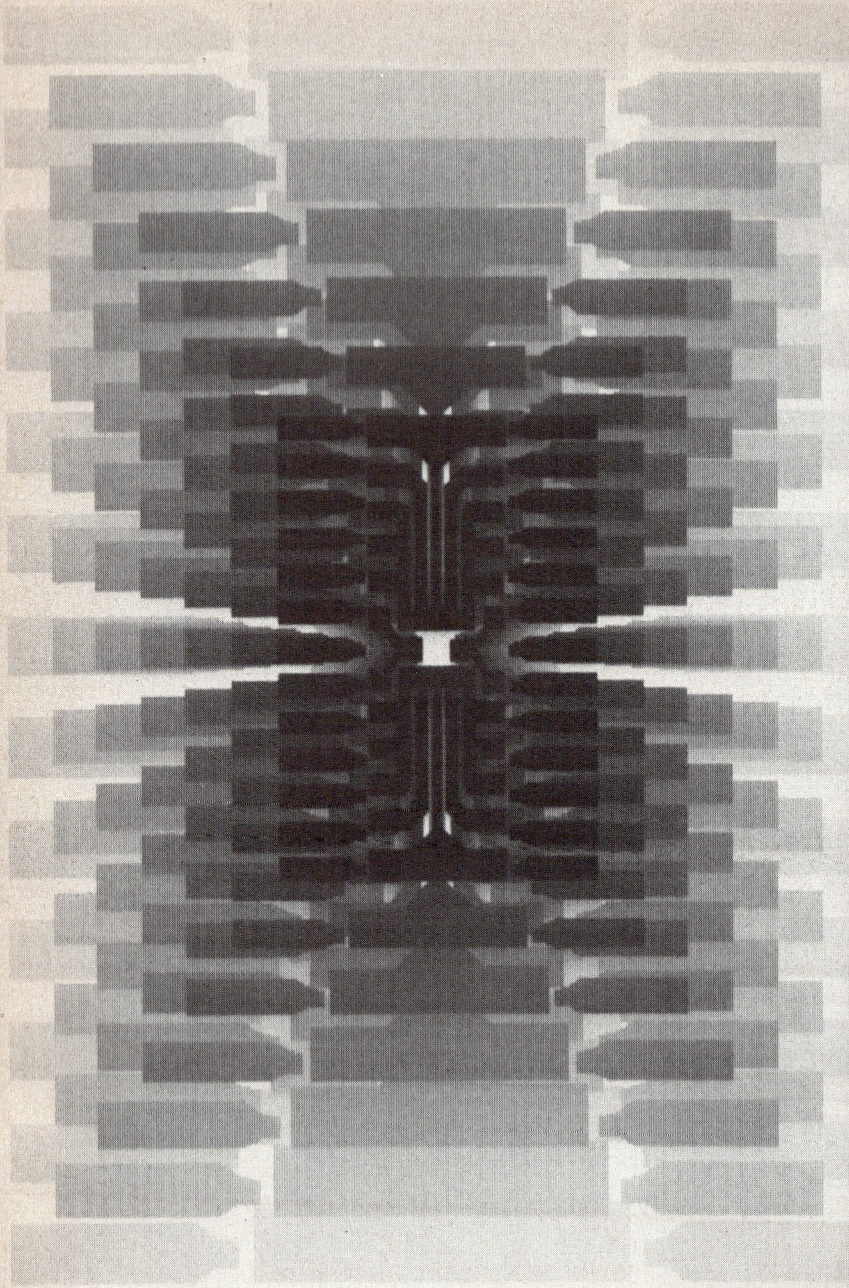

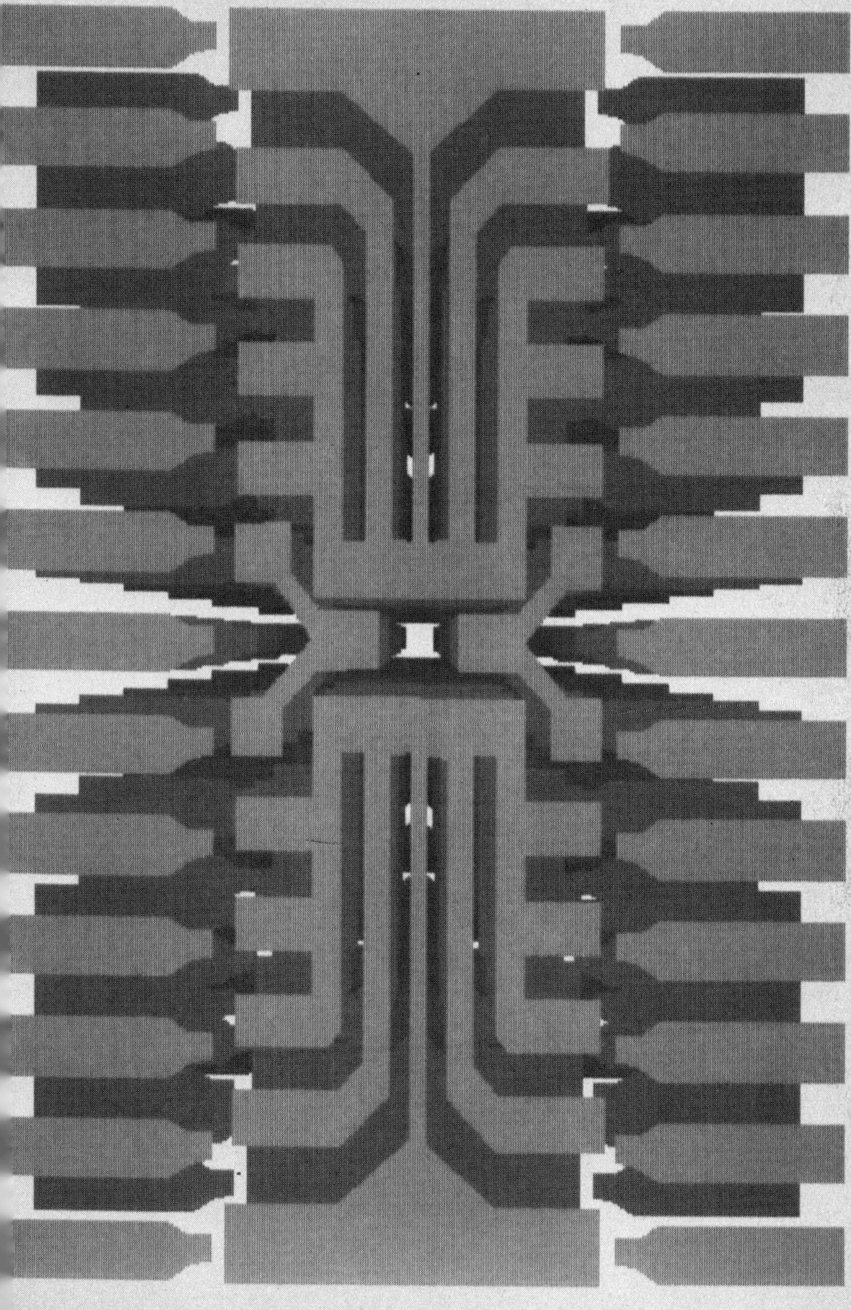

kranken die meisten Alternativprojekte immer noch am Qualifikationsdefizit ihrer Mitglieder, die irgendwann beschlossen, Studium oder Ausbildung hinzuschmeißen und «etwas ganz anderes» zu versuchen. Auch als im Zuge der Alternativbewegung bastelnde Handarbeit in Mode und Qualifikation, vor allem spezialisiertere, in Verruf kam, blieben die drei ihrer mathematisch-naturwissenschaftlichen Ader treu. Sie sind leidenschaftliche Profibastler, die BEIDES wollen – Kreativität und theoretisches Verständnis auch komplizierter Sachverhalte. So erzählt Hermann nostalgisch verklärt von der «Autoschrauberszene», in der er sich als Jugendlicher bewegte, von der Faszination, ein Auto zu begreifen, zu zerlegen und neu zusammenzubauen, dem Prestige, das man durch diese Fähigkeit erhielt, und dem Mißtrauen der Eltern, die das alles suspekt fanden. «Das mit den Computerkids», sagt er, «ist dasselbe wie mit uns damals in der Garage. Auf einmal fuhren wir die wildesten Schlitten, und manche Alten hatten noch nicht einmal einen Führerschein. Das machte die völlig krank.»

Die Geschichte von Blue Bazoobi ist auch die Geschichte der Schwierigkeiten, die die Kapitalkonzentration in der Computerindustrie kleinen Initiativen, die mit dieser Technik arbeiten wollen, auferlegt. Die Investitionen für die «Entwicklungsrechner» – die Rechner also, auf denen der zu entwerfende Computer simuliert, «vorgebaut» und programmiert wird – sind enorm hoch. «Normalerweise», sagt Horst Müller, «machen die guten Leute Erfindungen, und die Konzerne machen das Geld. Und jemand, der etwas von Computern versteht, muß schon deshalb in die Industrie, weil nur dort die notwendigen Entwicklungscomputer zu finden sind.»

Doch nach einigen Jahren «Krebsgang» haben sich die Bazoobis in ihrer kleinen, aber gerade darum gesicherten Marktlücke stabilisiert. Ihr Terrain ist für die großen Firmen wenig lukrativ, weil sich dort keine großen Stückzahlen absetzen lassen. Die Schulden sind fast abgebaut, die Aufträge gesichert. Vor allem das Filterprüfgerät hat sich als Erfolg erwiesen, ebenso wie die elektronische Steuerung einer Rohrpostanlage. Die drei verdienen an die 5000 Mark im Monat – pro Person. Das meiste von diesem vielen Geld geht in die Abzahlung der Mühle, die sie zusammen mit fünf Freunden für eine dreiviertel Million Mark gekauft haben.

Von Hermann, dem Programmierfreak, lasse ich mir die «Geburt eines EPROM» zeigen – die Bazoobis kaufen in größeren Mengen Rohchips und «brennen» sie selbst. Ein Maschinencode aus Buchstaben und Zahlen zieht in einer endlosen Kolonne über den grünen Schirm. Hermann legt den rohen Chip ein (Stückpreis: 7,50 Mark), der Rechner spotzt und stottert ein wenig und meldet sich nach dreißig Sekunden mit «ROM programming ready». Ich sehe auf dem Chip keine Veränderung, auch mit der Lupe nicht.

Ob ihre Filterprüfcomputer nicht in gentechnischen Labors für allerlei Schweinereien einsetzbar sind, frage ich hinterlistig.

Diese Diskussion ist ihnen nicht fremd. «Wir müssen damit leben, daß so etwas theoretisch möglich ist, aber soweit wir es wissen, läuft so was nicht. In erster Linie sind diese Dinger eh dazu da, uns auf Dauer Luft für Sachen zu verschaffen, die wir EIGENTLICH machen wollen.»

Und was wäre dieses «eigentlich»?

Da geht ein sattes Grinsen über die Gesichter der drei, und sie fangen an, über ihr neuestes Projekt zu erzählen: «Die Bürgerinitiativen haben ja das Problem, daß sie ihre Schadstoffmessungen – zum Beispiel über einem Kraftwerkschornstein anläßlich des sauren Regens – nicht beweisen können. Sie kommen mit einem Meßwert zu einer Behörde und sagen: ‹Hier wird zuviel Schwefeldioxid ausgeblasen.› Worauf die Behördenfritzen antworten: ‹Da kann ja jeder kommen und irgendwelche Zahlen auf den Tisch legen.› Genau dieses Problem werden wir beheben. Mit dem FLIEGENDEN ROBERT.»

Der fliegende Robert ist ein Modellhubschrauber mit zwei Metern Rotordurchmesser, an dem ein Computer hängt. Der Computer, den die Bazoobis gerade entwickeln, hat einen Meß-Sensor und – das ist das Wichtige – einen «protokollierfähigen Rechner». Darin ist eine Papierrolle, auf die jede Sekunde der gemessene Wert notiert wird. Das Ding ist eichbar und verplombbar, die Behörde kann es nachprüfen, wenn sie will. Der fliegende Robert wird über einen Schlot ferngesteuert und dort eine Stunde hängengelassen. Dasselbe ist für Strahlenbelastungen bei Kernkraftwerken oder Lärmwerten in der Nähe von Flughäfen möglich. Die Bürgerinitiativen hätten endlich beweisbare Daten.

Später gehe ich mit Elektronik-Horst die Mühle besichtigen. Wir reden über Wohngemeinschaften, über verlorengegangene Träume und Fehler, aus denen man lernen sollte. «Ich kann mir andere Lebensformen, die dauerhafter sein sollen als bis zum nächsten Konflikt, nur noch so wie hier vorstellen», sagt er. «Wir leben in relativ festen Beziehungen – das entlastet die Gruppe vor allzuviel Gruppendynamik, zumal wir auf der Trennung der einzelnen Familien – und damit auch Problemen – bestehen. Da sind wir realistisch geworden – man kann einfach nicht allzuviel von der Gruppe erwarten, sonst geht sie kaputt. Und wenn du ein solches Projekt machen willst wie wir mit den Computern, brauchst du eine tragfähige Kontinuität.»

Horst zeigt mir die idyllische Töpferwerkstatt, die direkt unter der Elektroniketage liegt, den Ententeich und schließlich das alte Mühlrad aus rostigem, aber stabilem Metall. Momentan liegt es still, es gibt da irgendwelche juristischen Auseinandersetzungen um die Nutzung des Baches.

«Aber wenn wir die Sache geklärt haben», sagt Horst, «stehen uns hier 7 Kilowattstunden Energie kostenlos zur Verfügung. Kombiniert mit einer Wärmepumpe und Fußbodenheizungen werden wir damit eines Tages autark die Mühle heizen – natürlich mit Regelelektronik. Eigentlich träumen wir von einem kleinen Dorf, wo man sich gegenseitig nicht auf den Wecker geht, wo man ständig erweitert und baut, sich aber auch aus dem Weg gehen kann – die nächsten zwanzig Jahre sind wir bestimmt mit diesen Gemäuern und was damit zusammenhängt beschäftigt.»

Solche ökologisch-sozialen Utopien wirken aus Horsts Mund nicht wie Windschlösser. Wie oft habe ich sie schon gehört – und wie oft sind solche Phantasien an «Psycho» gescheitert, an mangelndem Realismus, an technischer Unfähigkeit. Es ist merkwürdig: Als ob der Umgang mit den komplizierten Welten der Computer auch eine differenziertere Herangehensweise an die «übrige» Welt bedingen würde ...

Wir sitzen in der bäuerlichen Küche und essen Vollkornbrot. Horst erzählt von einem Alternativprojekt-Kongreß, den er als Abgesandter der Gruppe besucht hat. «Du kannst dir vorstellen, wie die mich angeglotzt haben, als ich unser Projekt vorstellte. Das waren alles Projektmitglieder der Marke ‹Klotz und Co›. Die arbeiten zehn Stunden am Tag, kriegen spärliches Taschengeld aus der Kollektiv-Taschengeldkasse und definieren sich völlig und total über ihre Gruppe. Da wurde dann der Antrag eingebracht, daß ein Projekt nicht mehr als Alternativprojekt gelten soll, wenn der Einheitslohn über 1500 Mark steigt. Einige waren sogar dafür, die Grenze auf tausend runterzusetzen. Damit machst du doch jedes Projekt kaputt! Stell dir mal vor, wie wir das hier bezahlen sollten, die Abzahlung der Mühle, die Renovierungen, die Kinder ... Utopien kosten nun einmal Geld. Und dann diese Technologiefeindlichkeit! Obwohl ich das verstehen kann – ich arbeite ja auch deshalb mit Computern, um sie kontrollieren zu können.»

Nein – natürlich ist auch das Projekt Blue Bazoobi nicht frei von Konflikten. Gerade der Erfolg schafft manche Irritation: «Der Hermann, der hat schon manchmal ganz schöne Chefallüren, und wir haben jetzt auch so Teilzeit-Angestellte, da gibt es Probleme mit deren Status ...»

Im Auto, als Horst mich zum Bahnhof fährt, macht er mir ein Geständnis. «Manchmal träume ich auch noch von etwas ganz anderem», sagt er. «In einer Großfirma arbeiten, als Entwicklungsingenieur, wo die die irrsten Computer haben – AN DER FRONT. Ich würd's nicht machen, dazu ist mir das Leben, sind mir die Leute hier viel zu wichtig. Aber träumen tu ich schon manchmal davon.»

Was denn an einem solchen Job so faszinierend wäre. Das Geld?

«Nein, das bestimmt nicht», antwortet er, und dann denkt er lange nach. Erst kurz bevor mein Zug kommt, sagt er: «Stell dir vor ... etwas völlig Wahnsinniges computermäßig in den Griff bekommen. Einen Düsenjäger, der mit 2000 Sachen im Tiefflug daherrast, mit einem Rechner lenken ... Es ist idiotisch, ich weiß, aber es wäre eine *Herausforderung*. Kannst du dir wahrscheinlich nicht vorstellen, dieses Gefühl.» Sein Tonfall ist richtig schuldbewußt geworden.

«Doch», sage ich, «ich kann's mir vorstellen. Es ist gar nicht mal so schwer.»

Subroutine 6

Als ich Johnny das nächste Mal anrief, meldete sich eine merkwürdige Stimme, die wie ein betrunkener Wassereimer klang: «Gutän Tak, hier ißt der logische Opperator von Johann Clemenz Eisenstein. Main Härr unt Gebitärr bittät Sie, mir Ihrä Wünschä mitzuteilän.»

«Ich will Johnny sprechen», sagte ich.

«Main Härr und Gebitärr ist leidärr nicht zu Hause», antwortete der Wassereimer.

«Wann kommt er denn zurück?»

«... Piep. Warrschainlich gegän acht Uhr. Ich danke Ihnen für disäß Gespräch. Piep.»

Johnny begann, seine kindischen Roboterträume auszuleben. Das Stimmprogramm für seinen Computer war gar nicht mal so schlecht. Ich machte mich auf die Suche nach den echten, den bösen Robotern und ihren Herren.

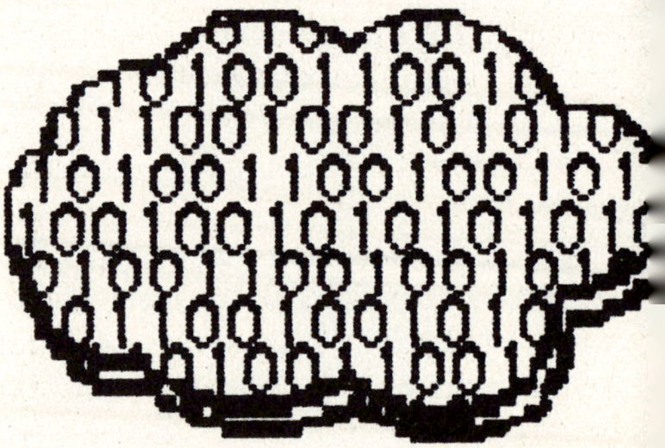

DIE TUMBEN RIESEN – an der Front zur künstlichen Intelligenz

«Definieren Sie mir wissenschaftlich exakt irgendeine Fähigkeit des Menschen, die dieser der Maschine voraus hat, und ich baue Ihnen eine Maschine, die eben dieses vollbringt.» (Alan Turing)

Das Labor des modernen Doktor Mabuse ist in einem unscheinbaren grauen Betongebäude unweit des Karlsruher Fasanengarten untergebracht. Mabuse hat inzwischen nette Empfangsdamen angestellt und seinen teuflischen Laden mit der harmlosen Bezeichnung «Fraunhofer-Institut für Informations- und Datenverarbeitung» getarnt. Statt einer Handvoll höriger Finsterlinge beschäftigt er 180 Wissenschaftler, die in den acht Stockwerken des Gebäudes seit Jahren versuchen, jenen schaurigen Alptraum zu verwirklichen, in dem der Mensch dem lieben Gott per Chip ins Handwerk pfuscht. Mabuse selbst hält sich dabei im Hintergrund – er tarnt sich als «Industrieunternehmen» oder als «Bundesverteidigungsministerium». Doch sein Plan ist eindeutig: Er will, daß die Computer hören und sehen lernen – und daraus auch noch Schlüsse ziehen können. So etwas nennt man gemeinhin «künstliche Intelligenz».

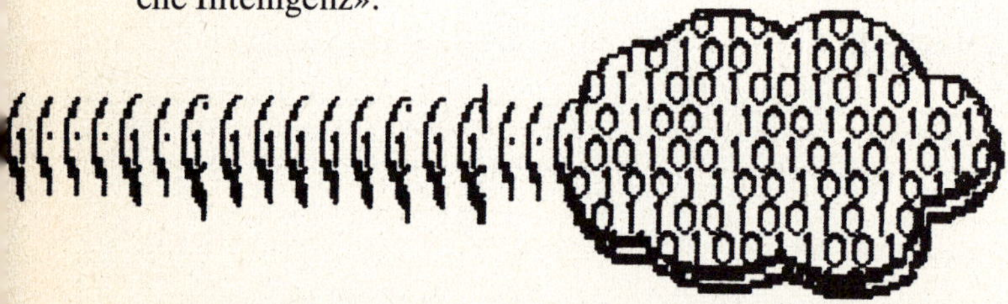

Auf eingefleischte Computerfreaks, die stets vom neuesten und schnellsten Rechnersystem träumen, muß das Karlsruher Fraunhofer-Institut die Wirkung einer aufputschenden Droge haben. Der Bau ist ein wahres Schlaraffenland für alle Bytefanatiker: Öffnet sich irgendeine Tür in den staubfreien, krankenhausähnlichen Gängen, fällt der neugierige Blick sofort auf ganze Monitorbatterien und die dazugehörigen Derniers cris der Computerhersteller. Das Institut ist bis oben hin vollgestopft mit modernster Technologie: Bilderfassungsgeräte, Holographie-Labors, Stereokameras, Signalanalysesysteme, Industrieroboter mit feingliedrigen Fingern, die mit rohen Eiern und Flaumfedern jonglieren können. Während ich in Begleitung von Herrn Ossendorf, dem Abteilungsleiter für die «optische Mustererkennung», der stets ein fürsorgliches, aber auch wachsames Auge auf mich wirft, durch die wohlgebohnerten Gänge schreite, versuche ich mir die Millionen Bits und Bytes vorzustellen, die neben, über und unter mir in endlosen Kolonnen durch winzige Leitungen flitzen. Ab und zu begegnet uns einer derjenigen, die in diesen wahnwitzigen Tanz der Elektronen Ordnung zu bringen versuchen. Das Durchschnittsalter hat die Tendenz «jung» – auch hier regiert der Turnschuh. Mehr als zwei Drittel der Mitarbeiter, die mir Herr Ossendorf vorstellt, sind frischgebackene Informatiker oder Mathematiker, die als Talente gelten und direkt von der Universität weg angeheuert wurden. Jetzt, in ihren jungen Jahren, verfügen sie plötzlich über die modernsten Technologien, die man sich vorstellen kann, über ein üppiges Anfangsgehalt und einen eigenständigen Forschungsbereich mit Neuland-Charakter. Auch wenn ich alles andere als ein Technikfreak bin – es fällt mir nicht schwer, dieses Hochgefühl nachzuvollziehen.

Das Institut – einer der wenigen bundesdeutschen «think tanks», die sich mit der vordersten Linie der Computertechnik befassen – ist keine ruhige Forschungsenklave mit unerschöpflichen öffentlichen Subventionspfründen. Es lebt direkt von Aufträgen der Industrie und des Militärs. Damit ist es «Output-orientiert» – das heißt nichts anderes, als daß bei aller Liebe zur Forschung verwertbare Ergebnisse herauskommen müssen. Die Forschungsbereiche erstrecken sich von Neuentwicklungen im Bereich Roboterfertigung über Tests mit bedienerfreundlicher Software für den gewöhnlichen Computerbenutzer bis zur modernen Kriegsführung: Man bastelt an «automatischer Gefechtsfeldüberwachung» durch «sehende» Computer. Darüber redet man natürlich nicht gerne. «Beiträge zur Medizintechnik und Wehrtechnik» heißt es im Institutsprojekt lakonisch. Über alledem schweben geheimnisvolle Worte wie «künstliche Intelligenz», «Mensch-Maschine-Systeme» oder «Biokybernetik». Nur: Was ist das überhaupt? – Denkende Maschinen wie im Science-fiction-Roman? Der große Kyborg, der uns eines Tages unterjocht? Die Wirklichkeit ist banaler.

«Stellen Sie sich ein Kamerasystem vor, das einen U-Bahnhof überwachen soll», sagt Herr Ossendorf, «oder ein mit Videokameras bewachtes Gelände, etwa ein Gefängnis. Oder eine automatische Fertigungsstraße. Da sitzt dann ein einzelner Mensch vor einer Batterie von zwanzig Überwachungsmonitoren. Er kann die Konzentration nicht durchhalten, auf die Dauer kann niemand auf zwanzig Schirme gleichzeitig aufpassen. Wir versuchen nun, solche Aufgaben rechnergesteuert zu erleichtern. Wir wollen, daß ein zwischengeschalteter Kontrollrechner Alarm gibt, wenn sich auf den Schirmen eine unregelmäßige Bewegung abzeichnet. Der Rechner soll aber nur auf SPEZIFISCHE Bewegungen reagieren. Nehmen wir ein Beispiel: Ein Mensch hat die Sicherungssperren einer Fertigungsstraße überwunden und nähert sich einem Roboter, der in Aktion ist. Das Überwachungssystem soll jetzt automatisch die Anlage stoppen ...»

Mir fällt spontan Asimovs erstes Robotergesetz ein: «Kein Roboter darf einen Menschen töten oder verletzen.» Und eine kleine Meldung in der Frankfurter Rundschau, daß in Japan der erste menschliche Arbeiter einem seiner eisernen Kollegen zum Opfer fiel. Damit so etwas nicht noch einmal passiert, zeigt mir Ossendorf die gestochen scharfen Fotografien zweier fast identischer Videobilder, im Abstand von einer Zehntelsekunde aufgenommen. Links oben hat sich der klobige Arm eines Fließbandrobbys einen Deut weit bewegt, rechts unten ist verschwommen ein Mensch zu sehen, den die Kamera in einer Art Fadenkreuz fixiert hat. «So etwas geht inzwischen», sagt Ossendorf zufrieden, «wir kennen die Bewegungen des Roboters und seine Form. Das können wir dem Rechner als Algorithmen eingeben, so daß er im Unterschied dazu ein irregulär bewegtes Objekt erkennt. Aber wenn wir zum Beispiel einmal aus dem Fenster sehen, wird es schon schwieriger.»

Etwas verwirrt sehe ich hinaus. Unten liegt der Institutsparkplatz (überdurchschnittlicher Volvo-Anteil). Es regnet. Dazu kommt Wind mit scharfen Böen, es ist ein Tiefdruck-Mai mit November-Ambitionen. Eine Frau kämpft sich gerade mit störrischem Schirm und wehendem Rock zu ihrem Ford Granada durch. Unwillkürlich versuche ich, die Szene mit Computeraugen zu begreifen. Ossendorf hilft mir dabei: «Da haben wir unser Problem: Wie berechnen wir das Fräulein Schleuning? Wie Sie sehen, hat sie momentan kaum regelmäßige Formen aufzuweisen, die auf geometrische Linearität zurückzuführen wären – für den Rechner sind Dinge akzeptabel, die sich irgendwie in Formeln auflösen lassen. Wir müssen also ein ‹Toleranzgrenzen-Theorem› entwikkeln, eine abstrakte, mathematische Form aller prinzipiell möglichen Bewegungsvektoren und Formveränderungen von Fräulein Schleuning. Und dabei gibt es Schwierigkeiten über Schwierigkeiten. Denn wie unterscheiden wir das Fräulein vom Schwanken dieser Pappel im Wind? Schwankt sie stark oder wenig? Wie entcodiere ich diese fliegende Amsel dort? Was ist mit den Lichtverhältnissen – der Rechner braucht ja helle und dunkle Lichtpunkte, um das Bild aufzuschlüsseln. Wenn gerade die Sonne hinter einer Wolke hervorkäme, würde der Rechner womöglich seine Aufmerksamkeit auf den Schatten des Baums konzentrieren und das Fräulein irgendwo in den Zwischenspeicher stecken.»

Eine Art gefaßter Verzweiflung hat sich in die Stimme von Herrn Ossendorf gesenkt, als er mir von den unendlichen Problemen des computerisierten Sehens erzählt. Er zeigt mir eine Bildfolge, die die Fahrt eines Autos auf eben jenem Parkplatz zeigt, dann das ganze als Strichgrafik mit den Konturen eines Golfs, der davonfährt. «Hier können wir geometrische Berechnungen anwenden, das Auto an den Eckpunkten messen und dann als Flächen und Winkel zu einer dreidimensionalen Figur zusammensetzen. Aber bei allen unregelmäßigen Konturen sind die Grenzen schnell erreicht.»

Das Bild des flatternden Fräulein Schleuning geht mir nicht aus dem Kopf. Ossendorf erzählt von riesigen Programmkomplexen mit Wahrscheinlichkeitsunterroutinen, rückwärtsgekoppelten Schleifen von monströsen Ausmaßen und mit millionenfachen

Fehlerquellen. «Auch wenn wir hier die schnellsten Rechner haben», sagt er mit der Bescheidenheit eines Pioniers, der seine Grenzen kennt, «sind sie immer noch viel, viel zu langsam, um solche optischen Echtzeit-Berechnungen fahren zu können. Sehen Sie, der Rechner muß bei höherer Auflösung alle hundertstel Sekunde ungefähr hunderttausend Bildpunkte ablesen, ihnen einen Grauwert zuteilen UND das Ganze im logischen Teil analysieren. Da kommt man schnell auf zwanzig, dreißig Millionen Rechenoperationen in der Sekunde ...» Etwas melancholisch starrt er auf den ständig «spielenden» Schirm der zentralen Bildübertragungsanlage. Das Fraunhofer-Institut verfügt über einen VAX-Zentralrechner, «eine geile Kiste», wie mir später ein junger Assistent vorschwärmt. Das Neuste vom Neuesten. Irgend jemand hat ein Dauer-Zufallsprogramm gemacht, das ständig auf den Terminal-Anschlüssen läuft, die von jedem Zimmer aus zum Zentralrechner führen. Aus den Tiefen seines Bildspeichers holt VAX Bild um Bild und spielt damit herum, malt Kreise, erhöht die Kontraste, setzt die Mona Lisa mit flachen Grauwerten auf das Bild des Karlsruher Schlosses, füllt den Schirm mit kleinen Vignetten ... «Das Ding schafft locker drei Millionen Operationen in der Sekunde», prahlte jener Assistent. Zuwenig für Fräulein Schleuning. Erst recht zu wenig für die von Ossendorf nur angedeuteten «Einsatzrandbedingungen», in denen er – und die Herren in Uniform – so gerne seine Computer sehen lassen möchte. Einsatzrandbedingung: das heißt automatische Identifizierung von feindlichen Flug- oder Truppenbewegungen im Gelände, bei Wind und Wetter, Schnee und Regen. Da wird sich das Fräulein vielleicht in eine heranrasende Rakete verwandeln oder in einen fahrenden Panzer. Und was, wenn der Russe sich mit schwankenden Ästen tarnt? Arme künstliche Intelligenz – im Ernstfall rasten dir die Algorithmen aus.

Ich versuche, Herrn Ossendorf mit der nächsten und übernächsten Chip-Generation zu trösten: Werden die Rechner nicht immer schneller? Ist das Problem mit der Rechengeschwindigkeit nicht früher oder später technisch lösbar? «Es ist nicht nur das», widerspricht er meinem Technikoptimismus. «Die Programme werden, je komplizierter die Situationen, immer komplexer, sie müssen sich immer mehr menschlicher Wahrnehmung angleichen, und darüber wissen wir herzlich wenig bis gar nichts.»

Und dann beginnt er in lupenreiner Fachsprache eine Eloge auf den besten Computer, den er kennt: «Der Mensch wird gesteuert von auffälligen Gebilden, leuchtenden Punkten, die er blitzschnell zu Assoziationen zusammensetzt. Er sieht in Prototypen, in Masken, die kaum simulierbar sind, er hat eine hochkomplexe Wahrnehmung. Auch wenn man heute nicht mehr ‹gerade› durch die Bilderkennung geht – also stur die Bildpunkte abliest –, sondern versucht, logische Komplexe zu entwickeln, die so etwas wie ‹Assoziation› sein könnten, bin ich sehr skeptisch, ob so etwas technisch jemals nachvollziehbar sein wird.»

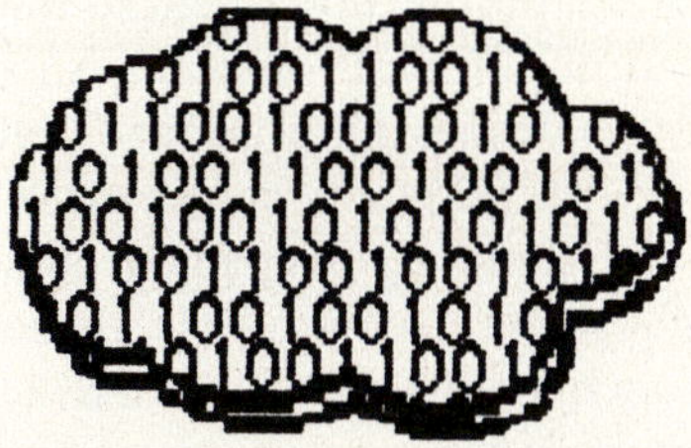

Trotz dieses kybernetischen Lobes für den humanen Biocomputer setzt die Forschung – und mit ihr die Fraunhofer-Frontforscher – weiterhin zäh und verbissen auf die Erweiterungen des menschlichen Denkapparats durch «Mensch-Maschine-Systeme». Denn so «vernetzt» die Wahrnehmung unserer Biohirncomputer auch sein mag: Manchmal wird gerade diese Vernetzung zum Pferdefuß. In heiklen Situationen etwa. Zum Beispiel an Bord eines tieffliegenden überschallschnellen Flugzeuges: Der Pilot ist permanent im Streßzustand, weil er ständig 200 Skalen und Meßgeräte ablesen muß, während der Boden dicht unter ihm dahinrast.

Gegen solche Unbill – nicht nur im Verteidigungsfall – entwickelt das Institut, Seite an Seite mit der Industrie, die «Dialogsysteme der fünften Generation». Sie sollen die Kommunikation zwischen differenzierten Maschinen und überforderten Menschen bewerkstelligen helfen. Ein harmloses Beispiel wurde mir ein

Stock höher vorgeführt. Da stand eine stinknormale Tastatur vor einem Bildschirm mit blinkendem «ready». Anstatt mich mit den Tasten zu mühen, durfte ich endlich verbal mit der Maschine kommunizieren. Das war ganz einfach – ich hatte es mit einem simplen Textverarbeitungsprogramm zu tun. Ich sagte also: *«Schreiben.»* Aus dem Lautsprecher fragte eine mildwarme Frauenstimme prompt (zu prompt, wie ich fand) zurück: *«Korrigieren oder Eingeben?»* Ich antwortete (etwas vernuschelt, um die Flexibilität des Dings zu testen): *«Eingeben.»* Das Ding sagte höflich «bitte sehr», dann erschien ein blinkender Cursor. Ich tippte ein paar Sätze in die Tastatur und sagte dann: *«Löschen bitte.»* Der Lautsprecher piepte und zeigte die Schrift «ignored». Einer der Turnschuhfreaks erklärte mir, ich solle einstweilen das «bitte» weglassen, er wäre mit der Programmierung noch nicht so weit, aber im Prinzip seien Höflichkeitszusätze kein Problem. Als ich dann einfach im Kommandostil (was bei einer mildwarmen Frauenstimme schwerfällt) *«LÖSCHEN!»* befahl, kam ein nettes *«Sind Sie sicher?»* zurück. *«Aber logo»* verstand das Ding nicht. Ein einfaches *«Ja»* tat es auch – das Eingetippte verschwand wie weggeblasen. Der Turnschuh verriet mir noch einen Trick: Wenn ich *«Hilfe!»* sagte (dabei kam ich mir fürchterlich blöd vor), antwortete das Ding mit *«Haben Sie falsch gelöscht?»,* und wenn man dann bejahte, erschien der soeben eliminierte Text wieder. Erstaunlich gnädig. «So einen Löschbefehl darf man aber nur einmal machen», sagte der Turnschuh, «beim zweitenmal ist es dann endgültig weg.»

Daß ich von diesem sprechenden Computer erst einmal beeindruckt war, brauche ich wohl nicht extra zu betonen. Solche «Echtdialogsysteme» sollen bei der fünften Rechnergeneration, an der besonders in Japan mit Hochdruck gearbeitet wird, obligatorisch (und erschwinglich) werden. Im Fraunhofer-Institut ist man eher skeptisch, ob sich so etwas auf dem Markt durchsetzen kann. Allzuviel Vermenschlichung von Computern – so die Befürchtung – könnte Technikfeindlichkeit und Ablehnung erneut mobilisieren. Man setzt in erster Linie auf komfortablere herkömmliche Dialogsysteme, bei denen man nur noch mit dem Stift oder der Fingerspitze auf den Monitor tippen muß, um dem Gerät einen Befehl zu erteilen. Solche Nettigkeiten testet man mit Versuchspersonen von der Straße.

Die anfängliche Faszination ob der sprechenden Maschine wich schnell einer beruhigenden Ernüchterung, als einer der Turnschuhe mir die Technik dieses Dialogsystems erklärte: Es handelte sich keineswegs um eine «freie» Kommunikation zwischen mir und «dem Ding». Das Programm verstand etwa zweihundert Wörter anhand von Lautcharakteristiken – Befehle, die normalerweise durch die Tastatur eingegeben werden. Diese Wörter waren dem Rechner von mehreren Sprechern vorgesprochen worden, aus denen der Rechner dann einen «Stimm-Mittelwert» herausfilterte. Und die Stimme, die ich hörte, war nichts anderes als eine Tonbandaufnahme, nur war sie nicht auf Band, sondern auf einem Chip (nicht analog, sondern digital) gespeichert. Mit Kommunikation hat ein solches System ebensoviel zu tun wie ein Pawlowscher Hund mit freien Entscheidungen. Allerdings: Zum Einsatz in Kampfflugzeugen, zur Behebung des obigen Pilotenproblems, wird bereits kräftig getestet. Mit Helmmikrofon und Kopfhörern redet der Pilot dann mit seinem Geschoß, fragt nach Flughöhe, Geschwindigkeit und möglichen Entscheidungen. So etwas nennt man «Sprachdialogfähiges Expertensystem». Ich stelle mir folgenden Dialog vor, wobei der Rechner die Klangcharakteristik der Synchronisationsstimme von Marlene Dietrich im «Blauen Engel» haben müßte:

Pilot: Höher!
Rechner: Wie hoch, Baby?
Pilot: 50 Meter!
Rechner: Geht nicht, Darling.
Pilot: Warum, verdammt?
Rechner: Nicht verstanden.
Pilot: Warum es nicht geht!
Rechner: O Honey, da ist ein Krähenschwarm auf 300 Meter Höhe in Flugrichtung.
Pilot: Linkskurve!
Rechner: Wie scharf?

Pilot: Ziemlich.
Rechner: Ziemlich?
Pilot: 30 Grad.
Rechner: Ausgeführt!
Pilot: Das ist ein Berg, verdammt!
Rechner: Ja, Honey, ein Berg.
Pilot: Mach endlich 'ne Kurve, du verdammter Schweinehund!
Rechner: (etwas schnell) 20 Grad, Ausführung, Belastung 8 Gravitationseinheiten.
Pilot: (spuckt Blut) Willst du mich umbringen?
Rechner: Nicht verstanden, Darling.
Pilot: (nuschelt) Schon wieder ein Berg!
Rechner: Ja, Darling (verzerrt). Keine Lösung vorhanden.
Pilot: Schleudersitz!
Rechner: Oh, Baby, muß das sein?
(Pause. Drei Zehntelsekunden später:)
Pilot: Nun mach schon, du Arschloch!
Rechner: Aber Schatz, es geht nicht, wir stürzen ins Stadtrandgebiet!
Pilot: Zieh die Kiste hoch!
Rechner: (seufzt) Aber ja, Hon ...

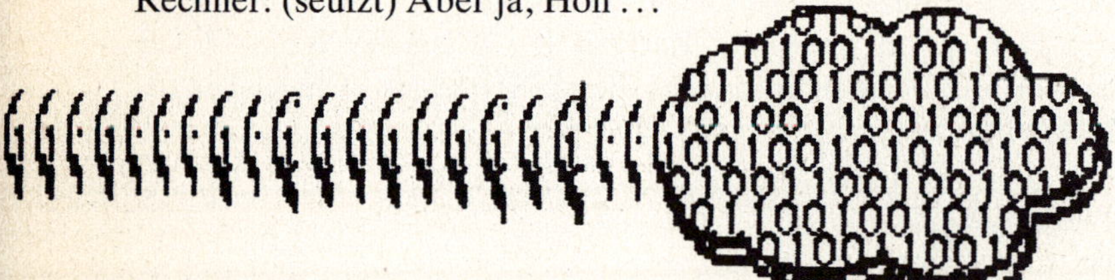

Zugegeben: Mißverständnisse mit chaotischem Ausgang gibt es auch in der Kommunikation von Mensch zu Mensch. Im Unterschied dazu allerdings SIMULIEREN Computer nur Kommunikation. Auch das, so höre ich die technologieängstlichen und -gläubigen Unkenrufe, wird sich in Zukunft ändern. Wenn heute schon die Waschmaschine «intelligent» ist (Lavamat-Reklame) und eine normale Textverarbeitung als «Textautomat» verkauft wird (als würde das Ding automatisch Texte schreiben) – kann dann der Weg noch weit sein zum hörenden, sinnverstehenden und dann eben auch denkenden Computer?

Man muß nicht alles glauben. Der Bit-Technologie schienen bislang keine unüberwindbaren Grenzen gesetzt. Aber könnte das nicht daran liegen, daß sie noch zu neu ist, um ihre Grenzen auszuloten zu können? Und daß irgend etwas in uns vielleicht GLAUBEN WILL, daß Maschinen in der Lage sind, (im menschlichen Sinn) zu denken?

Die Cracks vom Fraunhofer-Institut, die ja nicht nur in der Sparte Geräuscherkennung und -erzeugung an der vordersten Forscherfront agieren, haben bei allen Einzelbereichen, aus denen sich eine zukünftige künstliche Intelligenz zusammensetzen müßte – Hören, Sprechen, Erkennen, Assoziieren usw. –, ernsthafte Zweifel. «Na gut – es ist kein Problem, einen klar umrissenen Wortschatz zu speichern und den Rechner auf eine bestimmte individuelle Stimme zu trainieren», erklärt mir Peter, ein 26jähriger, frisch vom Informatikstudium, der im Institut an der Sprachsynthese arbeitet. «Aber ab 200 Wörtern wird es wieder mit dem Speicherplatz kritisch. Und wie. Gespeicherte Worte haben aber mit echter Spracherkennung nicht das geringste zu tun.»

Peter führt mir die ganze Palette seiner sprechenden Maschinen vor: Sie reicht von der dumpfgrunzenden Lallstimme (vollsynthetisch) über die «halbsynthetische», wie wir sie inzwischen von «Karlchen», dem Telefonauskunftscomputer der Bundesbahn gewohnt sind, bis zur feinen Frauenstimme vom Chip. «Es ist nur eine Speicherfrage – bei digitaler Stimme nimmst du normal auf, setzt in Bits um und strahlst wieder ab. Das bedeutet begrenzter Wortschatz und gewaltig viel Speicherplatz. Halbsynthetisch kannst du nur die Grundparameter einer bestimmten Stimme simulieren, dann lallt es eben. Vollsynthetisch klingt gräßlich, braucht aber wenig Speicher.»

Und wie steht es mit dem Verstehen? Wie lange wird es noch dauern, bis ich meiner Schreibmaschine meinen Text einfach erzählen kann? Da schüttelt Peter den Kopf. «Das wird nicht gehen», behauptet er. «Frei gesprochene Sprache funktioniert

EBEN NICHT über Lauterkennung, sondern über Sinnzusammenhang, über Erfahrung, über Assoziation. Das bring mal einem Computer bei.»

Zum Beweis zeigt er mir Lautcharakteristik-Kurven verschieden gesprochener Sätze und Worte. In der Tat sind die Merkmale für ein «A» innerhalb von Worten nicht mehr zu erkennen – sie werden im Wort «verschluckt», variieren obendrein nach Betonung und Sinnkontext. «Was nicht da ist», so Peter, «kann man nicht errechnen – das ist eine objektive Grenze. Achtzig Prozent Treffsicherheit ist die Schallmauer, und das selbst mit Rechnern der übernächsten Generation. Bei zwanzig Prozent Fehlern ist das Ganze aber sinnlos – da kann man gleich eintippen.»

Es gäbe nur einen Weg, am Ende dennoch jene «verstehende» Schreibmaschine zu konstruieren, von der ich manchmal (alp-) träume: Man müßte selbst zum Sprachroboter werden, jeden Laut auf eine für den Computer erkennbare Weise sprechen – quasi buchstabieren. «Für so was», sagt Peter, «gibt uns die Industrie keine Forschungsgelder. Weil sich das auf dem Markt nicht durchsetzen wird. Da machen die Sekretärinnen Putz – und das zu Recht.»

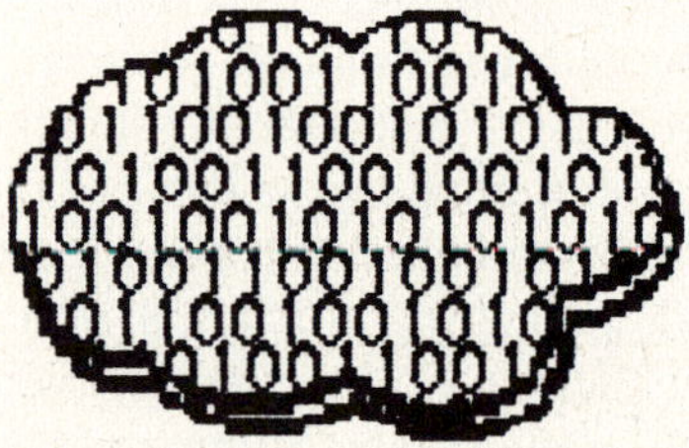

Sehen, Erkennen, Sprechen: Schon diese Grundbausteine künstlicher Intelligenzsysteme stecken in einem Wust von Schwierigkeiten, die sich immer höher vor den Frontforschern auftürmen, je näher sie der rein technischen Realisierung kommen – die Probleme wachsen proportional zu den technischen Möglichkeiten. In dieser Zwickmühle stellen sich die Pioniere der künstlichen Intelligenz immer häufiger die Frage, was «Denken» – und damit «Intelligenz» – eigentlich ist. Auch das entzieht sich weitgehend wissenschaftlicher Sezierlust. Zum Denken, so scheint es, braucht «das Denkende» einen organischen Körper, Bedürfnisse, die sinnliche Erfahrungen ermöglichen und auch Frustrationen beinhalten. Auf dem Flur sagte ein Systemtheoretiker mit sanfter Ironie zu mir: «Wenn wir wirklich künstliche Intelligenz wollten, sollten wir in die Gentechnik gehen und Menschen oder wenigstens Hirne züchten – das wäre einfacher.»

Was ist Denken? – Ist der Mensch am Ende die «ideale Maschine»? Turings eingangs zitierter Satz ist *in seiner inneren Logik* völlig korrekt – nur leider gibt es menschliche Fähigkeiten, die sich wissenschaftlicher Exaktheit und klarer Definition hartnäckig entziehen. «Was da an Blockinformationen elegant in Ihrem Denkapparat hin- und hergeschoben wird, mit was für Komplexitäten, Abstraktionsgraden und so weiter», fuhr jener Theoretiker auf dem Flur fort, «das geht in keinen Speicher, der was mit Strom und Leitungen zu tun hat. Denken Sie doch mal, was Sie träumen, woran Sie sich blitzschnell erinnern können – Gerüche aus der Kindheit vielleicht, Gefühle, irgendwelche Gedanken – das ist gigantisch, da kommen wir hier mit unseren Pipi-Rechenmaschinen, so groß die auch sind, nicht hin. Gewiß, in Teilbereichen, etwa beim Berechnen einer Flugbahn, sind die Dinger fix. Aber sobald es komplex wird, ist binäre Materie einfach dämlich.»

So ist die Künstliche-Intelligenz-Forschung, die noch Anfang des letzten Jahrzehnts in begeistertem Enthusiasmus als neue Zukunftswissenschaft gefeiert wurde, am Fraunhofer-Institut eher nüchterner Suche nach neuen Anwendungen und Differenzierungen des Vorhandenen gewichen. Zunehmend setzt sich ein «neuer Realismus der Frontforscher» durch: Man hat erkannt, daß Computersysteme sich zu speziellem, gezieltem Einsatz in Gebieten, bei denen es auf pure Rechengeschwindigkeit ankommt, sehr gut eignen, als DENKERSATZ jedoch nicht taugen. Statt dem menschlichen Denken hinterherzulaufen, versucht man, Computer wieder zu handhabbaren Instrumenten zu machen. Ossendorf: «Da muß noch einiges wieder rückgekoppelt werden. Zum Beispiel sollen Expertensysteme transparenter werden – sie sollen ihre Entscheidungen ‹rückwärtsgewandt› Schritt für Schritt erklären, anstatt nur eine für den Benutzer undurchschaubare Diagnose zu stellen.»

Bei den eher unspektakulären Weiterentwicklungen des bereits Vorhandenen bekam ich im Fraunhofer-Institut dann doch noch einiges zu sehen, was meine latente Technikfaszination auf 180 brachte. Zum Beispiel das Textverarbeitungssystem der Zukunft: Auf großen, superflachen Plasma-Bildschirmen, die das Flimmern verlernt haben und in pastösen, warmen Farbschattierungen gehalten sind, ist jegliche Form der Textgestaltung möglich. «Fenster» und graphisch dargestellte Werkzeuge (etwa eine Lupe für «Vergrößern» oder eine Schere für «Streichen») ermöglichen alles, wovon das Textgestalterherz träumen kann. Der Typographie sind keine Grenzen mehr gesetzt, Malen nach Herzenslust gehört zum Programm. Das fertige Produkt wird dann auf einem Laserdrucker ausgegeben, der noch nicht einmal mehr hustet, wenn er die kunstvoll gestaltete Seite zu bedruckter Materie gerinnen läßt. So etwas kostet heute noch eine halbe Million Mark. Sogar alte Gutenberg-Bibeldrucke sind damit täuschend echt nachzumachen.

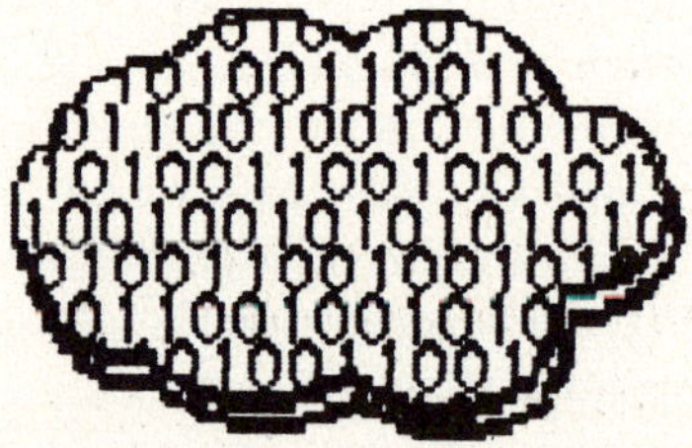

Natürlich interessierte mich bei meinem Ausflug in die Forscherwelten neben den Chancen des künstlichen Denkens auch die Frage nach der Verantwortung: Welche Mentalität herrscht heute in den heiligen Hallen der Wissenschaft? Haben die Fragestellungen der Ökologie- und Friedensbewegungen, die Diskussionen um die Grenzen des Fortschritts, *irgend etwas* in der Psyche der Techniker und Forscher bewirkt, die heute an den Technologien der Zukunft arbeiten? Gibt es Zweifel, moralische Bedenken, kritische Gedanken über den Einsatz der Ergebnisse?

Es gibt welche – und auch wieder nicht. «Wir reden schon mal darüber im kleinen Kreis», sagt Herr Ossendorf mit der stoischen Ruhe desjenigen, der für die ewig nervende Öffentlichkeitsarbeit verantwortlich ist. «Wir diskutieren, was die militärische Auftragslage für uns bedeutet. Es sind auch schon einzelne deswegen gegangen – oder wir haben versucht, sie einem rein zivil forschenden Team zuzuteilen. Aber im allgemeinen ist für jeden, der hierherkommt, klar, daß eben auch *«so was»* gemacht wird. Wir legen Wert drauf, daß da niemand querspringt.»

Deutliche Worte. Ja, sagt Markus etwas zögernd, nun ja, er habe das, wenn er ehrlich sei, schon gewußt mit dem Militär, als er vor einem halben Jahr hierherkam. Markus ist eines der jungen Talente von der Universität. Aber es gefällt ihm trotzdem gut. Die Teamwork-Atmosphäre. Die Kollegialität. Hier kann er alles machen, wovon er immer schon träumte. Früher, da hätte er zu Hause rumgebastelt, ohne Geld, mit selbstgebauten Rechnern. Hier aber ist alles vorhanden. Ja, es macht Spaß. Und außerdem: «Ich habe ja noch keinen Rüstungsauftrag gemacht. Ehrlich gesagt, ich glaube nicht, daß man das so auseinanderhalten kann. Ich mache Bilderkennung. Ob man das jetzt für solche Raketen oder für zivile Zwecke einsetzt, ist ja letztendlich eine Frage der Auftraggeber.»

Was denn die zivilen Zwecke seines Fachgebiets wären, frage ich und denke unwillkürlich an Oppenheimer.

Nun ja, sagt Markus ganz harmlos lächelnd, zum Beispiel Gefängnisüberwachung. Daß da keiner ausbricht. Dafür wär das schon gut geeignet, was er macht.

Herr Ossendorf gibt Schützenhilfe. Gegen den hartnäckigen moralischen Impetus meiner Fragen verordnet er die objektiven Grenzen seiner Kunst als Beruhigungsmittel: «Wenn Sie den Überwachungsstaat meinen – der wird so schnell nicht kommen. Sehen Sie – wir hier kriegen ja am deutlichsten die Probleme mit. Es wird wahrscheinlich niemals möglich sein – zumindest in den nächsten zehn Jahren nicht – ein konkretes Gesicht vom Rechner per Videokameras – auf Bahnhöfen zum Beispiel – herauszufiltern. Das geht nicht. Daran werden wir scheitern. Wenn wir es trotzdem versuchen, wird der Rechner wahrscheinlich Tausende von Bartträgern identifizieren – aber nicht den Gesuchten ...»

Dieses Gespräch war nicht unbedingt typisch, aber dennoch symptomatisch. Wie in fast allen Computerwelten, die ich bereiste, findet man auch im Fraunhofer-Institut im wesentlichen zwei «Grundtypen» von Computerfreaks. Den ersten möchte ich (ohne das im einzelnen nachweisen zu können) als «mutterfixiert» bezeichnen – es sind stille, schüchterne Typen, die noch zu Hause wohnen, nur reden, wenn sie gefragt werden, und seit der Spätpubertät in den Sphären der mathematischen Logik ein stilles Plätzchen gefunden haben – ähnlich wie bei einer Sorte der jungen Computerkids. Der zweite Typus repräsentiert – was die soziale Ausformung betrifft – fast das genaue Gegenteil (zwischen beiden Charakteren gibt es allerdings fließende Übergänge): Es ist der progressiv angehauchte Turnschuhtyp mit «amerikanischem Profil», vielen Freunden und «kritischer Grundeinstellung», die ihn auch in die Friedens- oder Alternativbewegung hätte bringen können. Bart und Nickelbrille sind neben den Jeans die vorherrschenden Accessoires, zum ideologischen Instrumentarium gehören Sätze wie «Das ist einfach gutes Teamwork hier, und mir sind die sozialen Kontakte wichtig» oder «Ich will versuchen, hier auch über andere Inhalte zu diskutieren». Frontal auf die Rüstungsproblematik angesprochen, antwortete dieser Jungdynamo-Typ allerdings immer mit dem alten Satz: «Wenn ich's nicht mache, macht's ein anderer.» Die Phrase dürfte eines Tages als Motto im Rücken des jüngsten Gerichts zu lesen sein.

Ohne die alles überlagernde Lust an der Technik ist solche Zurücksteckung der Moral nicht zu verstehen. Die «Forscherkids» sind nicht einfach sozial verantwortungslos und politisch desinteressiert. Aber im Zweifelsfall, im Interessenkonflikt zwischen Forscherlust und Skrupeln, tragen die Leidenschaften haushoch den Sieg davon. «Wir achten vor allem darauf, daß unsere Mitarbeiter hochmotiviert sind», sagt Herr Ossendorf.

Um die Motivation braucht er sich kaum zu sorgen: Die Forschung an der vordersten Front braucht kaum Leistungsdruck und Hierarchien. Hier ist alles neu, improvisiert, hier werden Dinge entwickelt, die es noch niemals gab. Der Job gilt zu Recht als privilegiert gegenüber dem Programmiererdasein in der Industrie, «wo du doch nur eine Unterroutine nach der anderen runterziehst, und das acht stupide Stunden am Tag» (Markus). Team-Arbeitsformen sind im Institut obligat – und um ein Vielfaches effizienter als die klassischen Firmenhierarchien mit Chef, Sekretärin, Prokurist. Ossendorf (er ist Abteilungsleiter): «Man setzt sich zusammen, steckt sich Ziele und fängt an – es läuft quasi wie von selbst. Ich selbst schaue ab und zu mal nach dem Rechten.»

Und Peter, einer der bärtigen, bebrillten Turnschuhler: «Für mich ist das Abenteuer. Andere fahren mit 'ner Ente in die Sahara oder weiß Gott wohin, ich bin hier und versuche, Computern das Sprechen beizubringen. Das ist ein Gruppenerlebnis, was du in den Freizeitgruppen draußen nicht findest. Man fühlt sich als ein Kollektiv, möchte ich mal sagen, das ist manchmal wie ein Rausch, wenn wir einen Durchbruch haben.»

«DAS UFERT GANZ SCHÖN AUS» – Nächtliche Abenteuer der künstlichen Intelligenz

Erwin D., 29jähriger Mitarbeiter eines anderen Computerforschungsinstituts, der mir zur Bedingung für den Abdruck die völlige Anonymität abverlangte:

«Das ufert schon ganz schön aus bei uns. Da gibt es dann Gruppen, die basteln nach Feierabend auf eigene Faust rum, unabhängig, was gerade im Arbeitsplan vorgesehen ist. Zum Beispiel die Gruppe von Professor S. Das Team forschte am ‹Griff in die Kiste› – ein Roboterarm soll in eine Schachtel mit ungeordneten Gegenständen greifen, ein bestimmtes Ding identifizieren, den Inhalt nach bestimmten Kriterien ordnen. Ein völliger Wahnwitz. Immer wenn das Team seine Programme fuhr, brach das Zentralrechensystem wegen Überlastung zusammen, zumindest kam kein anderer User mehr zu Rechenzeit, das Ding wurde für alle anderen Benutzer lahm wie eine Ente. Und das nur wegen Quadraten und Kugeln und Dreiecken und den Logikbestimmungen und Winkelanalogismen, wenn zum Beispiel ein Gegenstand halb auf dem anderen lag ...

Jedenfalls hatte dieses Team irgendwann die Schachtelei satt und machte sich nach Feierabend daran, etwas UMGEKEHRTES zu versuchen. Die Freaks versuchten, dem Rechner das CHAOS beizubringen – sie trimmten ihn darauf, Unordnung, besser: NICHT-ORDNUNG, zu programmieren. Das erwies sich als das vertrackteste Problem überhaupt. Der Rechner sollte mit seinem Robotarm Dinge völlig CHAOTISCH auf dem Tisch verteilen. Da haben die die verrücktesten Zufallsprogramme ausgetüftelt, nur um das zu schaffen.

Und dann sind sie auf die Idee gekommen, einen zweiten Rechner zu nehmen, der mit einem Videoauge die vom ersten Rechner verstreuten Gegenstände nach LOGISCHER VERTEILUNG analysierte – er sollte also rauskriegen, ob das Chaos auch echt chaotisch war. Und siehe da – immer fand er irgendeine Regelmäßigkeit, irgendeine mathematische Formel, auch wenn sie kompliziert war, nach der die Dinge da lagen. Die haben nächtelang diese beiden Rechner gegeneinander antreten lassen, und immer siegte der Ordnungsrechner. Irgendwann hat der Professor L. nachts mal was auf dem Zentralsystem gefahren und dabei gemerkt, daß die Kiste voll mit einem Programm war, das er sich nicht erklären konnte. Er ist dann hochgekommen, sah, daß morgens um drei noch Licht brannte und die ganze Crew zugange war. Er kam rein, die kriegten einen Riesenschreck, weil sie ja eigentlich Rechenzeit geklaut hatten. Und dann erklärten sie ihm: ‹Wir lassen das Chaos gegen die Ordnung antreten.› Das fand er dann einfach Spitze und hat nix verraten.

Eine andere Gruppe hat an optischer Überwachung gearbeitet. Als Hobby haben sie einen Rechner gelötet, der Autobahn fahren sollte. Ja, er sollte ein Auto über die Autobahn steuern, mitten im Verkehr, natürlich simuliert. Bei Tageslicht war es nicht zu schaffen, diese ganzen Winkelberechnungen und Schattierungen, die der Rechner braucht, um einen dreidimensionalen Gegenstand zu erfassen. Da haben sie Nachtsimulation gemacht: Man kann ja anhand des Abstands der Rückleuchten bestimmen, wie weit das Auto entfernt ist. Vorne 'ne Kamera, hinten 'ne Kamera, Abstandsmessung, Geschwindigkeitsberechnung, der Rechner sollte immer exakt in der Mitte zwischen zwei Fahrzeugen bleiben. Klang ganz einfach. Aber dann wurde es doch kompliziert: Wenn ein Auto eine Rückleuchte eines voranfahrenden verdeckte. Da mußten Wahrscheinlichkeitsroutinen heran, Winkelmessung, welches Rückleuchtenpaar ist jetzt das vorderste? Oder wenn eine Rückleuchte ausgefallen war – kann ja auf der Autobahn passieren – und die wollten ein echt realitätsnahes Programm. War es ein Motorrad? Wenn ja, konnte der Rechner überholen – sie hatten sogar ein Überholprogramm. Und dann diese verdammten doppelten Rückleuchten, wo du gleich VIER an einem Auto hast, paarweise übereinander. Na, die hatten das alles irgendwie hingekriegt, das Ding hätte theoretisch fahren können, da haben sie das Problem ‹Regen› analysiert. Sie haben dem Rechner einen regennassen Autobahnfilm gezeigt, und da ist er völlig ausgeflippt, hat in den Spiegelungen tausend Rücklichter identifiziert, mit der Folge, daß sich das System zu Tode gerechnet hat. Dann haben sie es mit Helligkeitswert-Unterscheidung versucht, und das klappte auch – der Rechner sollte nur die jeweils hellsten Punkte als Objekte identifizieren. Da hatten sie schon zwei Jahre daran rumgepopelt. Vor drei Monaten haben sie jetzt ihre ‹Baustellenroutine› angefangen – du mußt dir vorstellen, das Programm wurde einfach immer länger, es trat über alle vernünftigen Grenzen und war schon viel größer als alles, was im Institut gefahren wurde. Du hast

ja auf der Autobahn im Baustellenbereich plötzlich gelbe Leitstreifen – der Rechner war für die Geradeausfahrt aber auf weiße Linien programmiert. Also mußten sie das gesamte System auf Farbe umstellen, wodurch alles dreifach kompliziert wurde. Sie mußten dem Ding beibringen, die weißen Streifen unter bestimmten Bedingungen – Blitzlichter, die vor den Baustellen stehen, zum Beispiel – zu ignorieren und sich dann nach den gelben zu richten.

Vor zwei Wochen hatten sie es endlich geschafft. Sie haben mich eingeladen, mir das anzugucken, wie sie's ausprobieren. Wir saßen also nachts im Institut mit 'nem Kasten Bier, die ganze Apparatur aufgebaut, dann haben sie dem Rechner einen Film gezeigt, den sie vorher von irgendeinem Autobahnstück mit Baustelle gemacht hatten. Das ging alles prima, das Ding überholte – man konnte das richtig auf 'nem Tachometer sehen –, und dann kam die Baustelle. Richtig eingefädelt, phantastisch, sogar die Geschwindigkeitsbeschränkung abgetastet und befolgt. Aber irgendwann hör ich nur noch 'nen Schrei und die ganze Combo ist stinksauer, weil ihr Ding plötzlich irgendwie ‹im Graben lag›. Des Rätsels Lösung: Irgendwo war da mal ein Laster verunglückt und hatte einen Klecks gelber Farbe quer über die Fahrbahn hinterlassen. Der Computer sieht das, und ZONG – fährt er mit neunzig Sachen rechtwinkelig ins Gebüsch. Totalschaden.»

Subroutine 7

Es war zum Verrücktwerden. Niemand glaubte mir. Nicht daß ich mit allerletzter Sicherheit behaupten konnte, daß Computer niemals denken können – jedenfalls im menschlichen Sinne. Aber selbst meine Skepsis nahm man nicht wahr. Ich lief gegen eine Mauer aus Technologiegläubigkeit und menschlicher Selbsterniedrigung, und das am allermeisten bei denjenigen, die in der Ökologiebewegung den Technikskeptizismus von der Pike auf gelernt hatten. Am schlimmsten war die gläubige Verherrlichung von computerisierten Denkmöglichkeiten bei denjenigen, denen das Denken zum Job geworden ist: Die Akademiker schienen felsenfest davon überzeugt, daß «künstliche Intelligenz» ihnen über kurz oder lang den Arbeitsplatz wegrationalisieren würde. Daß es einen GRUNDLEGENDEN Unterschied zwischen binärer Technik und menschlicher Intelligenz geben könnte, wollte ihnen nicht in den Kopf.

Ich erinnere mich noch an eines meiner Gespräche mit Johnny. Das war noch, bevor er sich seinen Computer kaufte, an dem er jetzt Tag und Nacht herumspielt. («Ich habe lange genug rumgesponnen, Politik gemacht und so, jetzt will ich mal auf was total Logisches abfahren.»)

Ich erzählte ihm also von meinen Recherchen im Reich der künstlichen Intelligenz. Bei den «Fortschritten» hörte er fasziniert zu, mit lauter kleinen «Ahs» und «Ohs». Bei den «Rückschritten» und «Unmöglichkeiten» verweigerte er die Sprachaufnahme. So kam es mir jedenfalls vor. Als ob er irgendwelche Grenzen der Mikrotechnik EINFACH NICHT WAHRHABEN WOLLTE.

Sein erster Satz war dann der übliche:

«Das ist doch alles nur eine Frage der Zeit.»

Unwillkürlich mußte ich seufzen. Eben hatte ich versucht, ihm klarzumachen, daß das Problem des künstlichen Denkens eben keine Frage der Zeit, sondern ein SUBSTANTIELLES Problem war – ein Problem von Willen, Bedürfnissen, Körper, eben nicht von Technik allein. Eine ziemlich unproduktive Debatte über «Biochips», über die er in irgendeiner Fachzeitschrift gelesen hatte, schloß sich an. (Ich vermute, in einer dieser pseudowissenschaftlichen Hochglanzillustrierten, den Boulevardblättern der Computerszene.) Dann machte ich noch einmal einen Versuch, aus der Sackgasse auszubrechen:

«Ich glaube, du verwechselst hartnäckig ‹Denken› mit ‹Logik›», sagte ich.

«Auch Gefühle sind simulierbar», gab er zurück.

«Dann meinst du mit ‹Gefühlen› etwas Logisches.»

«Sind sie es etwa nicht?»

«Sie sind auch immer KÖRPERLICH», fand ich.

«Dann wird man eben ein bißchen GEILHEIT dazusimulieren», beharrte er.

Es ging schon wieder los. Es nahm kein Ende. In unserer Diskussion herrschte eine heillose Verwirrung darüber, ob überhaupt irgendwelche Grenzen zwischen Menschen und Maschinen existieren. Es herrschte eine regelrechte Nivellierungswut gegenüber den Unterschieden.

«Manchmal habe ich das Gefühl, wir BRAUCHEN den Mythos, daß Computer denken können», sagte ich. «Irgend etwas in uns sehnt sich nach der Vorstellung, überflüssig und ersetzbar zu sein. Wir wären am Ende furchtbar enttäuscht, wenn sich der Dämon vom Teufelszeug in ein Handwerkszeug verwandeln würde. Im Computer stecken uralte Mythen, eine archaische Angstlust, die wir um jeden Preis verteidigen müssen ...»

Ich will nicht arrogant sein – aber das verstand Johnny irgendwie nicht. Es war ihm zuviel Prosa. Ich begriff es allerdings auch nicht völlig. Je mehr ich in den Computerwelten umherreiste, desto weniger begriff ich diese Maschinenmythologie, diese völlige Überschätzung der technologischen Möglichkeiten, die noch aus den sechziger Jahren zu stammen schien – und doch gerade im alternativen Lager am tiefsten ausgeprägt war.

«Der Fehler, den du machst, ist typisch», sagte Johnny. «Du idealisierst den Menschen. Was sind wir denn schon anderes als Trieb-Werke, Wunsch-Maschinen, Grübel-Chips mit Frust-Bits?»

Die Rollen hatten sich vertauscht. Ich war jetzt derjenige, der mystifizierte. Ich verteidigte irgendeine magische Eigenschaft des Menschen, das «Menschliche» gerann mir plötzlich zu etwas Abstraktem, Schwammigem. Die Maschine wurde zum Standard, von dem aus sich alles messen ließ. Johnny war jetzt der «Aufklärer» – und ich der Phantast.

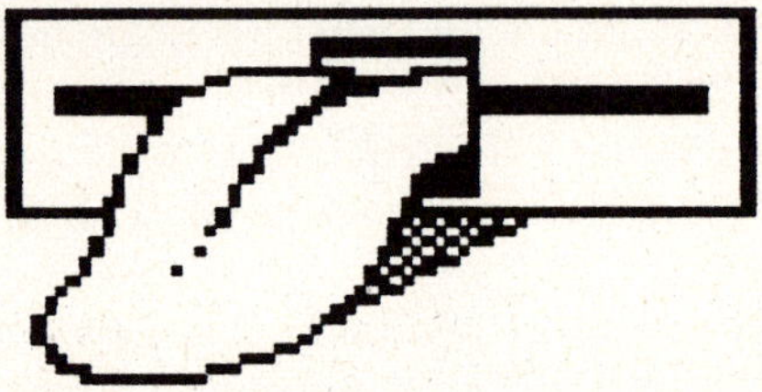

8000 rem Modemsteuerung

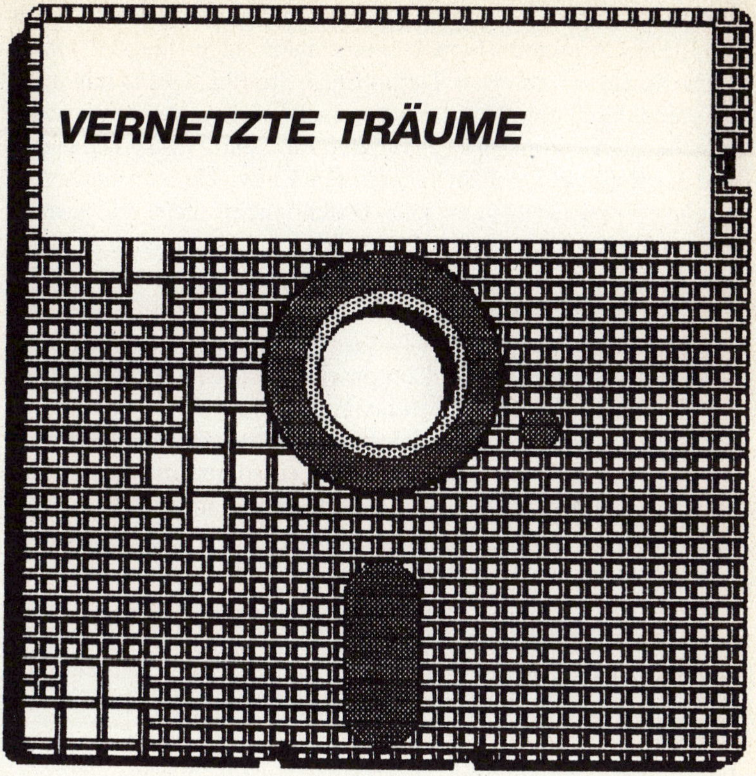

«The medium is the message.» (Mc Luhan)
«Das Medium versaut die message». (Johnny vor einem Jahr)

Computer gelten als stupide Datensammler, die jedwede Form von Information zentralistisch in sich hineinsaugen und dort tyrannische Spiele veranstalten. Der normale Sterbliche kann mit ihnen allenfalls durch eine Bombe oder einen starken Magneten kommunizieren. Bis zum Ende des letzten Jahrzehnts entsprach dieses Bild der Realität. Doch die technischen Entwicklungen machen es möglich: Inzwischen kann man Datenbanken nicht nur ausrauben, sondern auch gründen. Ohne gleich ein Verbrechen zu begehen.

Computernetze «von unten», vertikale Strukturen gegen Datenzentralisierung – Teile der alternativen Szene beginnen langsam, sich auf das *Medium* Computer einzulassen. Computer, so die langsam keimende Erkenntnis, sind, sobald sie aus den Klauen der technokratischen Bösewichte befreit sind, nicht nur «Datenschlucker», sondern auch ideale «Informationssozialisten». Gespeicherte Informationen können blitzschnell abgerufen und verteilt werden, ohne dabei verlorenzugehen; sie werden damit gleichsam «vergesellschaftet» – unter der Voraussetzung, daß *viele* Zugang zu den Datennetzen haben. Mit dem Erscheinen der «Modems» auch auf dem deutschen Markt – den Akustikkopplern, mit denen man via Telefon Daten von einem Rechner zum anderen schieben kann – haben die Netzwerk-Philosophien neue Nahrung erhalten.

Die Zahl der Netzwerk-Freaks in der deutschen Alternativszene ist noch klein. Und wie sich das für kleine Minderheiten gehört: ziemlich radikal. Während im «mainstream» des alternativen Sumpfes nach wie vor die handwerkliche Schwiele als oberstes Kulturgut gepriesen wird, feiert die noch junge Vernetzungs-Gegenbewegung geradezu Orgien der Computer-Verherrlichung. Der von Werner Pieper (er gilt als eine Art medialer Oberalternativo) herausgegebene Sammelband «Zukunftsperspektiven» wimmelt von euphorischen bis mystischen Verklärungen des neuen Mediums. Von Delphinintelligenz über östliche Philosophien bis zum Bewußtsein des Ungeborenen wird da, nach amerikanischem Vorbild, alles in psychedelisches Licht getaucht – und kräftig mit digitaler Aufbruchsstimmung verrührt. Im Zeitalter der Computervernetzung taucht (wieder einmal) ein neuer Mensch am Horizont auf, «eine neue Spezies des Informationszeitalters», WHOW!

Computer sind Medien
Du machst das Programm
Du bestimmst, wer Dich hört
Du bestimmst, was Du Dir reintust
Du sprichst mit JEDEM ohne Scheu
Lerne Programmieren!

(aus: Konrad Volz/Gerriet Hellwig: «Media & Mind». In: Zukunftsperspektiven – Morgen Kinder wirds was geben. Der grüne Zweig 88)

Ist es purer Zufall, daß der harte Kern der Netzwerk-Freaks sich überwiegend aus der Landkommunen-Bewegung rekrutiert? Und warum ausgerechnet Computer als Kommunikationsinstrumente? Reicht nicht das Telefon? In der Großstadt käme so rasch keiner auf die Idee, per Rechner und Modem Botschaften zu verschicken, nur weil das schneller geht als mit der Post. Dort, wo die Szene dichtgedrängt und wohlstrukturiert über Kneipen, Wohngemeinschaften und Projekte vernetzt ist, wird Computerkommunikation allenfalls im Zusammenhang mit größeren Datenmengen diskutiert – etwa in der Verwaltung größerer Projekte, die sich mit ihrem Steuerberaterkollektiv verdatennetzen wollen.

Und erzeugt nicht die ländliche Alternatividylle überwiegend technikfeindliche Mentalitäten, Landfreaks, die allein beim Wort «Computer» das kalte Schaudern packt?

Auf dem Land ist man auf Kommunikationsnetze stärker angewiesen als in der Stadt. Hat man die Phase des Rückzugs hinter sich, die meist unmittelbar nach der Flucht aus der Stadt obligatorisch ist, regt sich rasch der Wunsch nach einem Ersatz für städtische Szene-Strukturen. Zudem produzieren die meisten ländlichen Gruppen Handwerkliches oder Agrarisches – die Vermarktung scheitert nicht selten an mühseligen, völlig unstrukturierten

Vertriebsweisen. Der Computer wäre zur Lösung solcher Probleme ein ideales Instrument. Er schluckt zum Beispiel die Menge gepflanzter und geernteter Zucchini ebenso wie die Adressen der regionalen Naturkostläden – und ist in der Lage, dazwischen irgendeine Relation herzustellen.

«Das Problem Zucchini kenne ich», sagt Helmut, einer meiner Nachbardorf-Nachbarn. «Oben auf dem Stiersteiner Hof haben sie letztes Jahr ungefähr 28 Tonnen Zucchini geerntet. Das Zeug ist in diesem heißen Sommer gewachsen, als hätten sie Anabolika draufgekippt, dabei ackerten sie streng biodynamisch. Mitten in der Schwemme haben sie dann mühsam die Naturkostläden in der Umgebung durchtelefoniert, ob die nicht was abnehmen könnten, aber die hatten schon anderweitig bestellt, irgendwo im Süden bei italienischen Gemüsefreaks. Die wußten gar nicht, daß hier so etwas angebaut wird. Die Riesenkürbisse sind dann in einer Scheune unter entsetzlichem Gestank vor sich hingefault, nicht mal die Bauern wollten sie an die Schweine verfüttern. Und nicht mal Kompost ist dabei herausgekommen, nur eine ekelhafte schwarze Brühe.»

Helmut ist, wie viele meiner Bekannten in dieser ländlichen Region, ein «Permanentbastler». In seinem alten und billig erstandenen Hof wartet ständig etwas auf Um- und Anbau oder Reparatur. Die Werkstätten (Holz- und Metallverarbeitung) brauchen andauernd Werkzeuge, die schwer zu haben sind. «Der Hauptnerv beim Landleben ist die Organisationsfrage», sagt er. «Irgendjemand hat etwas gehört von einem, der weiß, was man bei Pferden gegen die Schüttelkrankheit macht – ohne Penicillin. Dessen Telefonnummer habe ich verlegt. Oder wir brauchen plötzlich einen Parkettschleifer. Da verfährt man dann Benzin in den Städten, nur um nachher festzustellen, daß das Ausleihen dort viel zu teuer ist, daß aber die Schreinergruppe in Dingsbumshausen, keine fünf Kilometer weit weg, so ein Ding hat und für zwanzig Mark den Tag hergibt. Oder wir brauchen einen starken Traktor für die Heuernte oder ein spezielles Bienenwachs für das Scheunentor – und dann ist da jemand, der einen kennt, der einen kennt, der einen kennt – der aber die Adresse von dem, den er kennt, verloren hat. Manchmal plagen mich auch exquisitere Informationsbedürfnisse, ich möchte vielleicht wissen, welcher bildhauernde Schuster rahmenlose Aquarien herstellt oder welche italienische Landkommune in sonniger Lage im Winter Platz frei hat – wenn du den verregneten November hier erlebt hast, weißt du, was ich meine. Oder ich suche jemanden, der sich in der Kunst des Heiratsschwindels auskennt, oder einen, der einen Leibwächter von Helmut Kohl kennt, weil ich eine Graduiertenpromotion über das Thema «Die Ästhetik des Leibwachens» schreiben soll. Läßt sich so was nicht über Computer regeln?»

Es ließe sich schon. Computer sind für den Zweck, in Strukturprobleme Ordnung durch vielschichtige Suchprogramme zu bringen, geradezu geschaffen. Mit wenigen Befehlen könnte man vernetzte und vertrackte Informationssysteme durchsichtig machen – ein entsprechendes Programm würde heute schon ohne Probleme von Freak-Programmierern aus dem eigenen Lager geschrieben werden können. Die riesigen Speicherplätze, die man für eine solche alternative Datenbank mit genügender Vielfalt und ausreichendem Gebrauchswert benötigte, sind längst nicht mehr unerschwinglich. In Amerika wurde kürzlich der «Whole Earth Catalogue», eine Art alternatives Branchenverzeichnis von A wie altes Auto bis Z wie Zwiebelsamen, auf einen Computer umgestellt, der über das öffentliche Fernsprechnetz anwählbar ist – gegen entsprechende Gebühr. Auch deutsche Versuche in dieser Richtung, so deutete ich Helmut an, gab es schon einmal. Ich konnte mich düster erinnern, daß Ende der siebziger Jahre eine heftige Debatte durch die diversen Alternativzeitungen tobte – vor allem durch die Leserbriefseite der damals noch jungen TAZ. Es ging um irgendein großflächiges alternatives Computersystem. Seitdem habe ich nichts mehr davon gehört.

Für solche verschollenen Experimente zeichnet normalerweise das «Projekt Gedächtnis» verantwortlich. Das Nachfolgeprojekt des «ID – Informationsdienst zur Verbreitung unterbliebener Nachrichten» (einer Art Urmutter der Alternativzeitungen, der durch die erstarkende TAZ das Wasser abgegraben wurde) sammelt seit geraumer Zeit alles, was jemals im Bannkreis der alternativen Kultur gedruckt wurde. Zwei riesige Räume, bis an die Decke vollgestopft mit Zeitungen (fast nur auf Umweltschutzpapier), schienen mir der richtige Ort, nach den Spuren des verschollenen Alternativnetzes zu fahnden.

«Tut mir leid», sagte ein freundlicher Typ am Projekt-Gedächtnis-Telefon, «aber wir nehmen im Moment keine Nachforschungsaufträge an. Wir stellen gerade auf Computer um. Das totale Chaos, wie du dir wohl vorstellen kannst.»

Ich konnte. Eine Adresse, die mir weiterhalf, fand ich trotzdem heraus, über Telefon pur, ganz ohne Modem.

Dürnau ist ein kleines Dorf, Rathaus, Kirche, Gasthaus und zwanzig Bauernhöfe zwischen Schwäbischer Alb und Bodensee, inmitten einer Landschaft, die aus der Kinderbuchillustration einer naturliebenden Freizeitmalerin (mit einem Apotheker verheiratet) entsprungen sein könnte: Felder, Hügel, Kuh und Zwiebelkirchturm, alles unkrautfrei. Mitten im Ort bewohnt und besitzt die «Kooperative Dürnau» zwei Höfe. Die Wurzeln dieser Gruppe führen zurück nach Wuppertal, zu eben jenem alternativen Datenbankprojekt, um das es damals so viel Wirbel gab. «Dezentrale» nannte es sich – und es war, wie konnte es bei einem Projekt, das mit Computern liebäugelte, anders sein, ständig dem Vorwurf ausgesetzt, Informationen zu zentralisieren.

«Das fing eigentlich mit ideellen Momenten nach dem Soziologiestudium an», erinnert sich Rolf, der von Anfang an dabei war. «Ich wollte etwas zur Vernetzung der alternativen Strukturen beitragen. Ursprünglich war es ein ganz praktisches, privates Problem. Wir waren aus dem Studium ausgestiegen und auf konkrete Netze einfach angewiesen: Wo man sein Essen kriegte, wo man die Pofe kriegte, wo man Jobs besorgen konnte – das war für uns die ständige Frage. Das hat sich dann Stück für Stück ausgeweitet – wir wollten einfach nicht, daß jemand, der eine ganz bestimmte Adresse sucht, sich gleich ein ganzes alternatives Adreßbuch kaufen mußte, und so begannen wir, die Connections, die wir hatten, nach außen weiterzugeben. Im Lauf der Zeit sammelte sich das an. Zum Schluß hatten wir zwei Sekretärinnen, Riesenstapel Post jeden Tag, 80000 alternative Adressen in Karteikästen und 5000 in unserem ersten Computer, dessen Programm noch ziemlich schlecht lief. Wir kamen nicht mehr nach, und dann diese ständigen Nervereien, dieser Frust. Da hast du irgendwelchen Freaks über deine Beziehungen eine Wassermühle verdealt, das konntest du eben mit so einem Netz, schnell an Informationen kommen, wo etwas vakant wurde. Und dann konnten die weder danke sagen noch ein paar Mark rüberschieben, die wir zum Überleben brauchten. Das demoralisierte. Irgendwann, als wir hier runterzogen, haben wir das ganze Experiment aufgegeben.»

Ständige Nervereien: Die «Dezentrale» hatte es in der Tat nicht leicht. In Leserbriefen in den Blättern der Szene wurde dem Projekt «Datenfetischismus» vorgeworfen, sie wurden bezichtigt, «alles an sich zu reißen», man witterte «alternative große Brüder», und für einige ganz hartgesottene Weltverschwörungs-Theoretiker galten sie gar als «Mitarbeiter des BKA, denen ihr locker Adressen liefert».

«Daß es Probleme gab», erzählt Rolf, «will ich gar nicht abstreiten. Natürlich bekamen wir aus obskuren Ecken Anfragen nach Listen von diesem und jenem. Aber wir bekamen das auch allmählich in den Griff. Wir versuchten, bestimmte Grundsätze der Datenhygiene einzuhalten.»

Alternative Datenspeicher – ursprünglich sollte in jedem Ballungsgebiet ein Computer aufgestellt werden, der mit den anderen in Verbindung treten konnte – benötigen anscheinend einen vertrackten alternativen Datenschutz. Die «Dezentrale» tüftelte ständig daran: «Wir gaben nach einigen Reinfällen, bei denen Adressen in die falschen Hände geraten waren, grundsätzlich keine kompletten Listen oder Tabellen mehr heraus. Wir benachrichtigten in den meisten Fällen auch diejenigen, nach deren Adresse gefragt worden war, und teilten ihnen die Adresse des Anfragers und dessen Anliegen mit. Am schwierigsten aber war es mit den ‹Promis›, den Prominenten, die ständig für Aufrufe, Kampagnen oder sonstwie gebraucht wurden. Am Anfang haben wir deren Telefonnummern freimütig weitergereicht, weil wir nicht einsehen wollten, warum die geheim bleiben sollten. Dann haben

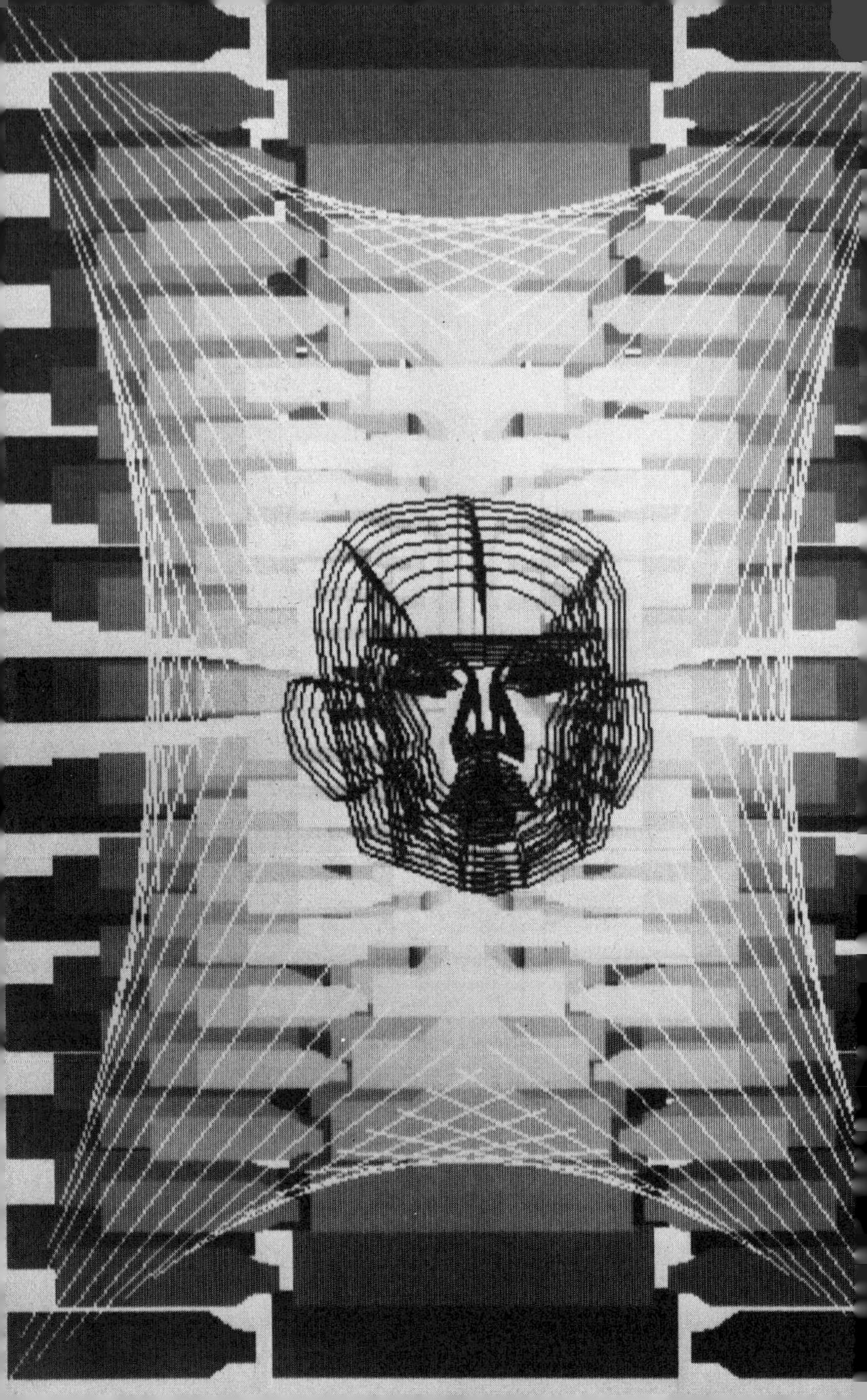

sich einige von ihnen beschwert. Da rief dann zum Beispiel Robert Jungk an und erzählte uns, daß ihn irgendein verrückter Typ nachts angerufen und vollgelabert hatte. Gut, aber es gab natürlich immer Fälle, wo es wirklich dringend war, wo ein schneller Konnex hergestellt werden MUSSTE – es war ja unser Anspruch, so etwas zu ermöglichen. Dann mußte man sich entscheiden, und man konnte sich fehlentscheiden. Aus diesem ‹Vertrauensproblem› kommst du nicht raus, da gibt es keine hundert Prozent Risikofreiheit. Dem Berliner Netzwerk, daß sich damals gerade gründete, haben wir die komplette ‹Promi›-Liste gegeben. Anderen nicht. Du kannst dir vorstellen, daß es um so was Putz gab. Und dann das Problem mit den illegalen Sachen. Erst wollten wir aus Sicherheitsgründen grundsätzlich keine illegalen oder halblegalen Geschichten aufnehmen. Aber wie definiert man das? Und was ist ein Info-Netz wert, in dem du nicht an Leute von der tschechoslowakischen Exillinken rankommst, nur weil vielleicht der KGB deren Aufenthaltsort auch über uns rauskriegen könnte? Oder Schwarzarbeiterprojekte? Soll man die rausnehmen, damit nicht eines Tages das Gewerbeamt vor der Tür steht? Da hätten wir gleich dichtmachen können.

Und dann immer diese Angst: Wir hatten ein komplettes Soziogramm der alternativen Szene. Wenn die Bullen wollten, konnten sie die Daten einfach einsacken. Wir haben uns sogar überlegt, einen einbruchssicheren Diskettenschrank zu bauen, der, wenn man ihn auf eine bestimmte Art und Weise NICHT öffnet, alle Daten auf den Adreßdisketten zerstört hätte ...»

Und heute? Könnten sich Rolf und Roger, der blasse, langhaarige Programmierer – die beiden arbeiten auch heute noch im Rahmen der Kooperative mit Computern –, vorstellen, so etwas noch mal zu versuchen? Die technikfeindliche Front im Alternativlager ist schließlich am Wanken, man hat zudem Erfahrungen vorzuweisen, kann Fehler aus der Pionierzeit vermeiden, vielleicht ist die bekannte Paranoia, nach der alles, was mit Computern zu tun hat, dem BKA dient, inzwischen genügend geschrumpft.

«Ich glaube nach wie vor, daß vernetzte Informationen für einzelne ungeheuer wertvoll sind», sagt Rolf. «Außerdem ist die Technik heute viel weiter – echte Vernetzungen werden erschwinglicher gegenüber großen, zentralen Systemen. Aber die Widerstände fangen schon ganz früh an. Wir haben uns mal überlegt, ein System aufzubauen, das Studienplatztausch quer über die Bundesrepublik erlaubt. Das klappt bislang nur sehr chaotisch – wenn du in München einen Platz hast und willst nach Kiel, wird es schwierig. Aber wir sind in Deutschland, und da geht es deutsch zu, auch und gerade bei den Linken: Wir haben beim VDS (Vereinigte Deutsche Studentenschaften) angerufen, um mit denen unseren Plan zu besprechen – Hardware, Software, hatten wir alles schon im Kopf. Die sagten uns: ‹Wir haben da gerade zwei Leute eingestellt, die machen das mit der Hand, die können wir nicht wegrationalisieren.› Für unser System hätten wir mindestens zwei Leute gebraucht, aber die blieben da stur ...»

So ist der einstmals emphatische Vernetzungstraum den Dürnauern von der bundesweiten Informationsebene in die lokale Praxis gerutscht. Die Gruppe betreibt mit vierzehn Leuten (und drei Kindern) mehrere Betriebe: einen kleinen Verlag, eine Druckerei, ein Satzstudio, einen Vertrieb (vom Holzspinnrad bis zum Umweltschutzpapier), einen Buchladen in der nahe gelegenen Kleinstadt und – ungewöhnlich für solche Projekte – eine Computeragentur. Anders als «Blue Bazoobi» baut die Kooperative allerdings keine Rechner, sondern fungiert nur als Zwischenhändler für eine etablierte Firma. Roger schreibt angepaßte Software für jeden Anwendungsbereich. Dabei vertritt er handwerklichen Ethos: «Ich rede mit den Leuten und versuche, ihnen nicht irgendwas aufzudrücken, sondern mit ihnen gemeinsam ein Programm zu entwickeln, mit dem sie auch wirklich etwas anfangen können.»

Die schlechten Erfahrungen mit dem Projekt «Dezentrale», dem ersten Versuch, ein bundesweites alternatives Datennetz zu entwickeln, bilanziert Rolf so: «Es kommt darauf an, daß man an den Netzen selbst beteiligt ist, daß man sich einmischt und dabeibleibt, daß es nicht anonym wird. Nackte Information bringt es nicht. Das war schon immer meine Meinung.»

Diese Haltung mag integer sein, ich fürchte nur, sie ist kaum praktikabel, wenn man ein Informationsnetz aufbauen will, das Helmuts konkreten Beschaffungsproblemen entgegenkäme. Denn das «Einmischen» würde ein Datennetz sogleich formen: Die Gruppe, die es betreibt (trotz aller Vernetzungsphilosophie käme man kaum ohne Verantwortliche aus, die die einlaufenden Informationen für den Rechner aufbereiten), würde am Ende ihr eigenes Süppchen damit kochen, ohne es gar zu merken. Vielleicht hat der Dauerbeschuß, unter dem das Projekt Dezentrale stand, mit diesem «Strukturierungsproblem» zu tun. Denn schon die Programmgestaltung produziert Macht, die man in den Griff bekommen muß. Am leichtesten wäre dies wohl durch klare, überschaubare Regeln und Normen gewährleistet, die die unmittelbaren Interessen der Betreibergruppe neutralisieren. Wenn aber diese Gruppe das System auf ihr privates «Netz» zuschneidet, macht sie sich ihr Publikum leicht zum Gegner. (Diesen Prozeß kann man immer wieder anhand der Machtkämpfe erleben, die dann auftauchen, wenn große Alternativprojekte «die Basis» zu organisieren versuchen – etwa zur gemeinsamen Verwaltung von Staatsgeldern oder zur Gründung einer Kreditbank. So sehr sie das Ganze auch als «Prozeß von unten» deklarieren, so sehr rutscht es doch wieder in einen Lobbyismus ab, der von den Interessen dieser Großprojekte geprägt wird.)

Man könnte das Problem, das durch die Verfügungsgewalt einer Betreibergruppe entsteht, natürlich durch vollständige und radikale Dezentralisierung umgehen. Jeder hätte dann seinen eigenen Computer zu Hause, könnte nach Herzenslust mit anderen Rechnern über Modem kommunizieren und so lange «herumreisen», bis er die gewünschte Information gefunden hat. Eine wahrhaft «saubere» Lösung, radikal und konsequent. Machtprobleme wären obsolet, weil keine zentrale Speicherung sie aufwerfen würde.

Die Sache hat nur einige Haken: Erstens würde man eine der wesentlichen Stärken des Computers glatt verschenken – sein Talent zur Systematisierung, zum Sortieren ungeordneter Information. Ein total dezentralisiertes Netz bliebe chaotisch, der Zufall entschiede, ob man in den richtigen Rechner und zur richtigen Adresse rutscht. Ob man für so etwas wirklich Computertechnik braucht? Oder reicht da nicht das Telefon?

Zweitens: Helmut müßte, wollte er die Adresse seines biodynamischen Bienenwachsherstellers herauskriegen, sich einen Computer anschaffen, programmieren lernen und obendrein gewaltige Telefonrechnungen berappen, bevor er das Wachs auf die Hoftür schmieren darf. Der Umgang mit dem Modem und den verschlungenen Wegen im Datennetz ist nicht gerade jedermanns Sache.

Dadurch wären – im Namen dezentraler Konsequenz – neue Hierarchien geschaffen, ein unmittelbarer Informations-Gebrauchswert wäre dahin. Die eingefleischten Computerfreaks herrschten alleine über ihr ach-so-basisdemokratisches Netz. Der technisch weniger versierte Freak von nebenan, der nur eine bestimmte Information will, bleibt draußen. Solcher «Dezentralismus» konserviert und schafft Computereliten.

Was wäre die Alternative? Das Dilemma ist so leicht nicht zu lösen. Wo Informationen zu Daten werden, herrschen andere Gesetze als in der Kommunikation von Mensch zu Mensch. Die ungeheure Datenflut, die über die Betreiber der «zentralistischen Version» – der alternativen Datenbank mit Service-Funktion – hereinbrechen würde, müßte sie zur Selektion, zur Unterscheidung in «wichtig» und «unwichtig», in «alternativ» und «nicht alternativ» zwingen – und damit zu konfliktträchtigen Entscheidungen. («Was? Ihr habt mich aus dem Speicher rausgeschmissen? Ist mein Vertrieb von Ledertangas etwa nicht alternativ?»)

Ich fürchte, daß die guten alten alternativen Kriterien von Dezentralität, Nichtentfremdung und persönlicher Überschaubarkeit für das Medium Computer die falsche Elle sind – allen Netzwerk-Euphorien zum Trotz. «Ich habe eigentlich keine Lust, einen Info-Automaten zu machen, wo du oben fünf Mark reinsteckst und unten kommen fünf Informationen raus», sagt Rolf. «Das wäre mir einfach zu entfremdet.»

Verständlich ist das schon. Nur «verfremden» Computer eben Information zu Daten – das macht ihren Gebrauchswert UND ihre Gefahren aus. Jener Info-Automat wäre unter dem Aspekt «Gebrauchswert» eine feine Sache. Vermischt mit Rolfs «Nichtentfremdungsphilosophie» schüfe er jedoch automatisch das oben geschilderte Machtproblem durch «Interessenprogrammierung».

Nein – der Traum von der Informationsrevolution durch Computer mag ein schönes Wunschbild sein, aber er ist, mit den Patterns der Alternativbewegung betrieben, naiv. Vielleicht muß man die «Kälte» der Computer eben auch mit kalten (pragmatischen) Methoden zähmen. Vielleicht muß man lernen, klare Grenzen zu ziehen – etwa im Sinne eines alternativen Datenschutzes –, anstatt alles ideologisch-alternativ zu vereinnahmen und dadurch Illusionen zu schaffen, die ganz schnell wieder zusammenbrechen. Vielleicht schaffen Computer eine eigene, «autonome» Gesetzmäßigkeit, deren Handhabung wir nur jenseits der alternativen Kulturnormen erlernen können.

Die Dürnauer Computerfreaks versuchen, solche grundlegenden Probleme im Spannungsfeld zwischen Dezentralität und Zentralisierung auch von der technischen Seite her anzugehen: In ihrem Computerangebot wird demnächst – so der Plan – ein Interface (Schnittstelle zwischen Rechnern) zu finden sein, mit dem man bis zu 255 Computer aller Art miteinander verknüpfen kann. Der dazu aus den USA importierte Chip ist allerdings noch nicht ganz serienreif.

Was «dezentrale Vernetzung» in der Realität und in die Alltagsstrukturen hinein heißt, wird mir bei meinem Rundgang durch die Anliegenschaften der «alternativen Kooperation» klar. Die Höfe sind eine permanente Baustelle – überall wird erweitert, umgebaut, eine Sauna entsteht neben der Druckerei, ein Büro unter dem Dach, ein Theatersaal in der Scheune. Ich wundere mich über die schweigenden Druckmaschinen, die moderne Fotosatzanlage, hinter der niemand sitzt – normalerweise zwingen die hohen Abschreibungskosten gerade Alternativbetriebe zu extremer Maschinenauslastung. «Wir versuchen einfach, Überkapazitäten zu schaffen», sagt Rolf. «Wir wollen nicht zu Sklaven der Maschinen werden. Man kann mal drucken, mal setzen, mal Vertrieb machen – aber nicht immer.»

Ich wittere hinter solchen Lockerheiten das alte Theorem vom

Alles, das jeder können soll – solche wohlfeilen Ansprüche führen in der alternativen Projekterealität meist zu Mißorganisation, Frust und ökonomischen Krisen. Doch die Dürnauer betreiben ihr Projektkonsortium nicht so ideologisch. Jeder sollte zwar alles können, *muß* es aber nicht. Die verschiedenen Betriebe federn einander ab: Gibt es in einer Sektion Schwierigkeiten, schießt die andere zu – solche Möglichkeiten sind Privilegien von Großprojekten mit mehreren «Standbeinen». Die Computerisierung ermöglicht einen hohen Grad von Effektivität. Den Löwenanteil an ökonomischem Plus erzielt die Kooperative mit bedrucktem Umweltschutzpapier, jeden Tag werden Stapel von Paketen ausgeliefert. «Natürlich erledigen wir die Bestellungen mit dem Rechner. Und wenn wir erst einmal unser Vernetzungs-Interface haben, können die einzelnen Abteilungen autonom ihre Buchhaltung auf ihren Computern machen, man kann aber trotzdem eine gemeinsame Abrechnung fahren, Daten austauschen und herüberschieben.»

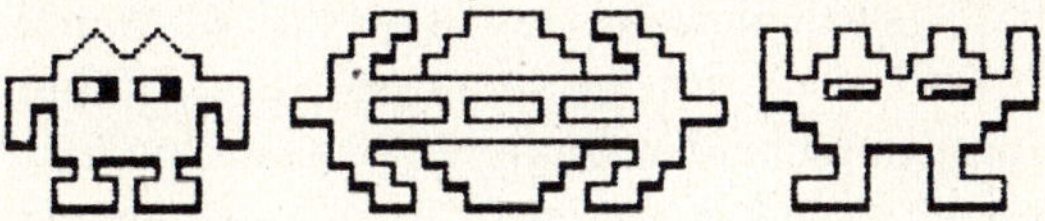

Subroutine 8

Die Rollen drehten sich unaufhörlich um. Und Johnny ging in die Offensive: «Weshalb ist in puncto Computer die Alternativszene mit dem Bildungsbürgertum eine heilige Ablehnungs-Allianz eingegangen? Weshalb herrscht zwischen diesen beiden sonst so abgrundtief verfehdeten Gruppen hier plötzlich so tiefer Friede?»

«Das Bildungsbürgertum hat Angst vor der Verblödung seiner Kinder und die Alternativszene um den Verlust ihrer Ideale unter den Jugendlichen», vermutete ich.

«Da machst du es dir wieder mal einfach. Es geht um mehr: um den Untergang des Abendlandes. Davon reden sie doch alle. Nimm mal den typischen Leser der ‹ZEIT›. Er hat einen dicken Bücherschrank. Er ist bis zum Erbrechen humanistisch gebildet.

Er hat Latein gelernt und hat Geld. Er ist Sinnträger der Gesellschaft. Er schafft, vertritt und verteidigt kulturelle Normen.»

«Na und?»

«Jetzt nimm einen x-beliebigen Alternativo. Er hat den Durchblick. Er weiß, warum die Welt so beschissen und gemein ist. Er will sie besser machen. Er hat ebenso eine Bücherwand. Er ist Teil einer Bewegung, die einen gesellschaftsverändernden Anspruch hat. Fällt dir was auf? Beide sind PRIVILEGIERT – durch Bildung und Sinnproduktion, durch Zugang zu Informationen. Und darum geht es: um Herrschaftswissen. Die Anti-Computerfront steht deshalb wie eine Eins, weil beide Schichten um ihre Privilegien fürchten. Und das zu Recht: Der Computer ist ein Medium, das Informationen blitzschnell zugänglich machen kann. In einem entwickelten Datennetz kann Herr Meier von nebenan alle Informationen auf dem Planeten blitzschnell abrufen. Der ach-so-gebildete Humanist kann sich seine Bücherwand und sein großes Latinum in den Arsch stecken. Und die ganze mühsame Sinngebung der Alternativos ist überholt. Das ist die Angst: Man fürchtet um das Bildungsmonopol, um das Sinnmonopol, das SinnSTIFTER-monopol, das Klugscheißermonopol. Was sagst du dazu?»

«Ich finde es ein bißchen konstruiert», sagte ich. «Aber da ist etwas dran. Nur bin ich nicht so sicher, ob ich noch mehr Kommunikation, noch mehr Information, noch schnellere Information überhaupt will.»

Zugegeben. Das klang etwas mickrig. Und irgendwie geradezu reaktionär.

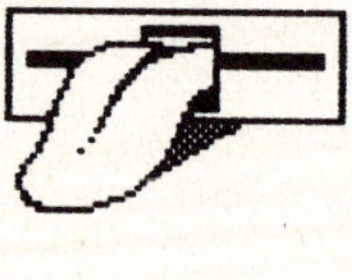

GANZ GEIL AUF ONLINE – Der Hacker-Mythos

«Hauptsache, ich kriege die Tür auf. Mir ist egal, was dahinter ist, ein Paradies, die Apokalypse, eine Folterkammer oder die Langeweile.» (Philipp, der Hacker)

Hacker liegen im Trend. Seit die Presse vor einiger Zeit jene geheimnisvollen Tastenzauberer entdeckte, die sich heimlich in fremde, angeblich gutgesicherte Datennetze schleichen und dort nette Grüße an IBM und ITT hinterlassen, hat die Computerwelt ihre Robin Hoods. Hacker, so scheint's, vermögen die teuflische Macht der Computer und Datenbanken aus den Angeln zu heben. Sie sind die Davids gegen die Goliaths, sie kämpfen stellvertretend für uns alle gegen das Undurchschaubare. Es ist beruhigend, daß es sie gibt – solange solche Husarenstreiche möglich sind, kann es mit dem großen Bruder nicht weit her sein. Gleichzeitig setzen sie einen Gestus, eine Idealfigur fort, die in den siebziger Jahren die Jugendkultur geprägt und diverse soziale Bewegungen beeinflußt hat: die Rebellion des einzelnen gegen die anonyme Macht. Die individuelle Subversion gegen die mächtigen Apparate.

Ein Nebeneffekt dieser Hacker-Verherrlichung, die eine Weile kräftig durch die Presse geschürt wurde, verursachte mir Unbehagen. Allzu leicht konnte man seine Ängste bei diesen neuen Heroen in Kommission geben. Allzu wohlfeil ließen sich die guten alten Mythen der Rebellion nahtlos bei ihnen unterbringen. In den Computerdebatten galten sie stets als Stellvertreter: Solange die da rummachen, brauchen wir uns mit dem Thema nicht wirklich auseinanderzusetzen. Plötzlich kamen mir die wild wuchernden Kolportagen über die Heldentaten der Byte-Piraten völlig überzogen vor. Dabei hatte niemand in meinem Bekanntenkreis jemals einen dieser sagenumwobenen Spezies zu Gesicht bekommen. Ich fuhr also nach Hamburg, wo die Hackerszene – so hatte ich gehört – am kräftigsten entwickelt ist.

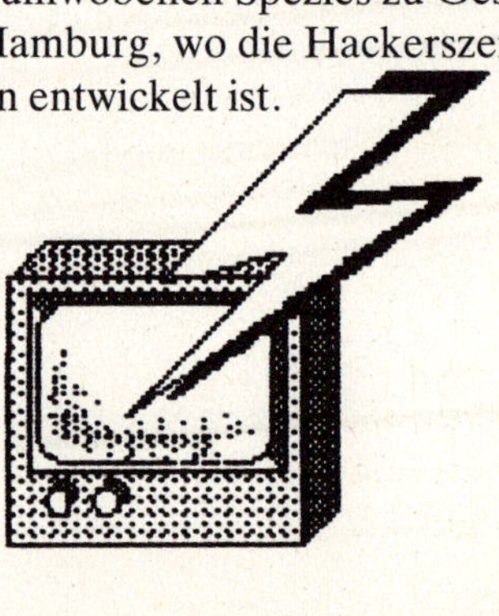

Ich dachte immer, ich sei einiges gewohnt, was das heimelige Chaos anbetrifft, das manche Wohngemeinschaften adelt: Arrangements aus wackeligen Geschirrbergen, die, geduldig auf Spüli und heißes Wasser harrend, kunstvoll Schimmelgewächse hervorbringen, der Kampf mit den verlorenen Socken und der Papierwüste ohne Wegweiser auf dem Schreibtisch, das Zuständigkeitsvakuum in den unendlich komplizierten Sphären des Flur- und Kücheputzens. Ein gediegenes Chaos kann schön sein, man kann einen Lebensstil daraus kultivieren. Für «wilde Zeiten» ist es sogar unabdingbar.

Ich dachte also, ich sei einiges gewohnt. Bis ich in Hamburg den inzwischen fast legendären «Chaos-Computer-Club» (CCC) besuchte, der mit TAZ-Artikeln über die höheren Weihen des «Hakkens» und seiner Zeitschrift «Datenschleuder» zu einer Art Sponti-Zentrale für das subversive Computerwesen avanciert ist.

In der «Zentrale» des Clubs stieß ich auf ein Durcheinander, das meine früheren WG-Erfahrungen auf den Status nackter Stümperei zurückschraubte. Die Souterrain-Wohnung in einem nordöstlichen Hamburger Stadtteil entpuppte sich als Gesamtkunstwerk, das man (in Polyester eingegossen) unter dem Titel «Materie, in steter Auflösung begriffen» auf jeder avantgardistischen Kunstausstellung an reiche Amerikaner verkaufen könnte. Angesichts der undefinierbaren Wäscheberge, skurril geschichteten Pappkartons und Aktenordner, müllgefüllten Pamperspackungen, Milchtüten, begrabenen Matratzen und abenteuerlich verknoteten Computerausdruckfahnen mit umgekippter Aschenbechergarnierung versagte es mir (fast, wie man sieht) die Sprache. Mitten in diesem Getürm, das allenfalls für äußerst sparsame Bewegungen Platz ließ – der Boden, auf den man seinen Fuß setzen konnte, ohne auf irgend etwas zu treten, ließ sich in Briefmarkenformaten abmessen –, standen zwei große, sanft säuselnde Computer der gehobenen Preisklasse und zwei Hochgeschwindigkeitsdrucker, die, gerade als ich die Bimmel an der Tür betätigte, mit 400 Anschlägen pro Sekunde (!) das Computerfahnen-Gewurschtel ins Unermeßliche wachsen ließen.

Der Chaos-Computer-Club – das ist im wesentlichen (aber nicht nur) ein Mensch mit dem Titel «Doktor Wau», die «Zentrale» nichts anderes als seine Wohnung. Wau bildet Herzstück und Motor der «galaktischen Vereinigung ohne feste Strukturen», die sich zum Ziel gesetzt hat, «gegen die Angst- und Verdummungspolitik in bezug auf Computer sowie die Zensurmaßnahmen von internationalen Konzernen, Postmonopolen und Regierungen anzustinken» (Zitat aus der 1. Ausgabe der «Datenschleuder»). Obwohl sein Name nur ein Pseudonym ist, sieht der inzwischen wohl bekannteste Hackerideologe Deutschlands zumindest an dem Tag, als ich ihn besuche, wie ein verschmitzter Chinese ohne Schlitzaugen aus. «Alles hat seinen Sinn», sagt er bei meinem zwischen Fassungslosigkeit und Bewunderung schwankenden Rundblick durch seine Wohnung. «Ich programmiere hin und wieder, mache Aufträge für die Industrie, und dabei bin ich sehr sorgfältig. Wenn man aber oft in einer solchen klar gegliederten Welt wie der des Programmierens unterwegs ist, braucht man einen äußeren Ausgleich, damit Chaos und Ordnung im Gleichgewicht bleiben. Das ist Ökologie.» Er muß, was Penibilität betrifft, ein Superas sein.

Wie kein anderer kann Wau die subversiven Potenzen propagieren, die in der weltweiten Verbreitung der Computertechnologie stecken. Wie kaum ein anderer transportiert er den alten, rebellischen Geist der sozialen Bewegungen auf das neue Medium. Er ist einer der wenigen «68er», die sich bruchlos der neuen Technologie zugewandt haben – anscheinend ohne die geringsten Abstriche an Rebellengeist. Wo andere aus seiner Generation systemüberwindende Gedanken längst überwunden haben, legt Wau erst richtig los. Wau ist ein Computerfreak mit Technikbegeisterung, aber auch einer, der schier unstillbare Lust an Sabotage verspürt. «Ich bin verführt von der süßen Seite der Macht», sagt er. «Sie ist eine ständige Herausforderung, die durch Computer erst richtig spannend wird. Ich bin – im Wortsinn – neu-gierig.»

Verführung und Bekämpfung: Diese zwei Seiten seiner Existenz weben sich wie ein doppelter roter Faden durch seine Geschichte. Begeistert – und ganz ohne Distanzierung oder die übliche abgeklärte Nostalgie – erzählt er von den «alten Zeiten», von Vietnam-Demos und linken Buchläden, von Landkommunen und

Koryphäen aus der linken Szene. «Ich habe aber damals schon gewußt, daß Hammer und Sichel überholt sind. Die Strukturen sind immer komplexer geworden, und heute leben wir in einer vernetzten Welt. Es gibt keine Chefs mehr, keine Zaren oder Diktatoren, die man mit einer Bombe wegsprengen kann, damit sich etwas ändert. Was hat die Bundesregierung eigentlich noch zu sagen? Deshalb ist es auch sinnlos, frontal gegen die Macht anzurennen. Die Zeit der großen Massenaktionen ist vorbei, es geht heute um die kleinen Nadelstiche, um die ständige Anwesenheit und Störung.»

Waus Gesellschaftsanalyse sieht die Hacker von heute in direkter Linie zu den Haschrebellen von einst: «Die ‹Datenschleuder› und die ‹TAP› (die bekannteste amerikanische Hackerzeitung, herausgegeben von Oberhacker Ceshire, der mit Wau persönlich bekannt ist) sind nichts anderes als eine modernisierte Fassung von Teufels ‹Klaumich›. Der Unterschied ist nur: Wer sich heute mit der Macht anlegen will, muß in erster Linie Kommunikations-Knotenpunkte klauen. Die neuen Computermedien sind potentiell dezentral, sie werden nur zentralistisch eingesetzt. DAS ist der Unterschied zu einem Maschinengewehr oder der Atombombe – beides kannst du nur total destruktiv einsetzen. Computernetze aber können dem menschlichen Bedürfnis nach individueller Verschiedenheit Rechnung tragen.»

In der Küche, bei Unmengen von Kaffee («die ständige Hackerei geht auf den Kreislauf») und unter einem vergilbten Plakat «Heilkräuter der Natur», belagert vom benutzten Geschirr der letzten Monate, gerät der 32jährige Wau erst so richtig in Fahrt. Er ist eine wahre Fundgrube für Anekdoten. Er kann stundenlang von kleinen, subversiven Tricks schwärmen, etwa wie man zum Beispiel mit Stanniolpapier auf U-Bahn-Gleisen die Videoüberwachungskameras auf den Bahnhöfen außer Gefecht setzen kann oder welche französischen Münzen in welche deutschen Telefone passen. Was die inneren Strukturen der nationalen und internationalen Datennetze betrifft – da kennt er sich aus. Sein Lieblingsthema: Bundespost und Politik. Zum Beispiel die Gründe dafür, warum die deutsche Bundespost die Regelung, daß ein zahlungssäumiger Telefonkunde Anrufe immer noch empfangen, aber nicht mehr selbst telefonieren kann, 1970 abschaffte: «Das war direkt nach den Notstandsgesetzen. Damals hat die Post das ganze Netz auf den Ernstfall umgebaut. Im Kriegs- und Katastrophenfall sind jetzt die Leitungen frei für die Obrigkeit. DAS ist der Grund, weshalb man heute nur noch hört ‹Dieser Anschluß ist vorübergehend nicht zu erreichen›.»

Mit solchen Strukturproblemen und Detailinformationen ist man natürlich als aktiver Hacker ständig konfrontiert. Wau sieht den Sinn des Hackens nicht einfach im Vergnügen, den Großen eins auszuwischen, sondern in der Durchleuchtung und Erforschung der elektronischen Kommunikationsnetze: Die politische Auseinandersetzung um Datensysteme bekommt dadurch solide Detailinformationen. So sehr Wau auch als passionierter «Datenreisender» auf Computernetze «abfährt», so erbarmungslos kritisch geht er doch mit deren Betreibern um. Natürlich würde es ihm Spaß machen, sich im Bildschirmtext-Netz «umzusehen». Aber: «Bildschirmtext wird zum erstenmal im breiten Stil Sozialdaten in gigantischer Menge verfügbar machen – Käuferverhalten, Konsumenten- und Meinungsanalyse wird mit BTX ein Kinderspiel. Das wird Herrn Herold, der ja als Verlierer in diesem Geschäft gilt, mit Sicherheit freuen. Das BKA hat da nicht mehr viel Mühe – es braucht nur das Masterpassword für BTX und kann sich alle Daten beschaffen, von denen es sonst nur träumen konnte. Als Hacker weiß man sehr genau, daß man Datenschutz ebensoeinfach ausschalten kann, wie man einen Staubsauger in die Steckdose steckt. Wenn WIR schon Passwörter herauskriegen – warum sollten große, gutorganisierte Gebilde wie das BKA das nicht viel besser können?»

Von festen Organisationsstrukturen – auch im Widerstand gegen die großen Systeme – hält Wau nichts; ebensowenig wie von selbstorganisierten Datenbanken. «Ich glaube, das ist historisch überholt.» Und so ist der Chaos-Club alles andere als ein Club. Er entstand vor drei Jahren, als sich die ersten zaghaften Ansätze in Sachen Computer rührten, aus einem Treff «mehr oder minder linker Datenfreaks, die damals noch total isoliert waren und sich immer vor der Szene verstecken mußten, weil sie als Computer-Bösewichter galten.» Zunächst plante man alternative Videospiele, aber daraus wurde nichts. Heute trifft man sich alle vier Wochen, «um Infos auszutauschen», im Hamburger Schwarzmarkt, einer Art Alternativkneipe. Die «Datenschleuder» (1000 Exemplare Auflage) ist ein vierseitiges Faltblatt mit kleinen, überwiegend technischen Tips und Tricks, die ein normaler Sterblicher ohne Modem und Computer kaum lesen kann – mit Ausnahme einiger Kuriosa aus der Welt der Systeme («Neulich ist das kommunale Rechenzentrum in München ausgefallen. Die letzten Worte waren ‹Ein relevantes Arbeitsgebiet ist nicht existent›») oder kleinen, witzigen Anmerkungen aus der Hackerszene, an denen man auch als Nichthacker seine Freude haben kann: «Gebrauchte Telefonzellen können bei der Bundespost für ca. 200 Mark frei Haus bezogen werden.» – «Klar», grinst Wau, «daß wir dadrin keine Passwörter veröffentlichen. Passwörter sind ein persönliches Geschenk, mit dem man verantwortlich umgehen muß. Sonst ändern die das Ding schneller, als du die Zeitung drucken kannst – und dann kommst du in den Rechner nicht mehr rein.»

An Zuschriften leidet der CCC trotz fehlender Organisationsstruktur keinen Mangel. «Da kommen dann Briefe mit Parolen, etwa ‹Das Chaos gegen das Pentagon›, das war, nachdem der Film ‹Wargames› anlief. Neulich hat uns einer aus der Schweiz beschrieben, wie er es leid war, immer nur die Löcher im Schweizer Käse mit dem Rechner zu zählen oder mit dem Soundgenerator Kuhglocken zu imitieren – und wie er dann auf die Reise in fremde Datennetze ging. Der Brief war mit der Hand geschrieben, und fast hätten wir ihn in den Papierkorb geworfen, weil wir normalerweise nur Computergedrucktes annehmen. Dann gibt es auch noch viele Kids, die irgendwelche Probleme mit ihren Rechnern haben, ihre technischen Probleme von uns gelöst haben wollen. Denen schreiben wir dann zurück: Der CCC steht für das Chaos in fremden Systemen, für das Chaos in deiner eigenen Kiste bist aber nur du selbst verantwortlich.»

Es geht nicht nur um Chaos – auch in der kleinen, eingeschworenen Hackerszene, die in Waus Souterrain-Idylle aus- und eingeht, werden Utopien einer Vernetzung von unten gesponnen. Aber Wau hält nichts von Informationssystemen, wie sie die «Dezentrale» versucht hat. Er findet sie zentralistisch. «Warum soll nicht jeder einen Rechner zu Hause haben?» fragt er, um sogleich die Antwort zu geben: «Vertikale Kommunikation – das ist das genaue Gegenteil von Datenbanken, auch von alternativen.»

Das Zaubermittel, das in Zukunft solche Widersprüche lösen soll, heißt «mail box». Diese «Computerbriefkästen» sind offene «Speicherecken» in an das Telefonnetz angeschlossenen Rechnern, in denen jedermann Botschaften hinterlassen und abrufen kann. Dabei kann man offene Botschaften eingeben, die dann jeder «user» lesen kann, oder auch «codierte» Privatmitteilungen. «In Amerika funktioniert so etwas schon längst», erzählt Wau, «zum Beispiel in «The Source», wo die Schwulen sich ihr eigenes mail-box-System aufgebaut haben – von Veranstaltungsinformationen bis zu Kontaktwünschen kann man da alles abrufen. Der Pferdefuß: «The Source» wird von Reader's Digest finanziert, und ob dieser erzreaktionäre Verein Interesse an autonomer Schwulenkommunikation hat oder ob da irgendwelche anderen Interessen dahinterstecken – ich weiß nicht.»

In der Entwicklung solcher mail boxes sieht Wau eine der Hauptaufgaben seines Clubs – und die Zukunft «echt vernetzter» Strukturen, die alternative Datenbanken überflüssig werden lassen. Ansätze dazu gibt es schon in verschiedenen Städten. Damit dürfte die Hacker-Gemeinde von der puren Lust am «Rumhakken», am Eindringen in fremde Datennetze, zur Entwicklung eigener Alternativen kommen.

«Das mit dem Hacken macht mir schon manchmal Probleme», sagt Wau. «Ich denke hin und wieder, daß wir so etwas sein könnten wie die unbezahlten Trüffelschweine der Industrie. Wir entdecken die Lücken – damit die da oben sie stopfen können ...»

Im Laufe des Tages in jener abwaschgefüllten Küche habe ich auch noch Philipp, den Oberhacker, kennengelernt. Anders als Wau, der eher die politischen Aspekte des «Hacksports» betont, betreibt Philipp die Reise in fremden Datennetzen aus purer, hehrer Leidenschaft. «Ich suche Lücken im System», sagt er. «Dabei arbeite ich nicht GEGEN die Technik, sondern MIT ihr. Ich bin überhaupt nicht gegen das System, ich will es nicht zerstören, im Gegenteil, es ermöglicht mir Abenteuer. Im Hacken habe ich ein supergeiles Abenteuer gefunden. Dieses Gefühl wirst du wohl niemals kapieren: Wie das ist, wenn der fremde host (Rechner) antwortet, wenn du ONLINE bist, whow, das ist wie, wie ... na ja, Hauptsache, du kommst rein, das ist einfach ein geiles Gefühl, wenn sich die Tür öffnet und du dich einklinkst, nachdem du stundenlang gekämpft hast – zack, das ist Glück.»

Ich mußte über diese Formulierungen lachen. Philipp, der Oberhacker (er ließ in seinen Erzählungen keinen Zweifel, daß er einer der besten ist), ähnelte mit seinen 25 Jahren einem elitären Collegeboy aus Oxford, der sich ständig beweisen muß, daß seine Sportart die edelste von allen ist. Sein Jargon strotzte von lustvoll betonten Insider-Wörtern. Die Welt schien sich für ihn, eigentlich viel deutlicher als bei den jungen Computerkids, zu einem «Orga-Problem» reduziert zu haben, wo es nur darum geht, «ständig auf online rumzufahren». Online – das war sein Lieblingswort. Online sein, das ist für Philipp so etwas wie «top» oder «geil» oder «Spitze» – dabeisein ist alles.

Da war er nun, der Tastenzauberer, der sich virtuos in fremden Datennetzen bewegt, die Konzerne und den großen Bruder das Zittern lehrt. Den Nimbus, mit dem ihn eine Öffentlichkeit verbrämt hatte, die vor Computern Angst hat (und deshalb Leute mag, die da ein bißchen herumpfuschen können), mit diesem Nimbus konnte er sich kokett umgeben wie eine eitle Datendiva. Sein Habitus war eher elitär als subversiv. «Mal so'n bißchen rumhacken wie das manche machen, das bringt doch nichts. Da muß man schon gut sein.»

Philipp ist, wie er selbst sagt, ein «typisches Produkt des Medienzeitalters». «Ich habe als Sechzehnjähriger mit dem Fotografieren angefangen, dann ein bißchen mit CB-Funk rumgemacht, und als auch das mich zu langweilen anfing, stieg ich auf Video drauf. Da bin ich dann versackt. Ich habe tagelang vor der Glotze gehangen und Filme eingespeichert, ich hätte den Dauerrekord im Videogucken brechen können. Aber auch das war keine Herausforderung. Vor drei Jahren habe ich mir einen Computer gekauft. Ich fing an wie die anderen: Programme sammeln. Irgendwann saß ich da mit meiner Software für 50000 Mark – natürlich hatte ich dafür nichts bezahlt, kam ja alles vom Schwarzmarkt – und konnte mit dem ganzen Kram nichts anfangen. Und DANN KAM ES. Ich fing mir an zu überlegen: ‹Wie komme ich raus?›»

Philipp ist «rausgekommen», indem er sich ein Modem kaufte. Kommunikation – immer mit dem Zusatz «weltweit» –, das ist Philipps zweites Stichwort, er spricht es mit zärtlicher Emphase aus, wie überhaupt seine Liebe zum planetaren Datennetz von erotischen Gefühlen geprägt zu sein scheint. Er liebt die «mail boxes» über alles. «Da bist du ständig mit Leuten auf Draht.» Er liebt das DATEX-Netz der Post, von wo aus man sich in aller Herren Länder verdaten kann. Er «fährt drauf ab», wenn «ein Rechner am anderen Ende pfeift – das macht mich schon ganz kribbelig». Besonders stolz ist er auf seine Telefonrechnung. Der weltweite Datenaustausch macht sie monatlich vierstellig. Aber auch da gibt es Tricks: «Wenn du 'ne offene NUI kennst, kannst du auch auf deren Kosten wildern gehen.» NUI – das ist eine «network user identification», eine Kennummer für an das Telefonnetz angeschlossene Rechner. Kennt man zum Beispiel die Kennnummer von IBM, kann man auch auf IBM-Kosten im Datennetz herumreisen. Etwas schwierig wurde es allerdings, als in Hackerkreisen wiederum Philipps NUI bekannt wurde. «Da hätte ich um ein Haar einen Offenbarungseid leisten müssen – die haben auf meine Kosten rumgehackt wie die Teufel – die wußten ja nicht, daß das MEINE NUI ist.»

Kommunikation – Philipps rauschhafte Begeisterung für dieses Zauberwort hat sich, so fürchte ich, verselbständigt. Es gelang mir nämlich trotz einiger Hartnäckigkeit nicht herauszufinden, ÜBER WAS er eigentlich kommuniziert. «Ich suche natürlich immer den user am anderen Ende der Leitung, die Person, nicht den Rechner», beteuerte er. Aber als Inhalt der Kommunikation gab es immer nur zwei Dinge: das Wetter oder technische Tricks, wie man weiter, noch tiefer, noch besser in das Computernetz eindringen konnte. «Es ist nur wichtig, dringewesen zu sein. Schließlich bin ich kein Crasher, der irgendwelche Daten zerstören will, im Gegenteil, ich gehe immer sehr vorsichtig wieder raus, um keine Spuren zu hinterlassen. Es ist einfach ein Sport – mal sehen, wie auf dem Kennedy-Airport die Flugpläne aussehen. Oder mal in den Schufa-Computer gucken. Vielleicht kann man mal was damit anfangen. Einfach ein network-wizard sein, das ist es. Einfach seiner Zeit voraus sein – das wollte ich schon immer.»

Das Hacken als Abenteuer, als Spiel, als Bewegung um der Bewegung willen – wer könnte eine solche Leidenschaft nicht nachvollziehen? Aber mit Subversion und Gegen-Macht hat das wohl wenig zu tun. Philipp zumindest ist in erster Linie in die Schönheit seines «Äpfelchens» (Apple-Computers) verliebt. Mir schien seine Leidenschaft beliebig. Er hätte ebensogut Autoknacker werden können. Nein, das wäre nicht sein Fall, aber ob er nicht ebenso begeistert von einem Job als Systemprogrammierer bei IBM schwärmen könnte?

Zudem wird das Ausmaß, in dem sich die Hacker in fremden, gutgeschützten Datennetzen herumtreiben, bei weitem überschätzt. In 99 Prozent der Fälle bleibt es beim «Anklopfen» – das System am anderen Ende der Leitung meldet sich, und beim Hacker kribbelt es. Die echten «Einbrüche» sind eher seltene Ergebnisse von Glück plus Ausdauer. Hacken ist eine mühsame Fleißaufgabe, deren Belohnung in den allermeisten Fällen das Vergnügen ist, sich völlig unnütze Daten anzugucken – etwa die Außenvertreterlisten von Siemens in Baden-Württemberg (Nord). So richtig ulkig wird es natürlich bei den entsprechenden Gehaltslisten. Da kann man dann schon einmal dem kleinen Angestellten ein sechsstelliges Monatsgehalt verordnen. Das Problem: Man «verdirbt sich mit solchem fun die Quelle» (Philipp). So wohnen zwei Seelen – ach – in Hackers Brust. Will der Datenknacker seinem puren Hobby weiter frönen, muß er verhindern, daß seine Einbrüche sichtbar werden. Das reduziert den Hacksport auf das pure Gucken.

Vieles, was darüber hinausgeht, setzt sich aus Kolportage und Übertreibung zusammen – natürlich erzählt ein echter Hacker keine Details über seine Datenwildereien. Philipps dunkle Andeutungen über den «großen BKA-Job» lassen das Journalistenherz höherschlagen, stellen sich aber bei näherer Erläuterung als Filmskript heraus. «Wenn das liefe», sagt Philipp, «wär's wohl aus mit der Hackerei. Da kennen die keinen Spaß mehr. Ich weiß nicht, ob ich das will.»

In diesem Klima aus Halbwahrheiten, Gerüchten und Nichts-Genaues-will-keiner-Sagen wuchern allerdings skurrile und abenteuerliche Geschichten, die es allein schon wert sind, erzählt zu werden.

Etwa wie Philipp den Systemmanager einer großen Firma anrief, sich als Computeroperator vorstellte, der in dieser Nacht Dienst hatte: Hör mal, ich muß heute nacht an deinem System arbeiten, und ich will das Password ändern, weil hier dauernd Anrufe reinkommen, die mir verdammt nach Hackern aussehen. Schlag doch mal ein neues vor.

– Wie wär's mit Xanthippe, sagt daraufhin der Systemmanager.

– Okay, wird gemacht, antwortet Philipp, und wühlt deutlich hörbar auf seinem Schreibtisch herum, warte mal, wie war denn das alte, ich hatte es doch gerade noch hier liegen.

– Na, Phönix, sagt der Manager mürrisch, der gerade mit seiner Frau ins Kino will.

Wahr ist auch, daß der Hacksport im Gegensatz zum isolierenden Programmieren Kommunikation zur Voraussetzung hat – ohne die Weitergabe von Passwörtern und Tips, ohne das dazu notwendige persönliche Vertrauen, den Kontakt von Mensch zu Mensch, käme die Hackergemeinde nicht aus. Das Hacken schafft – anders als die nackte Technikleidenschaft – soziale und kreative Strukturen. Philipp: «Am tollsten ist es, mit mehreren Leuten die Nacht durchzuhacken. Da fällt immer irgend jemandem was ein, wenn man nicht weiterkommt.»

Ich wurde trotzdem (ja, das ist nur ein subjektives Urteil) den

Verdacht nicht los, daß Philipp, der Oberhacker, seine Ideologisierung jedweder Kommunikation – je schneller und weltweiter und vernetzter, desto besser – auch aus einer tiefliegenden Einsamkeit heraus betreibt. Wie sagte er doch: «Du kannst mit 'ner Frau vögeln von früh bis abends, und das ist auch Ersatzbefriedigung. Die erogenste Zone des Körpers ist für mich der Kopf.»

Im Gegensatz zu Wau hält er wenig von den politischen Aspekten seines Gewerbes: «Ich bin gegen die Politisierung des Chaos-Computer-Clubs. Ich will nicht für alles meinen Kopf hinhalten. Ich will meinen Spaß am Hacken haben und mich nicht erwischen lassen. Politik macht die Sache über kurz oder lang unmöglich.»

Das machte Doktor Wau dann doch wütend: «Du bist nicht gut genug, um von der Industrie genommen zu werden, und nicht klar genug, um Lust zu haben, die Dinge, mit denen du rumspielst, auch zu durchschauen – dann hättest du nämlich auch das Bedürfnis, sie manchmal zu zerstören», sagte er bissig.

Was Philipp, den Oberhacker, ziemlich betroffen machte.

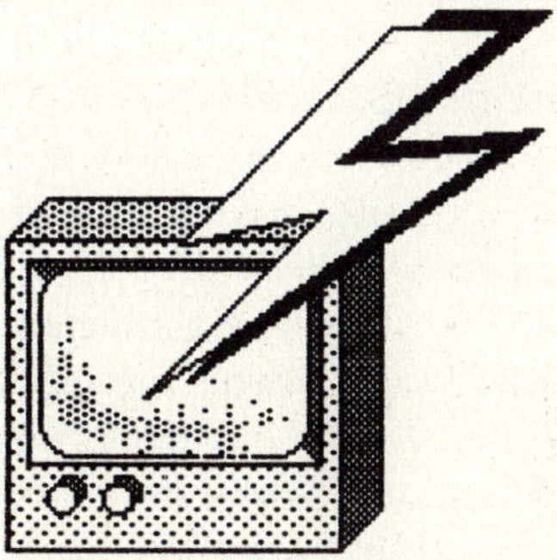

Subroutine 9

Johnny wurde richtig wütend, als ich ihm meine Eindrücke aus Hamburg schilderte. «Du bist einer dieser typischen linksintellektuellen Laberköpfe», schimpfte er. «Ständig verlangst du das richtige politische Bewußtsein. Nur dann ZÄHLT etwas. Das ist verkappter Stalinismus! Als wenn Subversion sich nur aus politischem Bewußtsein entwickeln würde!»

«Mir geht es um diese Kommunikations-Lobhudelei, die da in Mode kommt», hielt ich dagegen. «Die exakte Umdrehung der alten Technikfeindlichkeit.»

«Immer noch Angst um deine Bildungsprivilegien», knurrte er.

«Meinetwegen. Aber Kommunikation ist die eine Sache. Datenschieben eine andere. Beides kann sinnvoll sein – zu seiner Zeit, für den jeweiligen Zweck. Erinnerst du dich noch an die langanhaltenden Jubelschreie der Linken über die ‹neuen, transversalen Medien› Mitte der siebziger Jahre?»

«Nein.»

«Damals wurde der CB-Funk als neues Mittel der Medien-Gegenmacht gefeiert, weil man mit ihm von Person zu Person kommunizieren kann. Hör dir heute an, was da gefunkt wird. Es ist einfach grauenhaft. Es ist ein Kommunikationstöter.»

«‹Die elektronischen Medien räumen mit jeder Reinheit auf, sie sind prinzipiell «schmutzig». Das gehört zu ihrer Produktivkraft.› Das ist ein Satz von Enzensberger aus dem Kursbuch von 1970. Gilt immer noch.»

«Richtig.»

«Richtig? Enzensberger hat in diesem Aufsatz – er heißt ‹Baukasten zu einer Theorie der neuen Medien› – die Aversion der Linken gegen die hochentwickelten Medien mit dem Sektierertum erklärt. Man will immer die richtige Linie. Man will im Grunde genommen die Medien als Propagandainstrument – und nicht als Gebrauchswert für viele. Genau wie du. Die Computervernetzung ist CHAOTISCH – und das behagt dir nicht.»

«Doch. Das Chaotische behagt mir. Aber erzähl mir nicht, das Ganze sei PER SE emanzipatorisch.»

«Das Chaos ist IMMER emanzipatorisch ...»

So ging es weiter. Wir waren wieder mal im Kreislauf-Modus. Und irgendwie mußte das so sein. Es war ein notwendiges Drehen und Wenden.

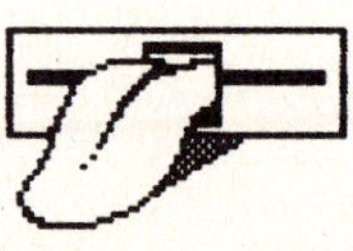

SYSTEMWELTEN
– Der kybernetische Traum

«Du hast die ganze Welt in deinen Schaltkreisen. Denkst du. Irgendwann kapierst du, daß du nur einen Haufen wertloser Zahlen hin und her schiebst.» (Ein Systemprogrammierer)

Harmlos fängt es an: Du bist Fürst Hammurabi, Verwalter von Sumeria. Die Stadt hat 1000 Hektar Land, 100 Einwohner und 3000 Säcke Korn. Nun mußt du Land bebauen und die Untertanen ernähren, du kannst in den Nachbarstädten Korn kaufen oder verkaufen. Ratten, Dürre und böse Zauberer, die die Pest bringen, stellen deine Regierungsweisheit auf die Probe. Zu viele Menschen kann dein Land nicht ernähren, bei zu wenigen wirst du von feindlichen Armeen überrannt. Du mußt Geld für Waffen ausgeben, die dir dann für Investitionen fehlen. Zehn Jahre Regierungszeit stehen dir zur Verfügung. Am Ende wirst du mit höchster Wahrscheinlichkeit geköpft und den Hunden zum Fraß vorgeworfen, weil du den Staatshaushalt ruiniert hast und deine Untertanen massenweise verhungert sind. Macht nichts – neues Spiel, neues Herrschergeschick.

Kann auch sein, daß du die Verantwortung über die Freiheit der westlichen Welt in deiner Tastatur hast: Du steckst in den Stiefeln eines Vier-Sterne-US-Generals in einem Bunker tief unter dem Kapitol, als plötzlich DEFCON 5 gegeben wird – die roten Teufel haben hinterrücks ihre strategischen Raketen losgeschickt. Du verfügst aber – gelobt sei Reagans Weltraumprogramm – über einige hochwirksame Killersatelliten, mit denen du versuchen kannst, deine geliebte Heimatstadt Louisiana und den Rest Amerikas gegen den roten Tod zu verteidigen. Ist die erste Welle abgeschlagen, beginnt der Hauptteil des Spiels, der einem planetaren Monopoly ähnelt. Du bekommst eine Schadensmeldung auf den Schirm – zerstörte Städte, radioaktive Verseuchung, Tote (in «K» = 1000). Nun mußt du dich am Wiederaufbau versuchen – restaurierst du erst die Städte und baust Krankenhäuser oder stampfst du Rüstungsfabriken aus dem Boden, um neuen Angriffen zu trotzen? Du brauchst Unmengen Geld, um die verseuchten Gebiete zu evakuieren, aber du kannst auch darauf verzichten – dann sterben dir nur ein paar K Bürger mehr, weil sie radioaktives Wasser trinken. Nebenbei hast du es mit russischen Spionen zu tun – erkennbar (wie originell) an Hammer und Sichel. Infiltrieren diese hinterlistigen Kerle eine Stadt, kannst du nur noch eine Pershing draufhauen, sonst kriegst du selber eine SS-20 auf den Kopf –

im eigenen Land gestartet! Am Schluß wirst du entweder zum Nationalhelden befördert oder nach Alaska zum Spargelzüchten verbannt. Denk daran: Das wichtigste sind die Geburtenraten nach dem Schlag. Wenn du mehr als 50 Prozent Mißbildungen hast, bist du schon erledigt.

Dieses unterhaltsame Spiel heißt «War Room», ist dem Film «Wargames» nachempfunden und gilt als defensiv, weil man die US-Raketen nicht «nach draußen» starten kann. Solche mal harmlosen, mal zynischen Vergnügungen gehören zu einem Genre von Computerspielen, bei dem der Rechner zum Simulator wird. Es geht darum, eine fiktive Realität in den Griff zu bekommen. Und wie in der realen Realität sind die Dinge miteinander verknüpft.

Solche Simulationen gibt es keinesfalls nur in Spielform. Das wohl bekannteste Modell, das solche «Realitätsimitationen» in ihrer gesellschaftsrelevanten Form salonfähig gemacht hat, ist «Global 2000». Diese (natürlich computergestützte) Simulation der planetaren Ressourcenentwicklung hat Anfang der siebziger Jahre der aufkeimenden Ökologiebewegung gewichtige Argumente in die Hand gelegt: Wissenschaftlich abgesichert wurde hier die Vernetzung von menschlichem Handeln, staatlicher Politik und Ökosphäre vorgeführt.

Damit schien sich der Computer vom Saulus zum Paulus zu verwandeln: Zum erstenmal schien es möglich, die Fähigkeit des Computers auch GEGEN die Herrschenden und Technokraten einzusetzen. Computer sind, so dämmerte damals die Erkenntnis, nicht nur in ihrer «linearen Sturheit» benutzbar, sie sind durchaus fähig, vernetzte Systeme zu simulieren. Die «Rationalitätsmaschine» konnte im Sinne eines «holistischen» Weltbildes eingesetzt werden, das von einer Ganzheit der Welt ausgeht. Die ökologische Computerutopie war geboren.

Die Modewissenschaft «Kybernetik» – ursprünglich eine Kriegswissenschaft zur Steuerung von Projektilen, später, in den sechziger Jahren, Traumhobby von Ökonomen, die den weltweiten Fall der Profitrate ausrechnen wollten – bekam plötzlich eine ökologische Färbung. Als «Systemtheorie» schwappte sie nach Deutschland. Und mit den steigenden technologischen Möglichkeiten wuchs der Glaube, man könne Großcomputer als eine Art «vernetzter Propheten» benutzen und mit ihrer Hilfe die komplizierte Wirklichkeit «in den Griff bekommen» – zum Wohle der Menschheit, versteht sich.

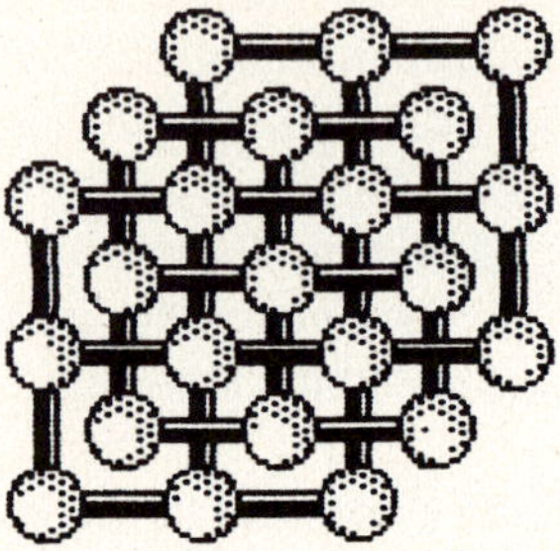

Heino ist einer der wenigen deutschen Systemtheoretiker, die aus dem – im weitesten Sinne – linken Lager stammen. Als ich ihn in seiner Frankfurter Wohngemeinschaft besuche, sitzt er gerade zwischen tobenden Kindern an seinem Rechner und tüftelt am «System Grindelwald». Grundlagen dieses Modells sind umfassende Daten über die sozioökonomische Struktur der Bergregion Grindelwald – Tourismusstruktur, Übernachtungen, Anzahl der im Hotelgewerbe Beschäftigten, Anzahl der Bauern, Einkommensstruktur und so weiter. «Jetzt fahre ich auf diesem Hintergrund drei ökonomische Weltszenarios», erläutert Heino. «Ich nenne sie ‹Krise›, ‹Stagnation› und ‹stringentes Wachstum›. Ich will wissen, was in Grindelwald passiert, wenn die Weltwirtschaft sich in diesen drei Varianten verhält. Wenn in Deutschland zum Beispiel das Bruttosozialprodukt absinkt, werden weniger Leute Urlaub machen. Was passiert dann im Hotelgewerbe? Und was verschiebt sich im Grindelwalder Sozialgefüge? Meine These: Die Bauern, die zum Teil mit vom Tourismus leben, ziehen sich auf die Scholle zurück, machen Subsistenzwirtschaft – bauen also Gemüse für den Eigenbedarf und die Stadt an und gleichen teilweise die Krise aus. Das wäre beruhigend, nicht wahr? Nur: Leider sagt mein Output etwas anderes.»

Heino drückt ein paar Tasten, dann erscheint eine kleine Kurvengraphik auf dem Schirm:

```
I 100%
I
I  O
I     O
I       O
I            O
I++++              O
I      +++++          O
I           ++++++++++++++++O
I                             ++   O
I                               ++     O
I                                  +        O
I                                   +
I                                    +
I                                    +
I 75%                                +
I-----------------------------------------------
  1    2    3    4    5    6    Quartal
```

○ = Bruttosozialprodukt (europäischer Durchschnitt)
\+ = Bäuerliches Gesamteinkommen (inklusive Subsistenzgüter)

«Das heißt nichts anderes, als daß ich entweder mit meiner These auf dem Holzweg bin oder das System einen Fehler hat. Wie du siehst, bricht die ‹Bauernkurve› in der Krise plötzlich zusammen – in der Simulation verhungert der Bauer. Dabei wollte ich ihn doch als Krisenausgleich auf die Scholle schicken! Ich habe lange nachgedacht, warum das so ist: Ob ich einfach etwas im Modell vergessen oder einen Algorithmus falsch berechnet habe. Aber ich glaube inzwischen, daß der Rechner recht hat: Im Verlauf der Krise würde der Bauer eher Hof und Herd aufgeben und in die nächstbeste Stadt gehen, sich dort ins Arbeitslosenheer einreihen, als sich auf seinem Acker ernähren können. Das hat das System schon richtig erfaßt – ich habe nämlich auch die fixen Kosten für landwirtschaftliche Geräte eingegeben. Der Bauer geht pleite, weil er die monatlichen Belastungen nicht mehr tragen kann, die ihm durch seinen Maschinenpark entstehen – normalerweise verdient er sie durch Zusatzarbeit in Industrie oder Fremdenverkehr. Und dabei bin ich hier nur von einer Senkung des Bruttosozialproduktes um 22 Prozent über zwei Jahre ausgegangen – was ein durchaus realistisches Krisenszenario sein dürfte.»

Das Modell «Grindelwald» ist nur eines von den Simulationsmodellen, an denen Heino arbeitet. Es ist das kleinste, Heino hat es von Anfang bis Ende selbst entwickelt. «Das ist keine Wissenschaft mehr, das ist Kunst», sagt er. «Anders als beim puren Programmieren hast du hier die Realität als Herausforderung. Du mußt sie so sinnvoll vereinfachen, daß sie in ein System paßt, das dir wiederum Erkenntnisse über die Realität erlaubt. Denn darum geht es: Mit dem Instrument Computer die Realität besser verstehen. Das ist schwierig genug. Der Witz ist aber: Wenn man technikgläubig wird, funktioniert es nicht mehr – der Rechner gaukelt dir dann Ergebnisse vor, spuckt irgendwelche Zahlen aus, die du nicht mehr wirklich begreifst.»

Heino vertritt eine «Computermoral», er hat eine Haltung, die man vielleicht einen «kybernetischen Arbeitsethos» nennen könnte. Er versucht, die Maschinen als Instrumente einzusetzen, ihre Grenzen zu akzeptieren, ihre Schwächen zu kennen. Er achtet streng darauf, daß sie sich nicht verselbständigen. Bei zwei anderen, größeren Modellen ist er als «enfant terrible» angestellt, als «Kontroletti der Nahtstelle zwischen Realität und Computer». Eines davon steht in Berchtesgaden, ein «Riesenprojekt mit ökologischer Färbung». Dort versucht ein Team von Wissenschaftlern, das Gesamtbiotop des Naturschutzgebietes zu erfassen, eine «wahnsinnige Fliegenbeinzählerei – im wahrsten Sinn des Wortes». Zum Beispiel will man an Wiesen, die noch völlig im Urzustand sind, studieren, wie ein naturbelassenes Biotop überhaupt «funktioniert». «Da erfassen sie die Bodenbakterien und Würmer und Käfer und Gräser in einem gewaltigen Datenrausch, versuchen dann auszurechnen, was passiert, wenn die Wiese gedüngt wird. Wie verschiebt sich das Artenspektrum? Welche Auswirkungen hat der Fuchs oder dieses oder jenes Pestizid? Nebenher kam dann plötzlich einer an und behauptete, er hätte jetzt DAS Waldsterbe-Computermodell in der Tasche – ein Modell, das sämtliche Theorien über das Waldsterben simuliert und Schlüsse daraus ziehen kann, das also jedem Politiker ein Instrument in die Hand gibt, das er mit Input und Output benutzen kann: Wenn ich dieses Kraftwerk abschalte, überleben 3,8 Millionen Fichten da und dort. Ich habe mir das angeguckt und fand es total unabgesichert. Da war zum Beispiel eine Konstante für die ‹Biomasse› eines Waldes. Die war immer gleich, im ganzen Modell. Natürlich hat ein Monokulturwald aus lauter militärisch aufmarschierten Fichten genausoviel Biomasse wie ein Urwald. Aber es ist etwas ganz, ganz anderes, was seine Widerstandskraft betrifft. Und so kommt sich der Zahlenwahn – der Zwang des Computers, alles auf eine Konstante oder Variable zu reduzieren – ständig mit der Realität ins Gehege.»

Trotzdem: Reine Zahlenspielereien ohne praktischen Wert sind solche Modelle keineswegs. Heino: «In Grindelwald haben wir schon den touristischen Ausbau der kleinen Scheidegg verhindert. Und in Berchtesgaden zieht man das Modell zu Rate, wenn es darum geht, neue Pisten für die olympischen Spiele so umweltschonend wie möglich abzuholzen. Die eine oder andere Idiotie könnte da verhindert werden.»

Ein anderes von Heinos «Weltmodellen» steht in Basel. Es ist der Versuch, die gesamte Ökonomie der Bundesrepublik für die nächsten fünfzig Jahre hochzurechnen. Momentan werden «harte» und «weiche» Energiewege ökonomisch untersucht: Wie wirken sich die Alternativen Kernenergieausbau oder sanfte Energien (Wasser, Wind, Sonne, Einsparungen) auf die wirtschaftliche Entwicklung aus? «Wir haben da alles, wirklich alles drin – von der Staatsverschuldung über die Chemieproduktion bis zur Bevölkerungsstatistik, voraussichtliche Arbeitslosigkeit, Zinspolitik mit x Varianten. Trotzdem kommen am Ende Zahlen raus, die völlig blödsinnig sind, die einfach nicht sein KÖNNEN. Es wird alles immer komplexer, je genauer man arbeitet. Und am Ende – ich sehe das schon – ist das System so kompliziert wie die Realität geworden: Dann kann ich es gleich wegschmeißen und mich statt dessen in der Realität bewegen.

Ich halte die Idee, die Wirklichkeit perfekt und hundertprozentig simulieren zu können, für einen Wahn, der in die Sackgasse führt. Diese ganze Euphorie darum ist einfach Wunschdenken. Man kann mit Systemmodellen ALLES beweisen – ein Kernkraftkritiker kommt zum umgekehrten Schluß wie ein Befürworter, und beide haben trotzdem das TOTAL korrekte Modell. Man trimmt so lange daran rum, bis die Ergebnisse stimmen könnten ...»

Sind also die «ganzheitlichen» Fähigkeiten des Computers Lug und Trug? Erstaunlich, aus Heinos Mund, der ja schließlich mit Systemmodellen sein Geld verdient (und auch Spaß daran hat), ein solch vernichtendes Urteil zu hören.

Heino ist einer von den wenigen Profis im Computergewerbe, die weder begeistert in digitale Sphären «abfahren» noch eine Nur-money-making-Philosophie mit dieser Technologie verbinden. Heino ist ein skeptischer Enthusiast. «Der GLAUBE an das System ist schädlich», sagt er. «Aber der WEG zu einem Simulationsprogramm ist das eigentlich Wichtige. Wir haben bei den Feldforschungen zum Grindelwald-Modell ungeheuer wichtige Erfahrungen mit Menschen gemacht, da wurden Wünsche ausgesprochen, da kamen Probleme der Region zutage – zum Beispiel die Zerstörung der Berge durch den Tourismus. Das Modell zwang uns, ununterbrochen offenzulegen, worüber wir nachdachten. Dafür sind diese Modelle gut: als Instrumentarium, um herauszufinden, WOHER Probleme kommen. Als MITTEL für den Kopf, nicht, um ihn zu ersetzen. Das Ziel ist nicht der korrekte Output, sondern der intelligente Input.»

Heinos «Computerkonservativismus» hat mich an fast schon vergessene Debatten erinnert, die wir in der Alternativszene über Berufsethos und Arbeitsmoral geführt haben. Er wirkt wie ein Handwerker, dem ein spartanisches Handwerkszeug lieber ist als die Perfektion, der Werkzeuge benutzt, um solide Qualität zu schaffen, nicht um den Ausstoß zu maximieren. Er bejaht die Mikroelektronik, weil sie auf den Menschen zurückführt (führen kann), nicht, weil sie Probleme überwindet. Wie ein Schreiner

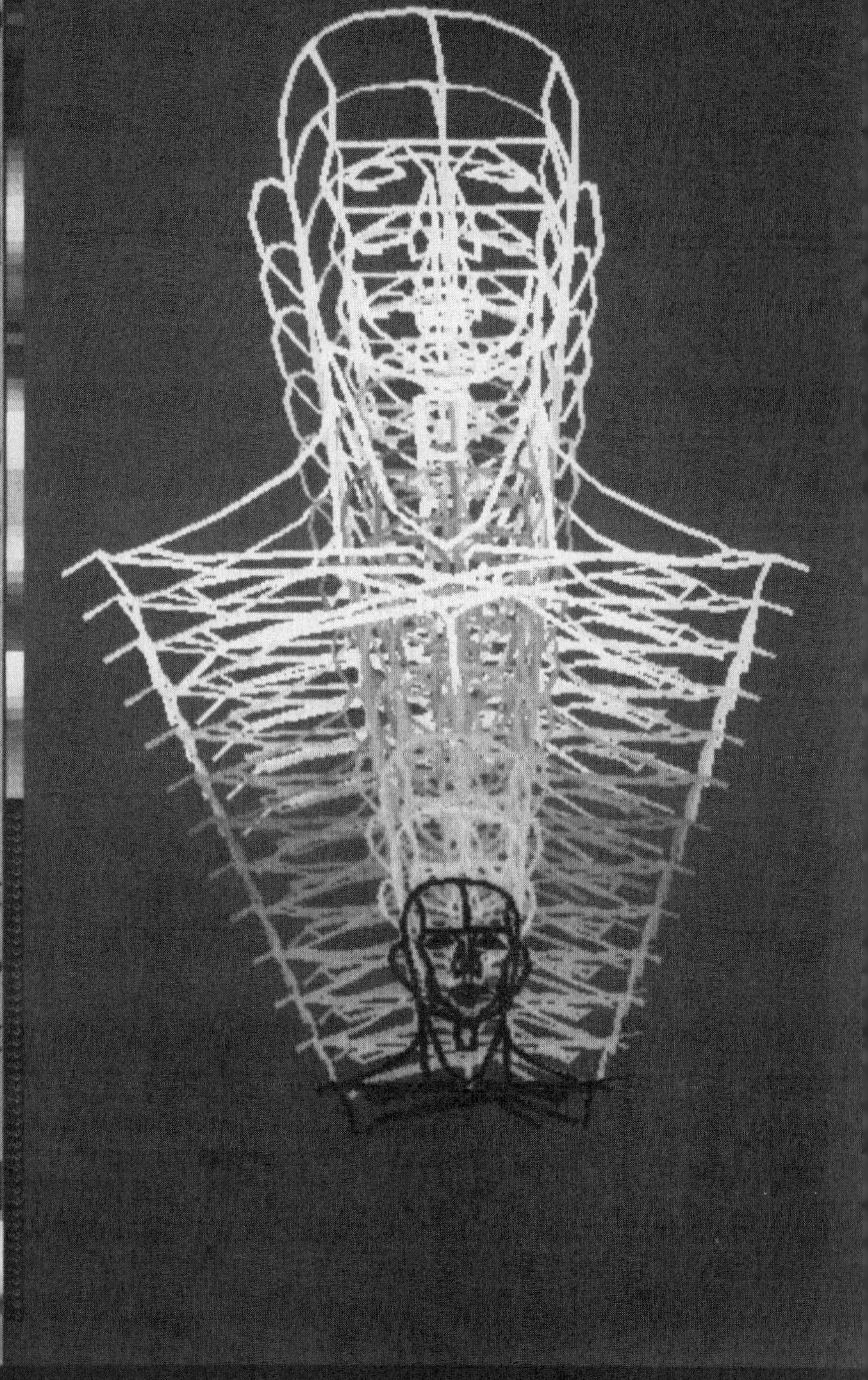

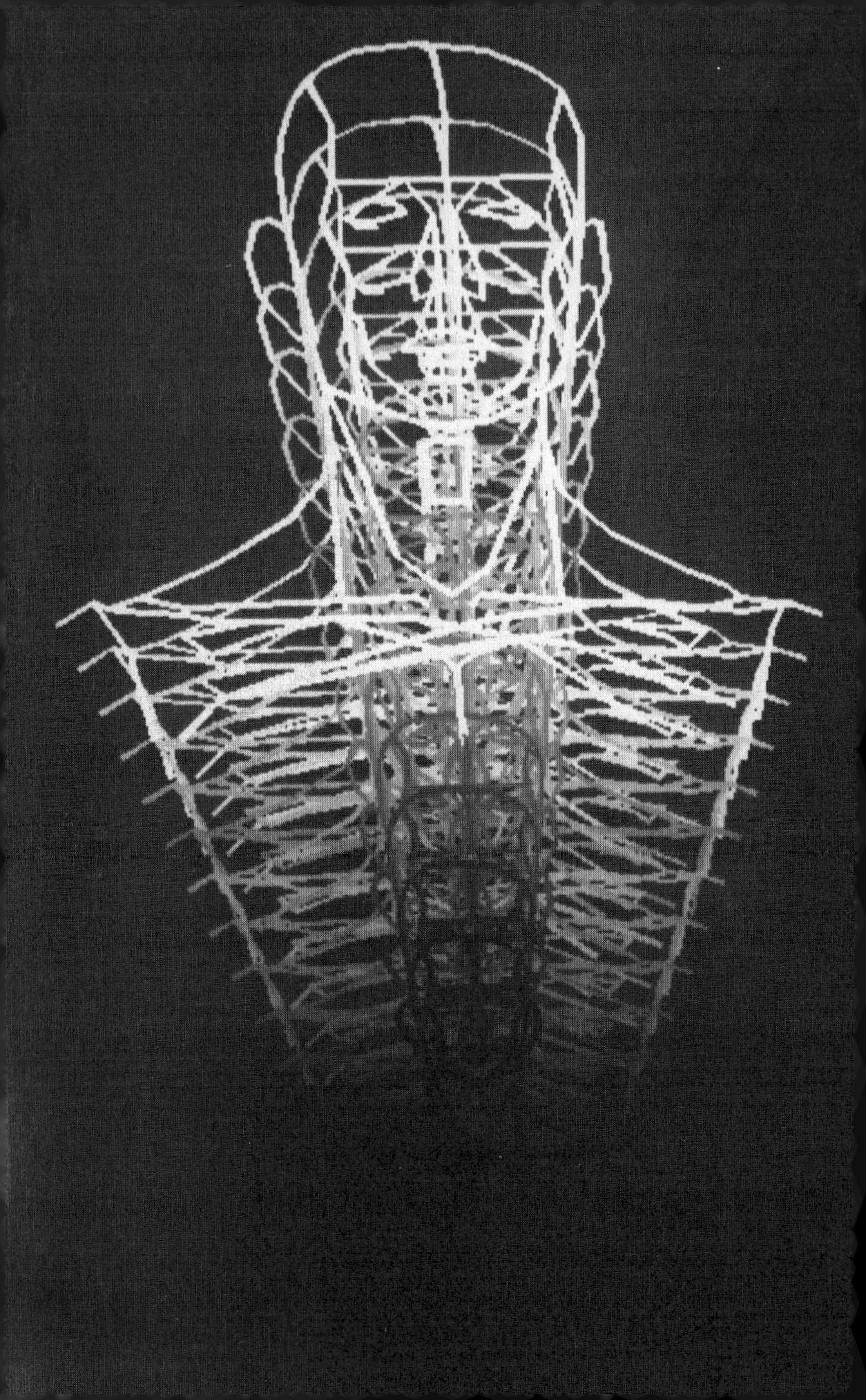

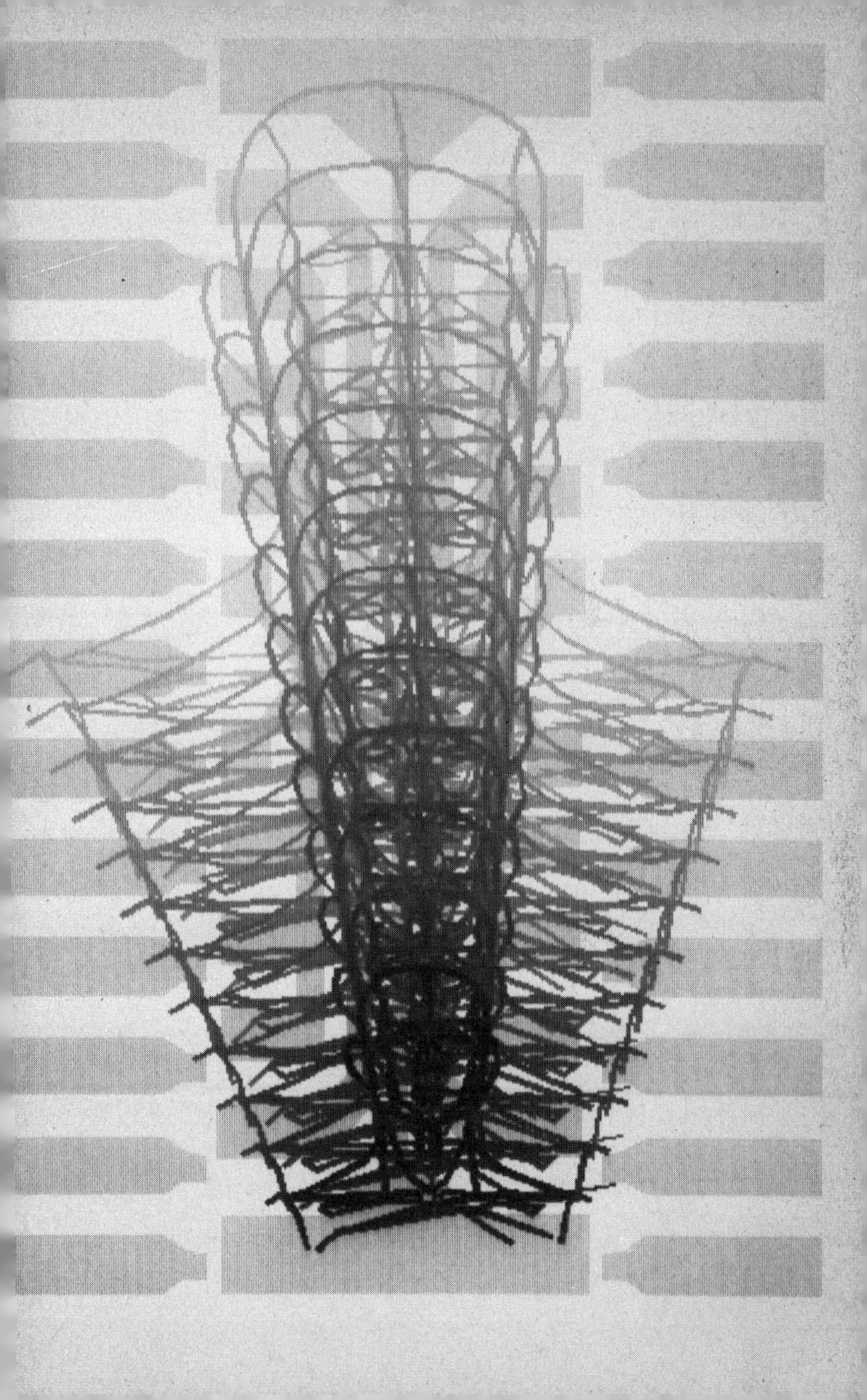

über seine Hobel spricht er vom «guten alten Basic» und schimpft auf die kommenden Rechnergenerationen: «Da sprichst du dann rein und das Ding antwortet – das gaukelt dir eine Welt vor, in der alles einfach ist, alles von der Maschine gemacht wird. Das deckt genau das wieder zu, worin die Stärken des Computers bestehen: die elementare Bauweise. Bei den primitiven Modellen, wo du jede Gleichung selbst geschrieben hast, konntest und mußtest du dir die Zusammenhänge BEWUSST MACHEN!»

Es gibt eine Geschichte, die immer wieder von skeptischen Computerbefürwortern ins Feld geführt wird, wenn es darum geht, Grenzen und Möglichkeiten aufzuzeigen: Ein Betrieb, der auf Computer umgestellt werden soll, bestellt einen Systemanalytiker, der den Betrieb Stück für Stück durchleuchtet – und damit seine Organisationsprobleme offenlegt. Am Ende wird der Computer – wegen Geldmangels – nicht angeschafft. Aber der Prozeß der Nachforschung über die interne Betriebsorganisation hat denselben Rationalisierungseffekt gehabt, wie ihn der Computer selbst erst schaffen sollte.

Und was ist mit den Alternativbewegungen und der Computertechnologie? Heino, den ich in Frankfurt auf jeder Demo gesehen habe – mittendrin – (der aber behauptet, er habe «immer am Rande gestanden»), spürt einen Klimawechsel. «Früher habe ich nie richtig sagen können, was ich eigentlich mache, es gab da eine gewisse Gehemmtheit und Sprachlosigkeit. Heute bringt es eine gewisse Aura ein, sich mit Computern zu beschäftigen. Fast ist es schon eine Art Bewunderung: DER DA hat Ahnung. Ich befürchte jetzt, daß es eine neue Euphorie gibt: Je mehr man die Dinger damals verdammt hat, um so mehr fängt man an, sie hochzujubeln.»

Jenseits des Mythos: Heino, der in den letzten zwölf Jahren zwischen Demos und Terminal zu Hause war, bringt die Computermythen auf den Teppich. «Alle reden heute von Revolution, die durch den Computer stattgefunden hat oder stattfinden wird. Ich glaube nicht daran. Die Industrialisierung war eine Revolution, der Elektromotor aber war schon eine Reformation. Die Mikroelektronik auch: Seit Beginn der Fabrikwelt wird konstant menschliche Arbeit abgeschafft. Nur ist heute der Wachstumsprozeß zu Ende – und die freigesetzten Leute werden nicht mehr automatisch von expandierenden Branchen aufgesogen.»

Und was sollen wir, die immer noch von einer anderen Gesellschaft träumen, mit Computern anfangen, wenn wir sie nicht mehr zur Hölle schicken wollen? Heino entwickelt mir sein Beispiel einer praktischen Anwendung: Die alternativen Frankfurter Buchläden kaufen sich zusammen einen Rechner, über den sie ihre Bestellungen gemeinsam – und dadurch ökonomischer – abwickeln können. «Wichtig dabei ist, daß jeder Buchladen seinen eigenen Speicherbereich hat, damit nicht alle Unterschiede in den Sortimenten nivelliert werden.» Die freiwerdende Arbeitszeit müßte man nicht – wie in «normalen» Betrieben – durch Entlassungen ausgleichen, sondern könnte sie auf das Konto «Freizeit» buchen. Als Kirsche auf der Sahne könnte der Rechner für zwei Mark in jedem Buchladen eine Liste mit Bücher-Kurzkritiken ausdrukken, die ein Arbeitloser (den man für diesen Zweck angestellt hat) aus der Presse zusammenstellte. «Damit würde sowohl die stupide Arbeit reduziert als auch der Service alternativ verbessert. Ich glaube, die Alternativszene muß GERADE solche qualitativen Verbesserungen machen, wenn sie überleben will. Sonst ersäuft sie in Einfallslosigkeit und Selbstausbeutung.»

Jenseits des Mythos: «Nein», sagt Heino, «die schöne neue Welt, die Angst vorm großen Bruder – das ist Unsinn. Wenn unsere Welt bereits heute durch und durch blutleer und rational wäre, dann würden die Computer den Weg dahin bahnen. Aber Computeroutput ist, wenn wir ihn zum direkten Input für Alltags-, Arbeits- und Politikentscheidungen machen wollten, einfach linkisch – auch mit der fünften, sechsten und siebten Generation. Da bahnt sich das Irrationale schneller seinen Weg, als der Rechner rechnen kann. Man mag ein paar Stadtguerilleros rasterfahnden können, weil sie extreme Merkmale haben – sie bezahlen stets bar und sofort, sie sind nie zu Hause. Aber alle SPD-Wähler oder alle, die nicht an den lieben Gott glauben, herauszufiltern ist ein Unding.»

Jenseits den Mythos: «In zehn Jahren», sagt er verschmitzt, «sehe ich all die Freaks, Alternativen und Linken zu Hause sitzen und mit gutem, altem BASIC Programme basteln, obwohl es dann ganz und gar komfortable Programmiersprachen gibt. Das ist so wie die vielen Schreiner, Schuhmacher und Buchhändler, die zur guten alten Handarbeit zurückkehren, weil sie auf den Spaß am Erkennen, Verstehen und Gestalten nicht länger verzichten wollen.»

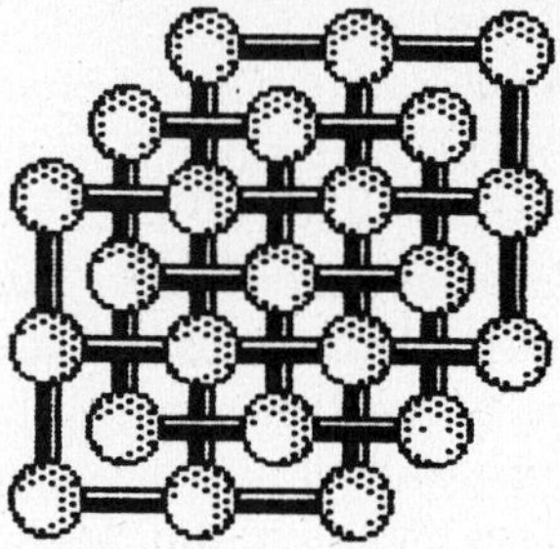

Sub-Subroutine 10

Am Anfang war das Gruseln und der Mythos. Dann kam die Faszination. Am Ende blieb das Werkzeug: die Textverarbeitung.

Dieses Buch ist, obwohl man es ihm nicht ansieht, ein Produkt des digitalen Zeitalters. Seine 345 609 Buchstaben (um diese Zahl auszurechnen, brauchte ich mit dem Rechner drei Sekunden) wurden etwa zehnmal (bei Korrekturausdrucken und Satz, bei Bildschirmkorrekturen und Sicherheitskopien) von sichtbaren Zeichen in elektrische Impulse transformiert, die lediglich aus Null und Eins bestehen. Macht über drei Millionen Transformationen oder 21 Millionen Bits.

Das digitale Zeitalter ist gefährlich. Einmal, es war ziemlich zu Beginn, ließ ich mein Telefon auf einer Diskette stehen, auf der ich frisch meine Gedanken zum Thema «Ich und die Computer» abgespeichert hatte.

Natürlich klingelte das Telefon, wie Telefone das manchmal so tun. Es war Johnny, der mich in Frankfurt abends in «unserer» Weinstube, in der wir uns traditionsgemäß die Birnen heißreden, treffen wollte.

«Keine Zeit», sagte ich. «Du hast mir eben drei Tage gestohlen durch deinen blöden Anruf. Aber dafür kannst du nichts.»

Natürlich tobte er vor Schadenfreude. Er war damals noch strikter und heroischer Computergegner und hielt meine Textverarbeitung für eine Maschine, die mir irgendwelche Elektronen anstatt Gedanken ins Hirn pflanzt. Disketten reagieren empfindlich auf magnetische Ströme. Wenn sie in das elektromagnetische Feld einer aktiven Telefonklingel geraten, erleiden sie einen Anfall unwiderruflicher Amnesie.

Ein andermal legte ich eine Schere in die Nähe meiner Diskettenkiste. Auch das war keine besonders gute Idee. Die Schere war durch irgend etwas magnetisiert. Fünf Tage Arbeit umsonst.

Auf der anderen Seite haben Computer auch barmherzige Eigenschaften. Mein Commodore ist ziemlich billig gebaut. Nach circa drei Stunden Arbeit mit dem Textverarbeitungsprogramm schaltet das Ding einfach ab. Der Cursor erstarrt auf dem Bildschirm, keine Taste bringt mehr die geringste Reaktion, ich sehe einen Ausschnitt meines soeben eingetippten Textes zwar auf dem Bildschirm. Aber ich müßte ihn fotografieren, um ihn zu retten – er ist verloren.

«Hitzestau», sagte der nette Herr von Commodore freundlich. «Da kann man wenig machen. Versuchen Sie es mal mit einem anderen Programm.»

Ich befolgte seinen Rat. Das andere Programm war noch heißer als das erste.

Dann las ich allerlei Greuliches in einer Medizinzeitschrift. Leukämie, wenn man länger als drei Stunden täglich auf den Bildschirm starrt. Braver, fürsorglicher Computer. Nur: Warum läuft das Ding bei Videospielen die ganze Nacht? Und was mache ich, wenn ich mal so richtig in Ideenschwung gerate? Ich packe meine alte Hebelmaschine aus. Die für ihre Benutzung notwendige Hornhaut habe ich inzwischen wieder.

Davon abgesehen: Wie hat die Technik das Schreiben selbst verändert?

Am Anfang blätterte ich mehr im Handbuch für die Textverarbeitung, als zu schreiben. Meine Aufmerksamkeit war völlig von der Technik und ihren Katastrophen absorbiert. Ich schrieb nur Stuß, irgend etwas, um den Bildschirm zu füllen.

Dann, in der zweiten Phase, wurde ich übermütig. Die totalen

Korrekturmöglichkeiten am Bildschirm verhießen das Ende jeglicher Mühen. Der Text war «flüssig», er ließ sich kneten und völlig verändern. Ich hackte also alles hinein, was in den oberen Speicherschichten meines Hirn-Wortprozessors unsortiert herumlag, mit der Gewißheit, den Salat dann nachträglich ordnen zu können. Ich wurde oberflächlich. Und am Ende mußte ich doch wieder von vorne anfangen, weil die unzähligen Korrekturen selbst die Möglichkeiten der Textverarbeitung überforderten – sie waren mühsamer als die komplette Neueingabe.

Irgendwann begab ich mich dann wieder auf den Pfad der Demut und Bescheidenheit. Ich akzeptierte, daß Textverarbeitung nur ein TECHNISCHES Hilfsmittel ist. Daß sie das Leiden des Schreibens nicht abschaffen, sondern allenfalls in den späteren Phasen verkürzen kann. Ich zog neue Grenzen zwischen mir und der Technik. Ich rückte «das Ding» an seinen Platz.

Die Manuskripte meiner Science-fiction-Romane habe ich fünf- bis sechsmal abgeschrieben und immer wieder korrigiert, bevor ich sie an den Verlag schickte. Und beim sechstenmal mußten meine Mutter und meine Liebste (danke!) daran glauben. Ich war in Zeitdruck. Sie tippten schneller als ich.

Bei diesem Buch habe ich niemanden zur Schreibkraft degradiert. Und ich werde das – ich versprech's – nie mehr wieder tun.

Daß ich weniger Angst vor Fehlern habe, wird zwar bislang noch durch meinen Horror vor magnetisierten Dingen und Telefonklingeln, von merkwürdig schrappenden Geräuschen im Diskettenlaufwerk und apokalyptischen Fehlermeldungen auf der Statuszeile («file scratched») negativ ausgeglichen. Wenn ich diese Ängste, die mich bis in den Schlaf verfolgen, mit Hilfe meines Analytikers (und der zu erwartenden Fortschritte der Computertechnik) erfolgreich beackert habe, dürften irgendwann die Vorteile massiv überwiegen. Manchmal gelingt es mir jetzt schon, angesichts der Flexibilität des Textes einen geradezu KLAREN KOPF zu bekommen.

Videospiele? Wie langweilig. Wie nervtötend. Wie zeitraubend.

Quod erat demonstrandum.

11 000 rem Endwertausgabe

UND JENSEITS DES MYTHOS?

«Häänschen kleeeeiiin, giiing alleeeeeeiiiiiin . . .»
(Todesgesang des Computers HAL in
Stanley Kubricks «2001 – Odyssee im Weltraum»)

Mit den Computern ist es mir ergangen wie mit so vielen anderen Mythen, negativen wie positiven: Nähert man sich ihnen, versucht man, sie zu ergründen, setzt man sich mit ihnen auseinander, verblassen sie Schritt für Schritt. Am Ende werden sie zu realen, ganz unspektakulären Fakten. Dieser «Desillusionierungsprozeß» tut immer ein bißchen weh. Denn das, was vorher spannend und geheimnisvoll wirkt, wird bei näherer Betrachtung banal und blaß. Es taugt nicht mehr zu finsteren oder hellen Visionen. Man kann nicht mehr so schön klar und radikal sagen: Daran werden wir zugrunde gehen. Oder: Dies wird uns befreien. Und merkwürdig: Am stärksten geht mir das gerade mit NEGATIVEN Mythen so. Sie vermisse ich nach ihrer Entzauberung am meisten.

Heute, ein Jahr nachdem ich mit meiner digitalen Reise begann, kann ich kaum noch nachvollziehen, wie ich damals voller Bewunderung vor meinem Homecomputer hockte und ihn als Symbol für etwas gänzlich Fremdes, Andersartiges betrachtete. Wahrscheinlich war diese Verklärung hoffnungslos anachronistisch, dinosaurierhaft: Die nachfolgende Generation wird über solche Mystifizierungen allenfalls lächeln können – von arrogant bis milde.

Die Kids haben allen Grund dazu. Aber das Verrückte ist: Die ältere Generation, die Generation meiner Eltern, mit der ich die letzten fünfzehn Jahre in einem zähen Kampf um Kulturnormen und Lebensformen lag (und immer noch liege, nur nicht mehr so zäh) übernimmt zunehmend Haltungen gegenüber der Mikroelektronik, die sich bei mir allmählich auflösen: diffuse Ablehnung, Angst, Kulturpessimismus. Auch hier haben die Fronten gewechselt. Den einstigen Apologeten des Wirtschaftswunders, den unkritischen Jasagern zu jedwedem technischen Fortschritt, gruselt es inzwischen vor den technologischen Resultaten. Sie haben – nicht zu Unrecht – das Gefühl, daß sie im Begriff sind, zu Opfern der Welle zu werden, auf der sie bislang geritten sind. Computer wurden im Dienste der Wachstumsmaximierung geschaffen, sie schafften den Sprung vom militärischen in den wirtschaftlichen Bereich in den sechziger Jahren, als materieller Wohlstand und Konsum, als prägende Werte der Industriekultur den endgültigen Siegeszug antraten. Mit den Instrumenten ihres Erfolges, so scheint's, will die «mittlere» und ältere Generation nichts zu tun haben.

Ich bin geprägt von den rebellischen Mythen meiner Generation – Mythen, die sich GEGEN diesen Wohlstandsmaterialismus und damit auch gegen seine Instrumente richtete. In meinen Leitbildern stand der einzelne (oder eine kleine Gruppe) stets gegen den Rest der Welt, gegen Ausbeuter und Unterdrücker, ebenso gegen die Dummheit der Anpassung, die Dumpfheit der Massenkultur. «Rebellierte» unsere Elterngeneration mit ihrer Ohne-mich-Mentalität gegen die totale Vereinnahmung des Individuums durch den Faschismus (also auch gegen die Politisierung des Alltags, die Kollektivierung des einzelnen, der stets Teil eines großen Ganzen, damals des «Volkskörpers», sein sollte), versuchten wir, gesellschaftliche Moral wieder gegen diesen beinharten Individualismus zu setzen, der allenfalls noch die Kleinfamilie als sozialen Bezugsrahmen akzeptierte.

Obwohl technologische Fragen dabei stets rudimentär blieben: Noch Anfang der siebziger Jahre feierten Linke (zumindest ein Teil) den Computer als Wegbereiter des endlich echten Kommunismus, in dem man, durch vollautomatische Fabriken, von Arbeit und Fron erlöst wäre. Dann, zur Mitte des Jahrzehnts hin, wendete sich das Blatt: Radikale Technologiekritik – ausgelöst durch die Atomenergiedebatte – ging einher mit Träumen von radikaler Autonomie. Alles, was nicht von kleinen Gruppen überschaubar getan werden konnte, galt als schlechthin verdorben. Darin steckte wohl auch viel Regressives, die Angst vor dem Verlust kuscheliger Gruppenidentitäten, die Sehnsucht nach «wahren» familiären Zuständen. Jedenfalls sahen wir alles Technische unter dem Aspekt der Entfremdung und dem Blickwinkel einer Minorität, die sich von der «industriellen Megamaschine» loslösen wollte. «Das Soziale» war stets Zentrum und Ziel. Technik war «zweite Natur».

Wenn ich allerdings genau in die Vergangenheit meiner Generation (gewiß, es war nur eine Teilgeneration, aber eine einflußreiche) hineinhorche, stoße ich noch auf andere, fast vergessene

Töne, auf andere Mythen, die uns formten: Ich erinnere mich noch an jene Nacht der ersten Mondlandung, in der ich als Vierzehnjähriger zum erstenmal bis in die Morgenstunden wach bleiben durfte, an jenen knatternden und piepsenden Astronautensatz vom kleinen und großen Schritt. Meine verwirrende pubertäre Welt mit ihren unausgefochtenen, aber drohend bevorstehenden Kämpfen, ihren Widersprüchen und Verunsicherungen, schien plötzlich in dem Wort «Menschheit» aufgehoben zu sein. Stellvertretend für mich hatten andere die Grenzen überschritten. Es war mein erstes kollektives Erlebnis.

Einige Jahre später geißelten wir gerade solche Gefühle. Hatten sie nicht «irgend etwas» mit Faschismus zu tun? (Damals ging es ja schließlich auch ums kollektive Grenzüberschreiten.) Und verdeckten technologische Abenteuer wie die Fahrt auf einen toten Felsbrocken nicht die sozialen Konflikte? In Vietnam wurde gemordet, und ein paar Amis spazierten in den Kratern herum – für Milliarden von Dollars, während in der Dritten Welt Hunger und Tod herrschten. Es war DIESE Moral, die unsere grundsätzliche Ablehnung jedweder hochentwickelter Technik gegenüber prägte.

Wir waren eingefleischte Moralisten, und doch hatten wir unsere eigenen grenzüberschreitenden Mythen. Wir versuchten es in die andere Richtung: nach innen, durch Drogen, östliche Philosophien, Psychoanalyse. Oder mit Gratwanderungen im kleinen sozialen Bereich: Wie weit konnten wir uns selbst verändern, uns selbst revolutionieren? Es herrschte Pionierstimmung, Avantgardegefühl – obwohl wir doch ständig von einer Gesellschaft der Gleichen träumten. Erst später gesellte sich dann mit der Ökologiebewegung Bescheidenheits-Philosophie dazu. Damit änderte sich vieles: Es ging von nun an darum, Grenzen zu AKZEPTIEREN.

War diese «Revolte-Generation» wirklich völlig frei von technologischen, expansiven Träumen? Oder waren nicht auch wir, in einem anderen, indirekten Sinn, eine Byte-Generation?

Mitten in der Kiff-, Demo-, Rock- und Kommunezeit sahen wir (alle, oder irre ich mich?) Kubricks Film «2001 – Odyssee im

Weltraum». Ich selbst habe ihn sieben- oder achtmal gesehen, bekifft oder betrunken, nüchtern, im Liebeskummer oder euphorisch – er gab immer etwas her.

Wie kein anderer Film drückte Kubricks Monumentalwerk die widerstreitenden Mythen am Beginn der siebziger Jahre aus. Ich werde nie vergessen, wie ich vom ersterbenden Hänschen-klein-Gesang von HAL, dem Raumschiffcomputer, der die Macht über die Menschen übernahm und vom letzten Überlebenden an Bord abgeschaltet wurde, jedesmal ergriffen war. Hier sang eine Maschine, die fast menschenähnlich empfand, ihr Todeslied. Sie war nicht einfach «böse» geworden, wie in den anderen Fictions, in denen Computer Amok laufen, sie handelte nur rational, so wie es ihre Bestimmung war (im Roman, der dem Film zugrunde liegt, wird dieses «Umkippen» noch deutlicher. HAL handelte EBEN NICHT GEGEN seine Programmierung, sondern völlig in ihrem Sinne. Sein oberstes Gesetz war der Erfolg der Jupiter-Mission – auch ohne Menschen). Das Maschinelle hatte sich verselbständigt, weil es durch und durch rational war – und es wurde sympathisch. Humanistisch Gebildete kennen die Geschichte aus Goethes Faust in etwas anderer Konnotation.

Wie viele Nächte haben wir damals über die Botschaft des Films gerätselt, uns gestritten, das Werk zwischen «im Grunde reaktionär, weil esoterisch» bis «einfach toll, ein Trip» hin- und hergewendet. Und obwohl wir am Schluß immer ein bißchen enttäuscht, ja ratlos waren, weil der Ausgang des Films ungewiß, seltsam unscharf, ohne klare Aussage blieb (wir liebten ja auch gradlinige Moral!), war uns doch gerade der erst psychedelische, dann verschlüsselt-symbolische Schluß eine Art Leitmotiv. Die message des Films war eine mystische und rationale zugleich. Sie besagte: Wir leben in einem Zeitalter, in dem ungeheure Abenteuer technisch machbar geworden sind, in dem die Menschheit unkalkulierbare Produktivkräfte entfesselt und kühnste Träume verwirklicht. Aber was auch immer möglich wird – am Ende landen wir doch wieder bei UNS SELBST. Alle Wege sind letzten Endes notwendige Umwege zur Selbsterfahrung. Auch das «Jenseits» existiert nur in uns. «2001» hielt den technologischen Träumen, die damals allmählich brüchig wurden, den Spiegel vor: «Ecce homo!» Der Film war ein Surrogat aus den beiden großen historischen Richtungen der letzten Jahrhunderte Menschheitsgeschichte: Aufklärung und Gläubigkeit, alte Rationalität und neuer Mystizismus. (Neulich habe ich in einem Buch über die Produktion des Films genau diese Debatte zwischen Drehbuchschreiber Clarke und Regisseur Kubrick wiedergefunden. Clarke beharrte in den ursprünglichen Drehbuchfassungen auf der Begegnung mit den Außerirdischen als Höhepunkt des Films. Kubrick verfolgte den anderen Strang – «das Fremde als Spiegel unserer selbst». Das scheint mir einer der produktivsten Kulturstreite des Jahrhunderts gewesen zu sein.)

Von «2001» führen Spuren in die heutige Diskussion um die Mythen der Technik, um ihre Dämonisierung oder Beherrschbarkeit. Viele der mythologischen Aspekte am Computer haben diese grenzüberschreitende Färbung – Computer gelten als Versuch, die Grenzen menschlicher Intelligenz zu sprengen.

Obwohl die Ökologiebewegung von der Suche nach sozialen und naturellen Grenzen geprägt war, also den umgekehrten Weg einschlug, weiß ich nicht, ob sie nicht vielleicht GERADE durch die technischen Euphorien des Weltraumzeitalters so stark geworden ist. Obwohl sie sich konträr GEGEN die Mythen der Grenzüberschreitung richtete, hat sie doch davon profitiert. Die schönen Bilder des blauen Planeten in der Weite des Alls, die die Astronauten von ihren Eroberungszügen mitbrachten, versinnbildlichten doch auch eine neue Vision vom «Raumschiff Erde» – von seinem empfindlichen Gleichgewicht, seinen erschöpfbaren Ressourcen, seiner Zerbrechlichkeit. So sehr man die Raumfahrt – und die Computer sind deren Produkt – aus sozialen und ökologischen Gründen auch kritisieren muß: Sie erlaubte zum erstenmal EINEN BLICK AUF DAS GANZE. Damit ermöglichte sie die Entstehung eines tieferen Bewußtseins über unsere Welt.

Jaques Vallee, der Netzwerk-Utopist (siehe auch «Computernetze» in dieser Reihe) hat diesen Effekt einmal auf den Begriff gebracht: «Je weiter hinaus, desto tiefer hinein.»

Sieht man in diesem Satz auch nur irgendeine Spur von Sinn,

dann hat diese Erkenntnis für das alternativ-ökologische Weltbild, in dem es um die Eingliederung des Menschen in den Naturkreislauf DIESSEITS der Grenzen geht, ziemlich unangenehme Konsequenzen. Er besagt nichts anderes, als daß Expansion und Beschränkung ZWEI SEITEN DERSELBEN MEDAILLE SIND. Der expansionistische Drang, über die Grenzen hinwegzugehen (koste es, was es wolle!), wäre dann unabdingbarer Bestandteil menschlicher Sozialität, Voraussetzung für Erkenntnisprozesse über uns selbst und die Welt, in der wir leben. In pervertierter, destruktiver Form wird diese Sehnsucht zum Krieg. Aber kann man sie wirklich abschaffen? Und um welchen Preis?

Das wäre in der Tat skandalös: Die gesellschaftsbezogenen, am «Überschaubaren» orientierten Wertsysteme, die die sozialen Bewegungen der Siebziger prägten, wären in diesem Licht nichts anderes als KORREKTIVE einer eindimensionalen Entwicklung. Sie repräsentierten die ANTIPODEN einer blinden, lediglich am technisch Machbaren orientierten Entwicklung. Sie werfen soziale und gesellschaftliche Gründe in die Waagschalen der Technikentwicklung – sind aber gleichzeitig untrennbar damit verbunden.

Eine Gesellschaft, die ihre Normen radikal entlang ökologischer Vernunftslinien ausrichtet, müßte früher oder später an sich ersticken. Es käme der Punkt, an dem sie ihre «Vernunft» nur noch mit irgendeiner Art von Terror gegen die Sehnsüchte nach Grenzüberschreitung aufrechterhalten könnte. Kulturell würde sich in ihr regressive Dumpfheit entwickeln.

Das Spiel der Bewegungen und Gegenbewegungen, der kulturellen Strömungen scheint wie eine Art Wippe zu funktionieren. In ihr müssen sich rationale mit irrationalen, technische mit sozialen («weibliche» mit «männlichen») Strömungen ausbalancieren, um ein sinnvolles Ganzes zu ergeben. Es gibt, so fürchte ich, dabei keine endgültige Lösung (außer dem Weltuntergang), keine Aufhebung der Widersprüche, sondern allenfalls BALANCEN zwischen den Pendelbewegungen. Daß in kürzester Zeit auf die technologiefeindliche Ära, in der ökologischer Skeptizismus als Trend weit über den Kern der Ökologiebewegung hinaus den Ton angab, wieder eine neue Technikeuphorie folgt, scheint mir absehbar.

Heißt das nicht, daß es völlig unproduktiv wäre, wenn wir uns mit aller Macht gegen die Computertechnologie stemmen? Machen wir dann den irrationalen Anteil, der in den Computern, dieser «Gerinnung von Rationalität», steckt, nur noch größer und explosiver? Produzieren wir mit dem antitechnologischen Bannstrahl nicht flugs neue Technik-Euphorien, die dann wiederum alle sozialen und gesellschaftlichen Bedenken trotzköpfig vom Tisch wischen? Und sind die heutigen Computerkids nicht schon Vorläufer davon?

Wäre diese neue Techno-Welle genauso blind und sozial verantwortungslos wie in den Zeiten unbedingter Fortschrittsgläubigkeit, würde sich das Geschichtsrad weiter in Richtung Untergang drehen. Wir hätten dann nichts gewonnen. Die gewichtigen Einwürfe und Widerstände, mit denen die sozialen Bewegungen den blinden Glauben an den Fortschritt traktiert haben, wären vertan. Für mich stellt sich die Frage so: Können die skeptischen, auf sozialer Verantwortung der Technik beharrenden Kulturimpulse der jüngsten Vergangenheit bei dem kommenden «Rollback»-Prozeß ein Wörtchen mitreden? Oder werden sie einfach überrollt, weggespült, in die Ecke gedrängt, vergessen und von neuen Trends ersetzt?

Vieles daran hängt nicht von den immer bösen Technokraten oder der neuen Kid-Generation ab, sondern von uns selbst. Wenn wir mit den neuen Technologien weiter Schlange-Starren spielen, haben wir schon verloren. Wenn wir jetzt im Umkehrschluß anfangen, sie selbst mystisch-revolutionär zu verklären, weil ökologische, alternative und linke Träume an ihre Grenzen gestoßen sind, bleiben wir auf dem Holzweg.

Joseph Weizenbaum hat in seinem bekannten Buch «Die Macht der Computer und die Ohnmacht der Vernunft» einen kulturpessimistischen, aber nicht per se technikfeindlichen Standpunkt entwickelt: Digitale Technik ist zwar PRINZIPIELL beherrschbar – die menschliche Kultur ist aber noch nicht soweit, sie zu «verdauen», sie hinkt hoffnungslos hinterher; die Psyche des Menschen ist zu unreif, um die Gefahren zu sehen und zu zähmen.

Ausgangspunkt waren (unter anderem) seine Beobachtungen mit dem vielzitierten Psychoprogramm «Eliza». Weizenbaum, der das Programm, bei dem der Computer einen Therapeuten simuliert, selbst geschrieben hatte, war entsetzt über die Reaktionen auf sein Werk. Er selbst wußte, wie formalisiert und simpel das Frage-Antwort-Spiel zwischen Eliza und dem zweibeinigen Gegenüber in Wirklichkeit war – nur die anderen, seien es seine Sekretärin oder «echte» Therapeuten, starrten gläubig auf den Bildschirm und bildeten sich ein, sie kommunizierten tatsächlich. (Das Programm ist tatsächlich blöde, es läuft auch auf meinem Homecomputer. Meine Bekannten verlieren ziemlich schnell den Spaß daran. Beruhigend.)

Weizenbaums Konversion vom Spitzenprogrammierer zum Computerskeptiker geschah bereits Ende der sechziger Jahre. Damals blühten die Computermythen noch üppiger als heutzutage. Man versprach den technikgläubigen Bürgern gehorsame Arbeitssklaven (endlich ohne moralische Probleme), die das Haus staubsaugen, die Cocktails servieren und das Baby sitten sollten. Die fleißigen Wesen mit den blinkenden Glühbirnen auf dem Blechkopf agierten dann doch nur in soap-operas. Aber hat sich wirklich etwas geändert? Und warum schürt ausgerechnet eine technoskeptische Generation die Computermythen fleißig weiter – diesmal von der anderen Seite der Barrikade?

Ich werde den Verdacht nicht los, daß einer der Gründe für die Überschätzung des Computers in den Bequemlichkeiten eines weitverbreiteten apokalyptischen Weltbilds liegt. Solche Weltbilder sind, obwohl von durchaus realistischen Ängsten geprägt, auch komfortabel: Sie entlasten von gesellschaftlicher Verantwortung. Sie ziehen klare Grenzen in dem Wirrwarr der Widersprüche: dort die Bombe oder die mächtigen Computer – hier wir, die Ohnmächtigen. Dort «das Böse» und seine davon verseuchten Betreiber – hier wir Opfer. Ein wahrhaft binäres Weltbild, in dem alles seine perfekte Ordnung hat. COMPUTER SIND NEGATIVE REVOLUTIONÄRE MYTHEN. Sie verheißen ein Ende der Geschichte. Im Unterschied zur Revolution (Erlösung von Ungleichheit) oder Apokalypse (Erlösung von allem) wird dann das Menschliche maschinell gefressen sein (Erlösung vom Problem, daß auch die Herrschenden Menschen sind).

Wer sich einmal mit Computern näher beschäftigt hat, wird diesen Mythos zerstört finden. Er wird danach den Qualen der Widersprüche schlimmer ausgesetzt sein als vorher. Das wahrhaft Teuflische an den Computern ist, daß bei ihnen die Argumente von der «verseuchten Technologie» (anders als bei Kernspaltung oder Genforschung) schwer zu halten sind. Die Rechner-Technologie ist auf verunsichernde Art und Weise neutral, neutraler als Autos oder Brotschneidemaschinen. Rechner rechnen alles, wirklich alles. Sie sind – auf ihre Weise – dadurch auch «sanfter» als mechanische Technik.

Wer sich mit «den Dingern» auseinandersetzt, wird ein für allemal seinen Respekt verlieren, seine Ehrfurcht vor Computerfachmännern und Terminals, vor Datenbanken und Denkmaschinen.

Und darum geht es mir: Bevor man in die richtige Richtung kämpfen kann, muß man zunächst gründlich den Respekt verlieren. Die antiautoritären Revolten – und waren sie noch so klein, hilflos oder chaotisch – haben zumindest eines geschaffen: Selbstbewußtsein. Im Computerkontext geht es nicht mehr darum, Obrigkeiten, Eltern oder die herrschende verknöcherte Moral anzupissen. Auf der Tagesordnung steht ein anderer Aufstand: Wir müssen unseren Minderwertigkeitskomplex den Maschinen gegenüber verlieren. Aber woraus speist sich dieses permanente Unterlegenheitsgefühl?

Computer bilden etwas ab, was in der menschlichen Psyche immer schon vorhanden war: pure Rationalität und Kausallogik. Sie sind eine Art Externalisierung eines Teils unseres Kopfes. Aber eben nur EINES TEILS. Computer werden niemals denken können, es sei denn, man definiert «Denken» als mathematische Input-Output-Rechnung. (Oder man könnte Maschinen mit organischen Körpern konstruieren, aber das ist wohl eher eine Sache der Gentechnik.) Diese Verwechslung liegt ja gerade dem alten Mythos der künstlichen Intelligenz zugrunde: «Denken», das ist in den Zeiten des Regiments purer Ökonomie zur Zahlenverarbeitung geronnen. Denken, das wirksame Konsequenzen hat – das ist ein Job für Manager geworden. Es ist kein Zufall, daß dieser Berufsstand heute fast synonym mit «personal computer» geworden ist.

Gerechnet hat die Menschheit von Anbeginn. Selbst die alten Sumerer, die erste Hochkultur der Erde, benutzten kleine Keilschrift-Computer für ökonomische Zwecke. Ein ausgefuchstes Additions- und Subtraktionssystem wurde zum Werkzeug für jeden Handel und jeden Tausch. Waren die Sumerer deshalb blinde Technokraten?

Computer sind letztlich verfeinerte Werkzeuge der Ökonomie. Lebendige Prozesse sind mit ihnen allenfalls in Allegorien ausdrückbar, in *immer* schrägen «Übersetzungen» natürlicher Prozesse in mathematische Patterns. Das gilt auch für «organische Anwendungen» von Rechnertechnologie. Auszurechnen, wie viele Bakterien sterben, wenn 1000 Mikrogramm saurer Regen auf einen Boden mit den und den Humuswerten fällt, ist die eine Seite. Begriffen hat man unter Umständen dann noch nichts. Was getan werden muß, bleibt unklar, selbst wenn der Computer-Output die blinkende Zeile «GRÜNE WÄHLEN!» ausspuckt.

Vielleicht liegen die Wurzeln für die mystischen Maschinen-Projektionen noch tiefer: Vielleicht haben wir Angst vor Computern, weil wir sie insgeheim BEWUNDERN. Algorithmische Logik kennt keine Bedürfnisse, keinen Schmerz, keine Wirrnis, keine Depressionen und keinen Tod. Sie ist einfach und klar.

Wir haben Angst vor Maschinen, weil wir Angst vor der Maschine IN UNS haben. Besser: Wir fürchten uns, dem Wunsch zu begegnen, eine Maschine zu sein. Wir können es nicht ertragen, daß wir niemals Maschinen sein werden – und daß Maschinen niemals so sein werden wie wir. Deshalb «spalten» wir den Computer von uns ab. Wir verleihen ihm dämonische Kräfte (die wir in uns selbst bekämpfen). Wir weigern uns, ihm «ins Gesicht zu sehen», weil wir dort etwas entdecken könnten, was uns keineswegs nur fremd ist: Kälte. COMPUTERÄNGSTE REPRÄSENTIEREN UMGEDREHTE TODESWÜNSCHE. Gibt es nicht tief in uns den Wunsch, die Welt völlig rational zu strukturieren, Out- und Input zu beherrschen – Leid, Langeweile, Frustration und Unglück (aber auch die Substanz dessen, was Leben ist) ein für allemal abzuschaffen, zumindest «dosiert» in den Griff zu bekommen?

Umgekehrt hat das Auftauchen der Computer zu einer Mystifizierung «des Menschlichen» geführt (die modischen Trends aus dem Wissenschaftslager, nach denen wir sowieso nichts anderes sind als Bio-Sozio-Roboter, sind die Antireaktion darauf). Um uns dem Computer gegenüber zu behaupten, brauchen wir offenbar eine massive Mauer, die uns erlaubt, exakt zu trennen, unsere Qualität zu definieren und gegen die Maschine zu behaupten. Dagegen wäre nichts einzuwenden. Nur wird in diesem Abgrenzungsgetümmel Mensch versus Maschine das Logische dermaßen dämonisch, daß es leichter außer Kontrolle geraten kann.

Auch im ökologischen Weltbild, das sich doch stets gegen Maschinenrationalität wendet, stecken Versatzstücke dieser Sehnsucht nach «Geborgenheit in der Formalisierung». Das Bild vom großen natürlichen Kreislauf, in dem alles miteinander zusammenhängt (und damit EINS ist), ähnelt in seinen extremen und emphatischen Formen den klar strukturierten Welten der binären Logik. Auch hier bewegt man sich in einer perfekten, letztlich gänzlich durchschaubaren Systemwelt. Die Natur wird zur Maschine, zur Öko-Maschine, zu einem Räderwerk, dessen oberstes Gesetz «Natürlichkeit» ist. Der Mensch ist in einem solchen Weltbild (ebenso wie im digitalen Weltbild) lediglich störender, irrationaler Faktor, der mit seinen Exkrementen und industriellen Bedürfnissen Bäche zuscheißt und Wälder aus dem Gleichgewicht bringt.

Es mag absurd klingen: Computertechnologie könnte, GERADE WEIL sie von kalter Logik durchzogen und hervorgebracht ist, den «anderen» Faktoren menschlichen Lebens mehr Raum geben.

Indem der Computer die ökonomische Seite unseres Hirns repräsentiert, indem er rationalistische Logik als einen materiellen Gegenstand (einen Kasten) darstellt, die Logik also aus dem Kopf «auslagert», hilft er uns vielleicht, BESSER ZU UNTERSCHEIDEN. Er differenziert gleichsam die möglichen Formen des Denkens, des Mensch-Seins, indem er einen Teil davon materialisiert.

Computer zu «zähmen» hieße zunächst: Sie so nehmen wie sie sind. Als Logikinstrumente.

Ich stelle mir ein Alternativprojekt vor, in dem der Computer als beinharter ökonomischer «Faktor» fungiert, als ein Delegierter vom Planeten Ratio. Er ist in der Lage, jeden einzelnen im Kollektiv jederzeit darüber zu informieren, wie es mit der nackten Zahlenseite des Projektes steht.

Der Unterschied zu HERKÖMMLICHEM Umgang mit ihm wäre ganz simpel zu definieren: In einem «normalen» Betrieb ist er der Boss. Was am Ende seiner Berechnungen herauskommt, ist Gesetz. Die Manager sind seine Statthalter und Feldherren. Das macht sie ihm gleich.

In einer sozial strukturierten Gruppe würde man ihm einen NOTWENDIGEN, ABER ABGEGRENZTEN PLATZ als Kollektivmitglied zuweisen. Er würde das Recht haben zu sagen: «So und so sehen die Zahlen aus.» Die Gruppe könnte antworten: «Danke. Wir nehmen es zur Kenntnis. Jetzt müssen wir entscheiden, was wir mit diesen Zahlen machen.» Der Computer könnte sich ernst genommen fühlen und sich wieder in aller Bescheidenheit seinen ROMs, RAMs und Daten widmen. Die eigentlichen Fragen, die mit operativer Logik nicht zu beantworten sind, sind nicht sein Bier. Rationalisieren wir Gabi, Helmut und Karlheinz raus, wie es das Programmergebnis implizit verlangt? Oder geben wir uns weiterhin mit einem geringen Lohn und der permanenten Krise zufrieden? Auf dem Monitor wird kein Satz erscheinen, der «Gabi wird besonders glücklich sein» oder ähnlich lautet. (Natürlich müßte der Computer gerade solche Entscheidungssituationen durch seinen frühzeitigen fachgerechten Rat verhindern helfen.)

Im «klassischen», nichtcomputerisierten Alternativprojekt haben die sozialen Faktoren, die Entscheidungen bestimmen, ein erdrückendes Übergewicht. Zumeist herrscht über die ökonomische Seite keinerlei Übersicht – sie wird verdrängt. Sie ist «böse». Das führt zu entsetzlichen Frustrationen, zu chronischen Krisenzuständen, bei denen die über Jahre hinweg angesammelten Entbehrungen am Ende den kompletten Bruch mit dem alternativen Grundgedanken produzieren. Ökonomie ist EINE Seite des Lebens, wenn man sie vernachlässigt, rächt sie sich.

Mehr noch: In der alternativen Gruppendynamik herrscht eine fatale Vermengung von Ökonomie und Psyche. Ökonomische Entscheidungen werden listig psychisch oder gruppendynamisch begründet – und umgekehrt. In diesen Wirrwarr könnte der Computer eine Struktur bringen, die den Aspekt «Rationalität» durchschaubar macht und deutlicher gegen das «andere» abgrenzt. Der Computer würde den ewigen virtuosen Psychospielern, die durch geschickte rhetorische Beeinflussung stets ihre Interessen durchsetzen können, die Rolle erschweren. So könnte der Computer dabei helfen, die «informellen» Machtstrukturen in den Projekten abzubauen.

Ein solcher Vorschlag, in einem Projekt öffentlich unterbreitet, löst erfahrungsgemäß massive Ängste aus: Wir werden früher oder später von der Logik «des Dings» beherrscht, wird es heißen.

Verständlich ist das schon. Diese Angst hat zwei Gründe. Erstens den sattsam geschilderten Minderwertigkeitskomplex gegenüber der Maschine. Zweitens, und das ist hier wichtiger: Die meisten Projekte haben ein gewaltiges Defizit an Rationalität, an zahlenstrukturierten Entscheidungen, vor deren Aufarbeitung ihnen zu Recht gruselt. Das wiederum liegt daran, daß sie im Widerstand gegen eine zahlenstrukturierte Welt entstanden sind. Sie sind – immer noch – «Anti»-Projekte, die sich dadurch definieren, daß sie wie ein etablierter Betrieb garantiert NICHT sind. Damit sind sie im Grunde noch keine echte Alternative, sondern ein bloßer Reflex. Alternative Strukturen müßten mit ökonomischen Faktoren UMGEHEN lernen, anstatt gegen sie anzukämpfen wie Dr. Jekyll gegen Mister Hyde.

Es gibt zwei Möglichkeiten: Entweder die rationalisierte Logik aus der «etablierten» Welt überschwemmt über kurz oder lang auch die letzten Nischen. Oder die Nischen zeigen der etablierten Welt Wege, wie mit rationalistischer Logik anders umgegangen werden kann, als ihr bedingungslos zu folgen. Entweder man eig-

Vom Computer geschrieben …

… werden heute fast alle Kontoauszüge und schon die meisten Rechnungen. Computer machen also nicht nur den Geldverkehr, den «bargeldlosen», schneller und sicherer, sie sind zum Beispiel auch eine Voraussetzung dafür, daß dieses Buch preisgünstig gesetzt werden konnte, daß die Kosten für Taschenbücher auf ihrem niedrigen Niveau gehalten werden können.

Und was macht man mit Geld, das man spart? Man spart es.

net sich Realitäten an – oder man starrt weiter auf die Chimären aus Silizium.

Computer sind Instrumente in den Händen der Herrschenden – daran würde auch eine verbreitete alternative Anwendung nichts ändern. Nur sind sie auch hilflose Instrumente. Gerade WEIL sie den Sphären mathematischer Logik entstammen, ist ihre Macht begrenzt. In entscheidenden Dingen GREIFEN DIESE INSTRUMENTE NICHT. Je komplizierter das Terrain wird, auf dem sie zur Anwendung kommen – und gesellschaftliche Kontrolle IST kompliziert –, desto mehr schlägt ihre Ordnungsqualität um: Je vielschichtiger die Systeme werden, um so mehr Angriffsfläche bieten sie dem munteren Treiben von Sabotage, Schlendrian, Fehlfunktionen, Pannen und Zusammenbrüchen. WO VIEL ORDNUNG HERRSCHT, FÜHLT SICH DAS CHAOS WOHL. Die Funktion der Hacker-Szene in diesem Spiel ist nicht, daß sie eine reale Gegenmacht errichten könnte, die im Ernstfall die strategischen Computer lahmlegt (eine weitverbreitete Illusion), sondern daß sie für jeden sichtbar aufzeigt, daß es mehr Löcher als Maschen gibt.

«Man ziehe einmal das folgende bizarre Bild in Betracht», schrieb Jaques Vallee 1978: «Protagonisten der Weltraum-Industrie und Fabrikanten aus Silicon Valley vereinigen sich mit dem, was von der Gegenkultur des letzten Jahrzehnts übriggeblieben ist; die Unbefangensten beider Lager umarmen sich.»

Ein schöner Traum, und nicht mal nur ein Traum. In Amerika läuft die Debatte undogmatischer und viel pragmatischer als hierzulande. Die «Demokratisierung der Computer» ist eben nicht NUR ein Profitinteresse der Industrie, sie hat auch idealistische Wurzeln in Garagen in der Nähe des Campus von Berkeley.

Ein wenig mehr Pragmatismus wünsche ich mir schon für die kommenden hiesigen Einmischungen ins Computerterrain. Auf der anderen Seite wird jenseits des Atlantiks die alte, naive Begeisterung für alles, was sich neu und irgendwie psychedelisch gibt, nahtlos mit «high-tech» verrührt. Alte Cracks der Yippiebewegung – wie zum Beispiel Timothy Leary – feiern die Computerkids als «neues neurogenetisches Potential der Menschheit, auf dem Wege zu einer völlig neuen Intelligenz».

Solcher Quatsch ist die Kehrseite des Pragmatismus. Irgendwo in der Mitte zwischen dem unbekümmerten Aneignungsdrang der amerikanischen Gegenkultur und der lähmenden Fundamentalphilosophie der deutschen Szene, die vor lauter moralischer Reinheitssehnsucht und verkopfter Analyse keine Experimente mehr machen kann, wird wohl die Zukunft liegen müssen. Dabei hat der gute alte europäische Skeptizismus durchaus seinen Sinn – wahrscheinlich benötigt die QUALITÄT einer gesellschaftlichen Debatte um emanzipatorische Aneignung der Mikrotechnologie dringend auch grundsätzliche Infragestellungen. Ob aber das alte linke Paradigma von der Gesellschaft, die zuerst verändert werden müsse, bevor sich IRGEND ETWAS verändert, uns noch einen Deut weiterbringt, wage ich zu bezweifeln.

Wenn die sozialen Bewegungen, der letzten fünfzehn Jahre mit irgend etwas gebrochen haben, dann mit diesem starren, objektivistischen Weltbild – hoffe ich. Deshalb kann ich nichts mehr mit dem Lied anfangen, daß in unseren Tagen, angesichts von Rationalisierung und Massenarbeitslosigkeit, wieder so heftig erklingt: Solange die Kontrolle der Produktivmittel noch in feindlichen Händen liegt, sollte man die Finger von der Computertechnologie lassen. Soll das wirklich die Alternative bleiben – Fließband oder Arbeitslosigkeit, Revolution oder das stille Örtchen im Abseits? Roboter können nur Arbeiten übernehmen, die bereits vorher völlig eintönig, zerhackt, repetitiv waren. Ich sag es mal so naiv (obwohl ich die ganzen «Abers» kenne): Ich wäre froh, einem solchen Tollhaus wie einer Fabrik, in der sich Fabrikroboter wohl fühlen, entkommen zu sein.

Das ist natürlich keine Antwort auf die Gretchenfrage, wie mit den Strukturveränderungen, die die Mikroelektronik im ökonomischen Apparat aufwirft, fertig zu werden ist. (Darüber soll ein anderer schreiben.) Es ist nur eine Art innerer Entscheidung für das Risiko: Die Mikroelektronik macht die KRISE DER ARBEIT erst richtig deutlich. Es hat keinen Sinn, Krisen, die bereits existieren, unter den rückwärtsgewandten Teppich kehren zu wollen. Die Industrialisierung hat die Arbeit in eine frustrierende Hölle verwandelt (zumindest in den direkt produzierenden Bereichen, in anderen hat sie eher Erleichterungen geschaffen). Auf eine zunächst bedrohliche, aber äußerst wirksame Art führen uns die Industrieroboter unsere Überflüssigkeit in dieser Hölle vor Augen: Was ihr Idioten könnt, können wir allemal besser. Ich finde, sie haben recht. Und ich finde, wir sollen sie gewähren lassen. Alles andere wäre falscher Stolz am falschen Platz.

An diesem Punkt meiner Argumentation gibt es natürlich kein zurück mehr: Das war ein klares JA zur Mikroelektronik – mit allen Konsequenzen außer den militärischen. Es ist aber ein ebenso klares Ja zum ständig bohrenden Finger, den wir in die Nase der Herren dort oben stecken sollten. Sie verfügen über phantastische Werkzeuge – und gehen saumäßig damit um.

Daß ich am Schluß dieses Buches wieder bei der leidigen Machtfrage angekommen bin, ist ein weiterer Grund, Computer abgrundtief zu hassen: Die Dinger tun uns noch nicht einmal den Gefallen, das Weltende oder den Überwachungsstaat (der ja mindestens genauso schlimm ist) unweigerlich herbeizuführen. Statt dessen geben sie den Schwarzen Peter einfach zurück. Es hängt nicht von ihnen ab, sondern nach wie vor von den politischen Kräfteverhältnissen, von den sozialen Kämpfen – und damit von uns.

Noch nicht einmal bei der Verwirklichung unserer ökologischen Träume können wir auf sie verzichten. In meinem Bauernhaus planen wir seit langem eine Klimazone, ein großes Gewächshaus, das die Heizkosten (und damit den Ressourcenverbrauch) drastisch senkt und uns einen immergrünen Urwald ins Haus holt. Eine schöne Utopie: Im deutschen Spätherbst noch im Grünen sitzen, unter Palmen und Bananen, neben Fischbecken und zwischen Papageien. Eine alternative Architektengruppe hat uns schon einen Plan gemacht.

Nur war eines in unserer Rechnung nicht drin: Solche Klimazonen haben die Eigenschaft, mal sehr heiß zu werden und dann wieder, bei bedecktem Himmel, Zusatzheizung zu benötigen. Der Umgang mit erneuerbaren und natürlichen Energien macht uns gleichzeitig empfindlicher gegenüber Natureinflüssen – von früh bis abends müßten wir Klappen öffnen und schließen, die Fenster auf- und zumachen, Jalousien und irgendwelche Heizungen regeln.

Die Folge: Durch einen sanfteren Umgang mit der Natur würden wir uns eine neue Abhängigkeit einhandeln. Wir könnten niemals mehr alle gleichzeitig in Urlaub fahren. Nein, auf die berühmte Bedürfnisdebatte («MÜSST ihr denn unbedingt alle nach Italien fahren?») wollen wir uns nicht mehr einlassen, das haben wir basisdemokratisch abgestimmt. Wir wären ans Haus gebunden wie weiland die Altvorderen. Wir wären ständig unsere eigenen Hausmeister.

Preisfrage: Welche Technologie könnte solche komplizierten Regelprozesse bewältigen, könnte uns diesen Traum erfüllen, ohne daß wir unsere Mobilität einbüßten?

Wer die Lösung weiß, kriegt einen Byte-Punkt. Bei hundert Byte-Punkten gibt's eine intelligente Waschmaschine.

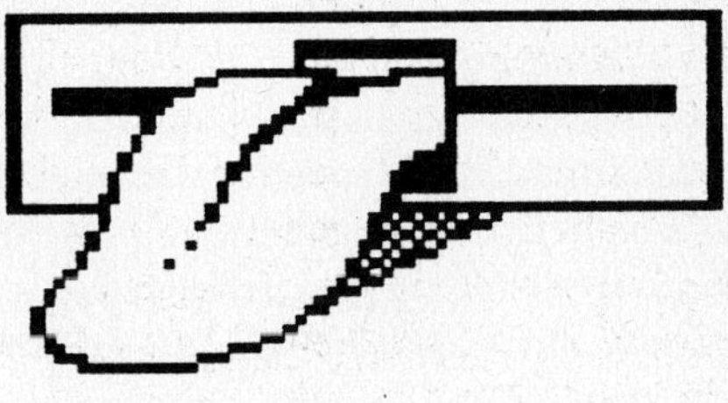

ZUR ENTSTEHUNG der Illustrationen

Die Kapitelanfänge, Spielemonster und Vignetten wurden mit einem Microcomputer – Apple MacIntosh – gemacht, einem für seine Größe erstaunlich leistungsstarken Gerät. Einzelne Elemente, wie Linien, Kästen, Kreise oder freie Formen, werden mit Hilfe einer Maus eingegeben und zur gewünschten Form zusammengebaut. Diese Form kann dann nach Belieben bearbeitet werden: verschoben, verdoppelt, verkleinert oder verzerrt. Geschlossene Flächen werden mit einer Rasterstruktur aus einem vorgegebenen Set gefüllt, oder man stellt sich selbst eine Rasterstruktur her. Art und Stärke der Linien sind auswählbar, sogar ein Airbrush-feature ist vorgesehen. Die fertig gestalteten Seiten wurden ausgedruckt.

Die komplizierteren ganzseitigen Illustrationen – zum Beispiel Köpfe, Chipstruktur und Turnschuh – sind auf einem großen Graphikcomputer entstanden, dem «Imaginator» von Dicomed. Eine wahre Wundermaschine! Hier werden über ein Graphiktablett vorbereitete Zeichnungen eingegeben und dann wie oben bearbeitet. Darüber hinaus können die ganzen Bilder oder aber beliebige Teile davon in jedem Winkel rotiert und verzerrt werden. Formen können linear, zunehmend oder abnehmend interpoliert werden. Flächen können mit jeder gewünschten Farbabstufung aus einer fast unendlichen Palette gefüllt werden. Außerdem ist es möglich, eine Anzahl verschiedener Bilder gleichzeitig auf den Bildschirm zu holen und erneut zu bearbeiten. Von den fertigen Bildern werden direkt Dias oder Hardcopies ausgegeben.